Gerald Schwabe

Leichte Wanderungen

# OBERALLGÄU

Oberstdorf • Fischen • Bad Hindelang • Sonthofen
Immenstadt • Oberstaufen • Wertach • Riezlern u.a.

44 ausgewählte Touren im Oberallgäu

(mit Kleinwalsertal)

ALPENVERLAG SCHWABE
Immenstadt

# Bildbände & Wanderführer v. Gerald Schwabe

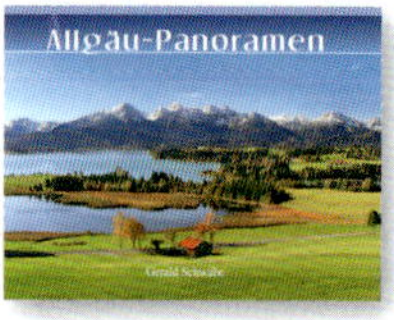


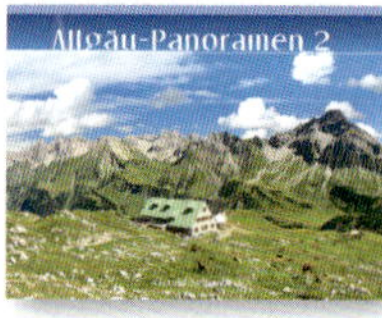


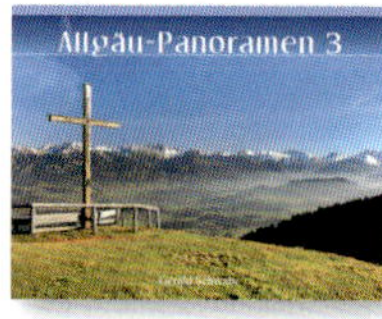


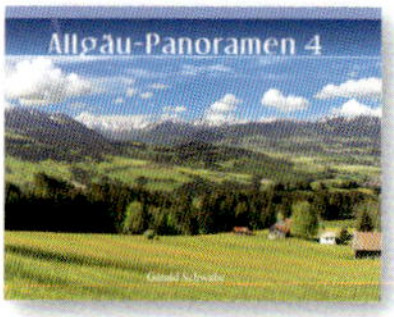


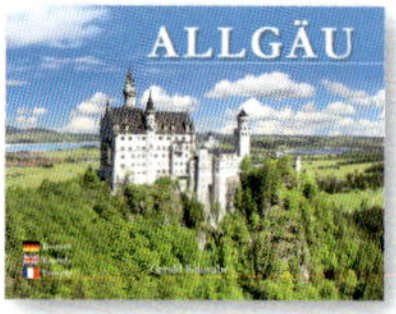


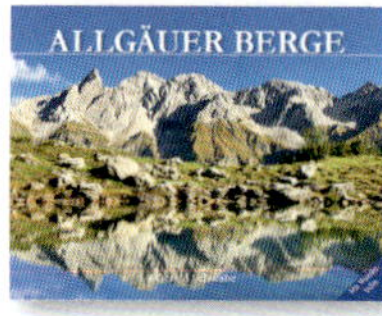


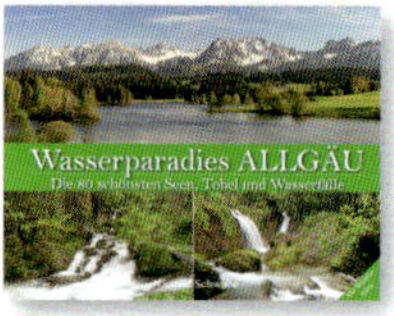


»Kleine« Bildbände:
Format 20 x 15,5 cm
80 Seiten / 12,95 €

»Große« Bildbände:
Format 23,5 x 20 cm
120 Seiten / 19,95 €

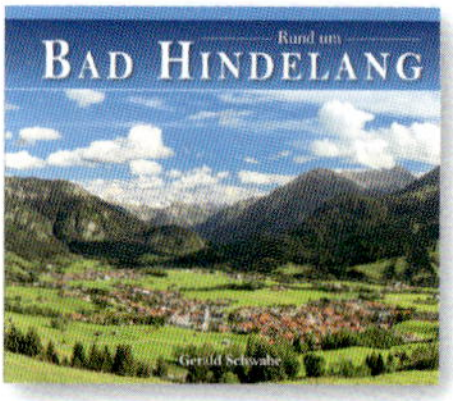


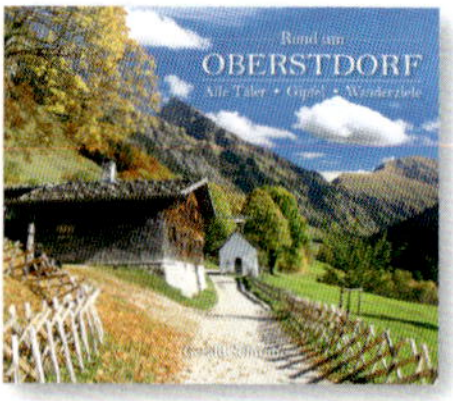


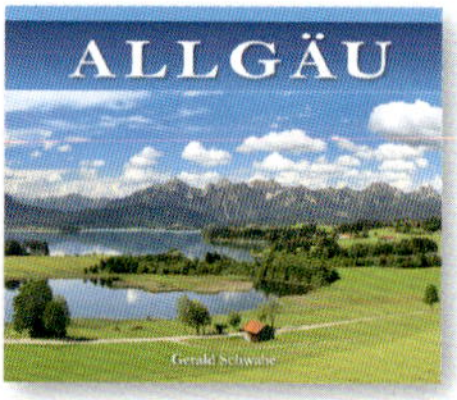


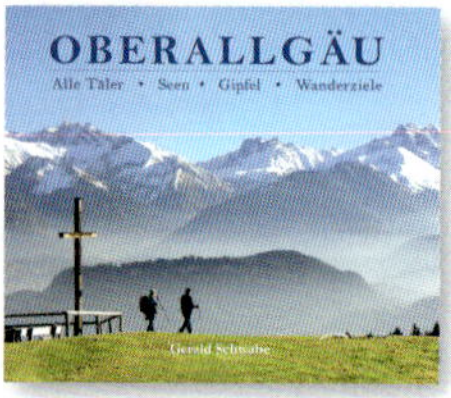


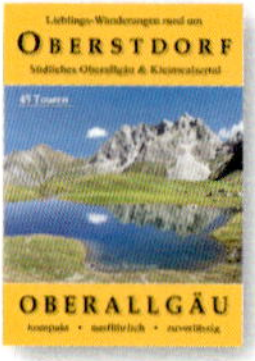


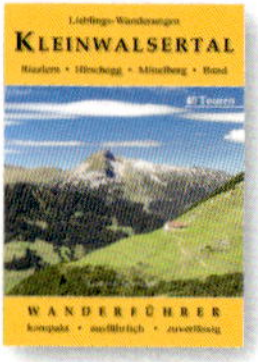


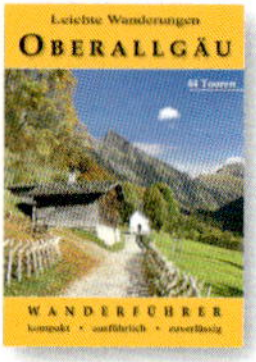


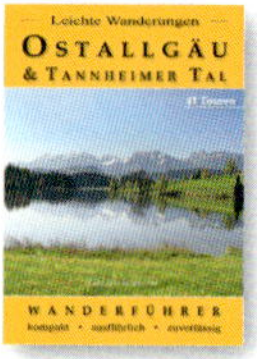


Wanderführer:
Format
12 x 16,5 cm /
128 Seiten /
12,95 €

Großformatige Panorama-Aufnahmen auf Leinwand:

www.allgaeu-panoramen.de

# VORWORT

Das Allgäu bietet für fast alle Wander-Geschmäcker eine Vielzahl an Touren-Möglichkeiten. Dieses Buch richtet sich an all jene, die gerne in den Bergen oder in Alpennähe unterwegs sind, es beim Wandern allerdings lieber etwas gemütlicher angehen lassen. Bei dem einen zwickt das Knie beim Bergabgehen, dem anderen fehlt die Kondition oder die Lust für eine schweißtreibende Tagestour auf steile Gipfel, andere treten altersbedingt etwas kürzer oder man ist mit Kindern unterwegs. Und wieder andere bevorzugen schlicht und ergreifend eher einfache und kurze Wanderungen, auf denen man ohne Zeitdruck oder alpinistischen Ehrgeiz, dafür mit viel Muße für die vielen sehenswerten Dinge rechts und links des Weges die Landschaft, die Berge und die Zeit in der Natur genießen kann.

Die Angebotspalette dafür ist fast grenzenlos: Im Voralpenland warten gemütliche See-Umrundungen oder niedrige Gipfel mit weiten Ausblicken. Zahlreiche Bergtäler lassen sich auf leichten Wegen entlang rauschender Bäche erkunden. Malerische Tobel und stille Moore warten auf Entdecker. In den oberen Stockwerken der Berge finden sich passende Touren zuhauf: entspannte Höhenwege über sanfte Wiesenberge, begleitet von prächtigen Ausblicken auf die hohen Alpengipfel. Und selbst in alpinen Höhen warten teils überraschend einfache Wanderwege, nachdem der anstrengende Teil des Anstiegs von der Seilbahn übernommen wurde.

Es gibt also viele Möglichkeiten, einen entspannten Wanderurlaub im Oberallgäu zu verbringen. Ich hoffe, dass ich Ihnen in diesem Buch eine schöne Auswahl zusammengestellt habe.

In dem Sinne wünsche ich Ihnen unvergessliche Augenblicke und schöne Erlebnisse in der Allgäuer Natur und Bergwelt.

Gerald Schwabe, 2022

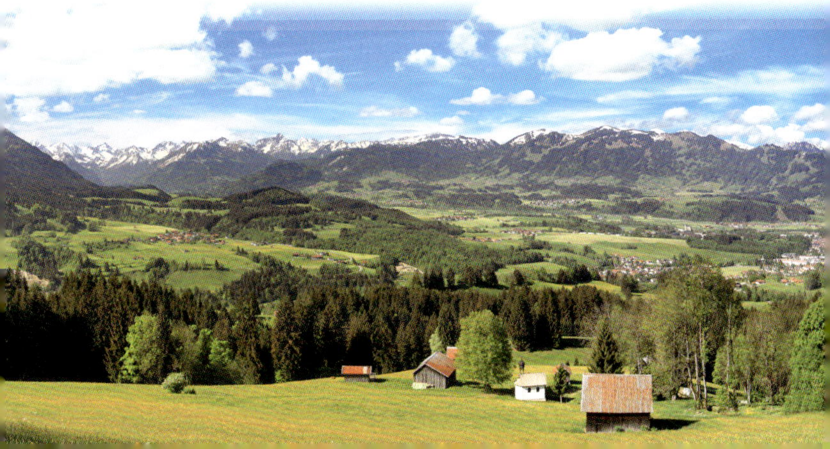

# INHALT

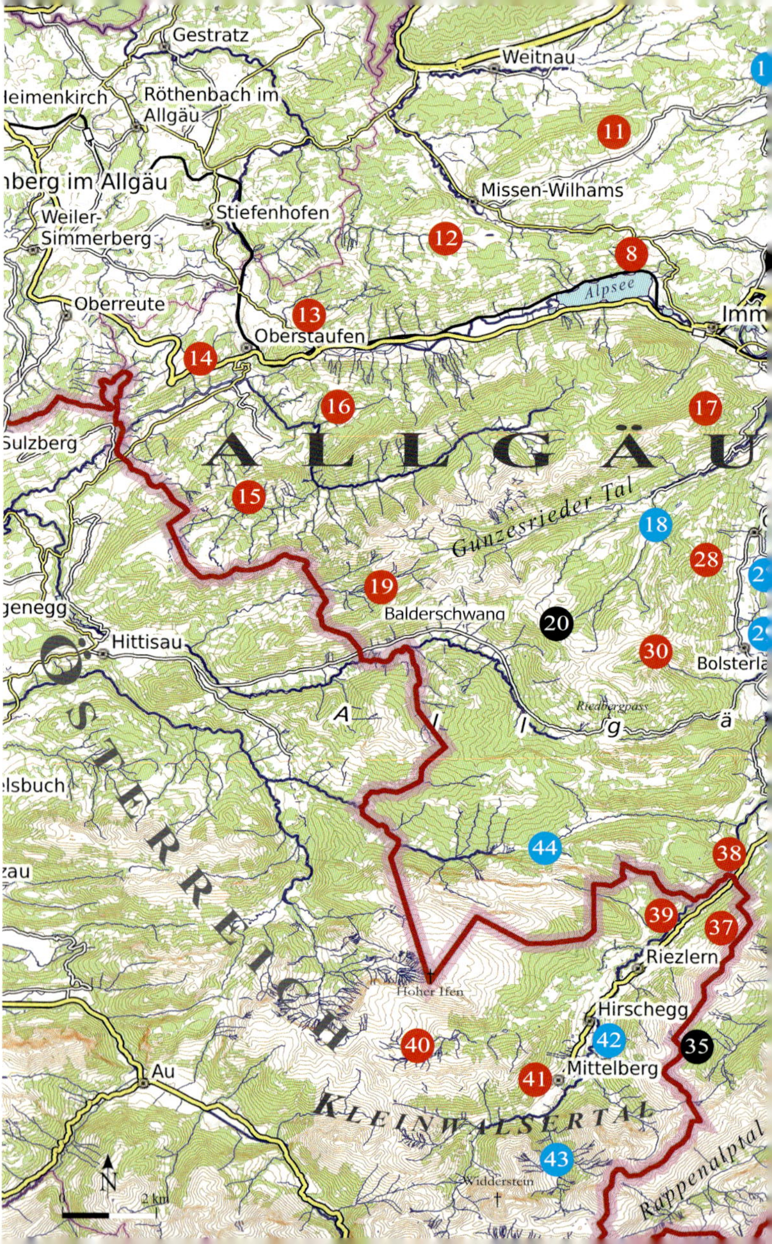
Gestratz
Weitnau
Röthenbach im Allgäu
11
Missen-Wilhams
Weiler-Simmerberg
Stiefenhofen
12
8
Alpsee
Oberreute
13
Oberstaufen
14
16
17
Sulzberg
ALLGÄU
15
Gunzesrieder Tal
18
28
19
Balderschwang
20
Hittisau
30
Riedbergpass
Allgä
ÖSTERREICH
44
38
39
37
Riezlern
Hoher Ifen
Hirschegg
42
35
40
41
Mittelberg
Au
KLEINWALSERTAL
43
Widderstein
Rappenalptal
N
2 km

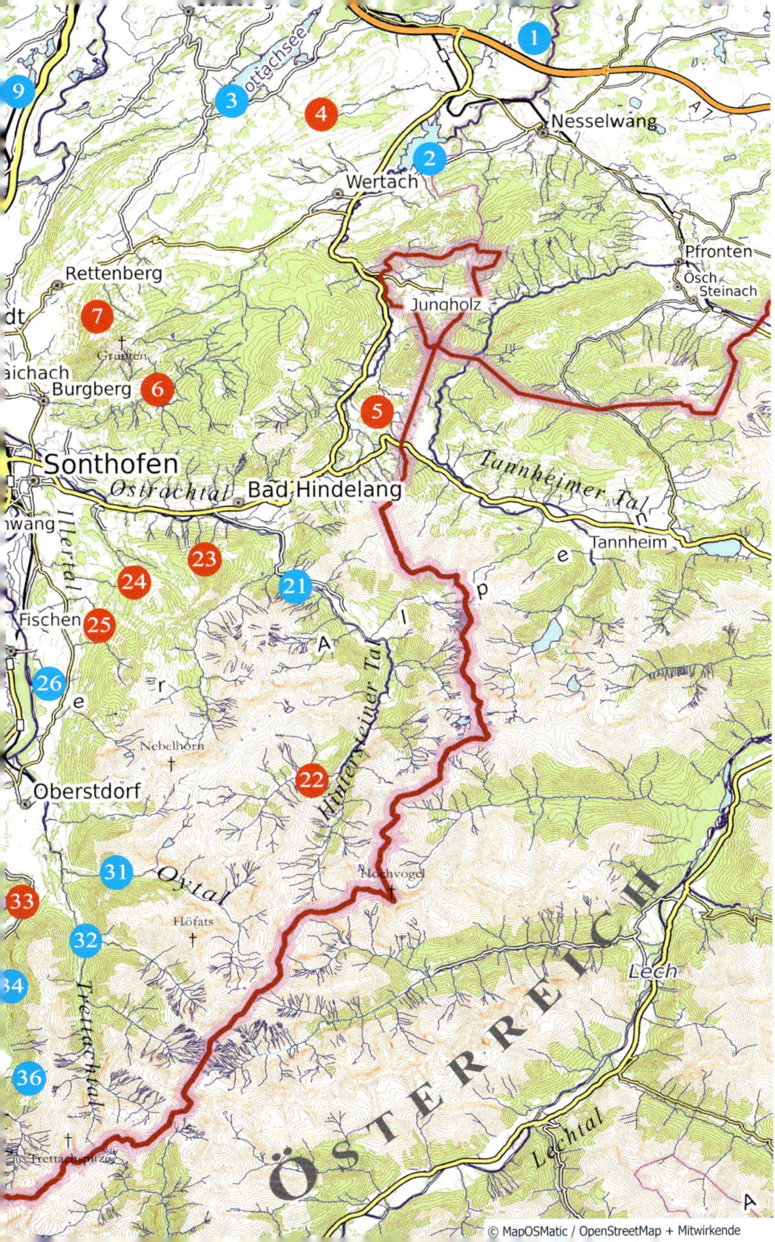
1
9
3
Grüntensee
4
2
Nesselwang
A7
Wertach
Pfronten
Ösch
Steinach
Rettenberg
7
Jungholz
Grünten
Burgberg
6
5
Sonthofen
Ostrachtal
Bad Hindelang
Tannheimer Tal
Illertal
23
24
21
Tannheim
Fischen
25
A l l g ä u e r A l p e n
26
Nebelhorn
Oberstdorf
22
Hintersteiner Tal
31
Oytal
Hochvogel
33
Höfats
32
34
Lech
Trettachtal
36
ÖSTERREICH
Trettachspitze
Lechtal
© MapOSMatic / OpenStreetMap + Mitwirkende

# ALLGEMEINE HINWEISE & INFOS

## Oberallgäu

Das Oberallgäu ist eine der beliebtesten Urlaubsregionen Deutschlands und ein wahres Paradies für Bergwanderer, Radfahrer und Naturliebhaber. Orte wie Oberstdorf, Fischen, Bad Hindelang und Oberstaufen zählen nur wenige Tausend Einwohner, sind aber fast jedem Wanderfreund in Deutschland ein Begriff und locken Jahr für Jahr Millionen Urlaubsgäste an. Das südliche Oberallgäu wird geprägt vom breiten Illertal, das von den ersten hohen Bergen bei Immenstadt fast 20 Kilometer schnurgerade nach Süden in die Alpen reicht, um dort – bei Oberstdorf – seine Fortsetzung zu finden in wunderschönen Tälern, die noch weiter in die Allgäuer Bergwelt hineinführen: Trettachtal, Stillachtal, Oytal, Kleinwalsertal…

Man ist hier mitten in den Bergen, dennoch präsentiert sich die Landschaft überraschend offen und sonnendurchflutet. Wobei die spektakulären Felsgipfel des Allgäuer Hauptkamms eine beeindruckende Hintergrundkulisse schaffen. Sanfte, von Almwiesen überzogene Bergkuppen säumen das Illertal im Westen und Osten, familienfreundliche Wanderwege wechseln sich ab mit hochalpiner Szenerie, und aussichtsreiche Gratwanderungen führen über die messerscharfen Kämme der berühmten Allgäuer Grasberge. Es locken blumenreiche Wiesenhänge und spektakuläre Höhenwege in 2000 Meter Höhe, großartige Aussichtsgipfel, und immer mal wieder ein wunderschöner Bergsee, der jedem Alpen-Klischee gerecht wird.

Den hohen Bergen vorgelagert erstreckt sich das oberallgäuer Voralpenland: eine wellige, stark strukturierte Landschaft mit einem Mix aus ausgedehnten Wäldern und weiten Grünflächen, urigen Mooren sowie zahlreichen kleinen und großen Seen, dazwischen eingestreut immer wieder kleine Dörfer und Weiler. Die Landschaft ist in Alpennähe noch überraschend bergig mit langgestreckten, oft in West-Ost-Richtung

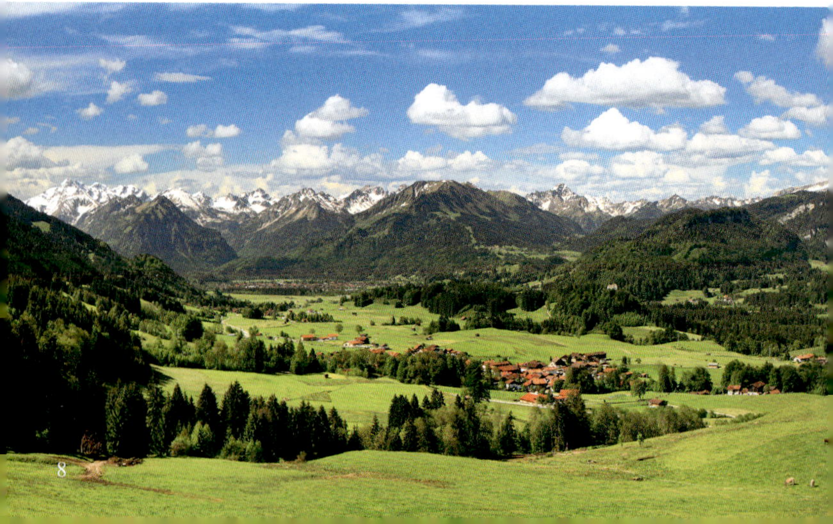

verlaufenden Bergrücken, die Höhen von über 1200 m erreichen und dem Wanderer herrlich aussichtsreiche Panoramawege bieten.
Ein Großteil des Allgäus steht unter Natur- oder Landschaftsschutz, doch richtige Wildnis darf man natürlich nicht erwarten. Das Allgäu ist eine seit Jahrhunderten besiedelte Kulturlandschaft mit einer noch immer sehr lebendigen Almwirtschaft – was sicherlich einen Teil des Reizes des Allgäus ausmacht. Eine Landschaft, die für jeden Geschmack etwas bietet und bei aller Popularität viele stille Ecken parat hält.

## Kleinwalsertal

Das Kleinwalsertal, das sich als eines von vielen Seitentälern des Illertales weiter in die Berge hineinschiebt, verdient eine besondere Erwähnung. Ca. 15 km lang und bis zu 7 km breit, ist es sehr viel offener und siedlungsfreundlicher als z.B. seine direkten Nachbarn Stillach- und Trettachtal. Es liegt bereits im österreichischen Vorarlberg, bildet geografisch und touristisch aber eher eine Einheit mit dem Allgäu, da die hohen Gipfel ringsherum eine vernünftige Verkehrserschließung nach Österreich unmöglich machen. Eine Zufahrt mit dem Auto ist nur über das Allgäu möglich. Vier kleinere Orte verteilen sich in dem Tal, das für ungefähr 5000 Menschen die dauerhafte Heimat ist. Zu ihnen gesellt sich Jahr für Jahr ein Vielfaches an Urlaubsgästen: Das Kleinwalsertal lebt heutzutage fast ausschließlich vom Fremdenverkehr und ist Österreichs drittgrößte Tourismusdestination mit jährlich über 1,5 Millionen Übernachtungen.
Die teilweise recht tief eingeschnittene Breitach durchfließt das Tal in seiner ganzen Länge und vereint sich – nachdem sie am Talausgang die berühmte Breitachklamm durchflossen hat – bei Oberstdorf mit der Trettach und Stillach zur Iller. Aus dem weiten, sonnigen Haupttal führen rund ein halbes Dutzend kleinere Nebentäler in die Berge hinein.

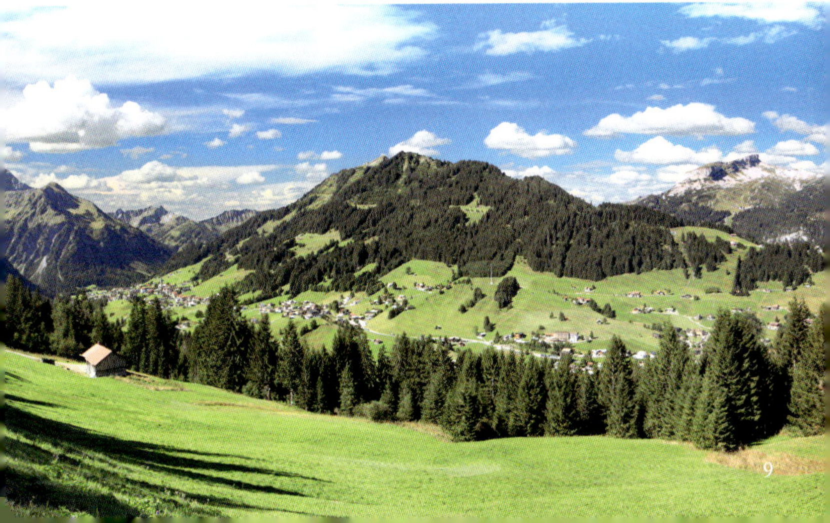

## Die beliebtesten Urlaubsorte im Oberallgäu

### Oberstdorf (813 m)

Oberstdorf ist das unbestrittene Zentrum des oberallgäuer (Wander-)Tourismus. Millionen von Urlaubsgästen besuchen alljährlich den kleinen Ort ganz im Süden des Illertales zu Füßen der imposanten Allgäuer Alpen. Im Winter ist der Ort Station der Vierschanzentournee und Austragungsort diverser Weltmeisterschaften. Direkt im Ort startet die Nebelhornbahn, und Übernachtungsgäste haben eine unglaubliche Auswahl an Wandermöglichkeiten gleich vor der Haustür. Stillachtal, Trettachtal und Oytal beginnen direkt am Ortsrand, und mit dem Walserbus gelangt man problemlos ins nahe Kleinwalsertal. Die insgesamt 10000 Einwohner der – flächenmäßig – sehr großen Gemeinde verteilen sich neben Oberstdorf auf über 40 kleine und kleinste Dörfer, Weiler und Einöden.

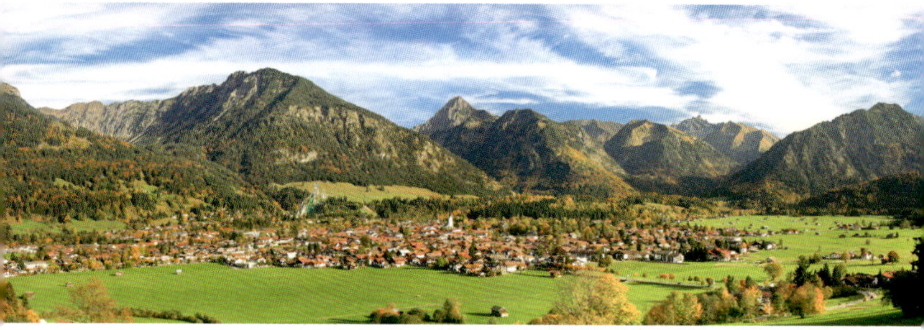

### Fischen & Hörnerdörfer (761 m)

Fischen liegt ca. fünf Kilometer nördlich von Oberstdorf im Illertal am Ufer des klaren Grundbaches. Im Vergleich zum sehr touristischen Oberstdorf geht es hier etwas beschaulicher zu. Der Ort hat sich mit den vier benachbarten Dörfern Obermaiselstein, Bolsterlang, Ofterschwang und Balderschwang zur Hörnergruppe zusammengeschlossen. Landschaftlich wird die Umgebung vom weiten Illertal, dem schroffen Rubihorn sowie den angrenzenden Höhenzügen des Sonnenkopfgrates und der Hörnerkette geprägt. Die Gipfel sind längst nicht so hoch und markant wie die Dolomitgipfel des Allgäuer Hauptkamms; stattdessen erwarten den Wanderer herrliche, wiesenbedeckte Aussichtsberge und leichte, familienfreundliche Höhenwege.

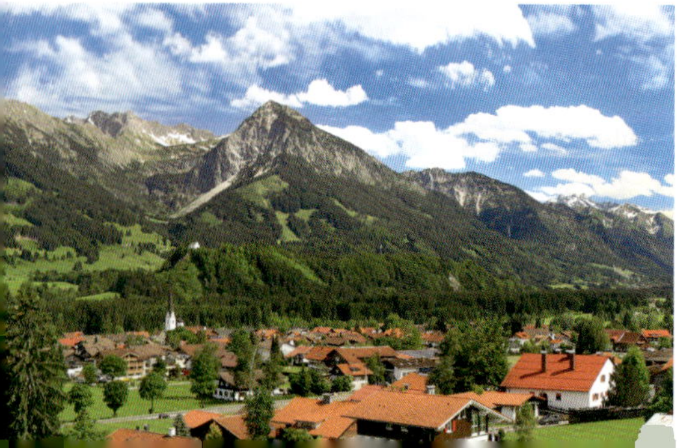

## Bad Hindelang (820 m)

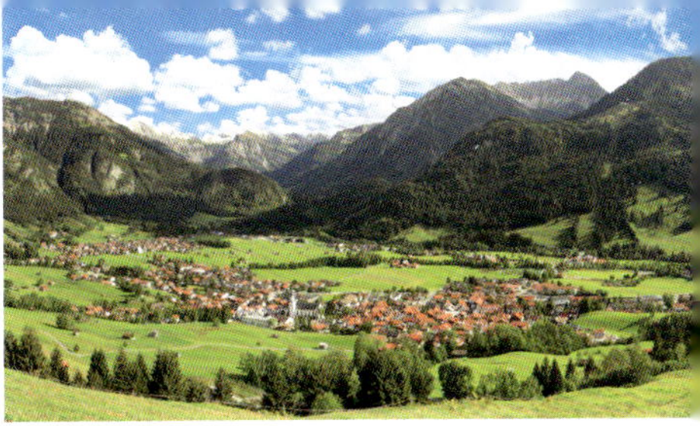

Der kleine Ort Bad Hindelang liegt im Ostrachtal, einem kurzen, bei Sonthofen abzweigenden Nebental des Illertales. Im weiten Rund um die Wiesenebene im Talschluss erheben sich prächtige Aussichtsgipfel wie Kleiner Hirschberg, Iseler und Imberger Horn, und südlich des Ortes führen Hintersteiner und Retterschwanger Tal tiefer in die herrliche Bergwelt hinein mit ihren wunderschönen Wanderzielen. Der gemütliche Urlaubsort ist Mittelpunkt einer Gemeinde, zu der noch eine Handvoll kleiner Dörfer gehören wie Oberjoch, Unterjoch, Bad Oberdorf und Hinterstein.

## Immenstadt (728 m)

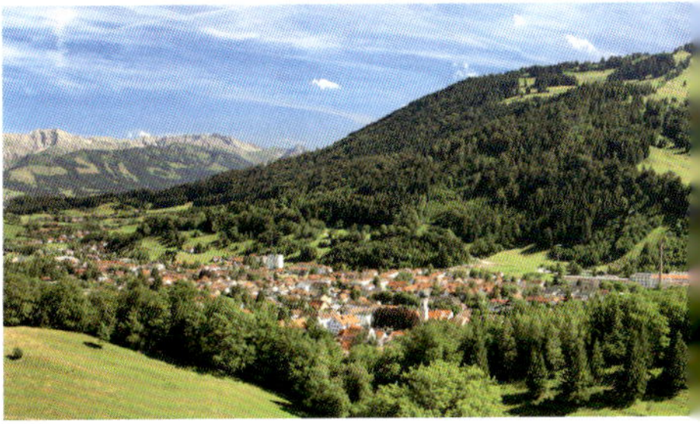

Immenstadt ist – dank Stadtrecht aus dem Jahr 1360 – die älteste Stadt im Oberallgäu und hat insgesamt 14000 Einwohner, wobei daran auch über 40 kleine Dörfer und Weiler im Gemeindegebiet ihren Anteil haben. Die lebhafte Stadt mit ihrem hübschen kleinen Marktplatz liegt am Ausgang des Illertales am Alpenrand und wird überragt vom aussichtsreichen Mittag. Hauptanziehungspunkt ist sicherlich der herrliche Große Alpsee am westlichen Ortsrand. Immenstadt hat sich mit den benachbarten Orten Sonthofen, Burgberg, Rettenberg und Blaichach zur Ferienregion Alpsee-Grünten zusammengeschlossen, einer abwechslungsreichen Urlaubsregion mit zahllosen Zielen wie Grünten, Starzlachklamm, Nagelfluhkette, Gunzesrieder Tal uvm.

## Oberstaufen (791 m)

Oberstaufen liegt ganz am westlichen Rand des Oberallgäus und fühlt sich – vom Illertal durch das lange Konstanzer Tal getrennt – fast etwas wie Westallgäu an. Die Landschaft hat eher Mittelgebirgscharakter und die sonst im Oberallgäu so präsenten Allgäuer Alpen sind hier nicht zu sehen. Optisch dominierend ist die Nagelfluhkette, die sich im Süden über dem Ort erhebt, während die weite, offene und von Grünland geprägte Landschaft sich nach Westen hin öffnet. Neben Wanderurlaub hat sich Oberstaufen auf Gesundheits-Urlaub konzentriert (Schroth-Kuren etc.) und sich so zu einem der meistbesuchten Orte im Oberallgäu entwickelt.

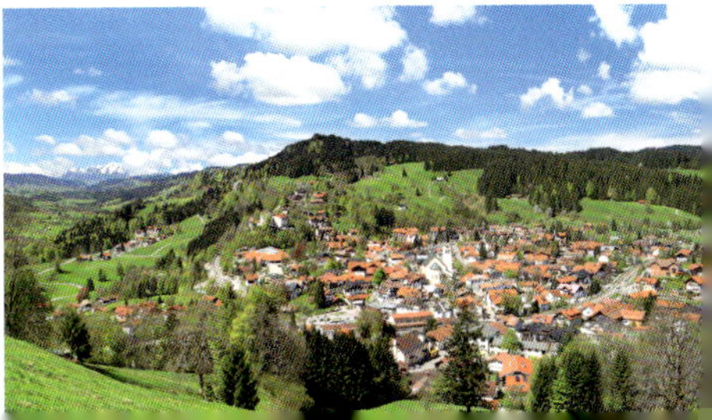

## ALMWIRTSCHAFT

Der Begriff Alm- bzw. Alpwirtschaft ist eng mit dem Allgäu verknüpft, denn in keiner Region in Deutschland, ja fast im ganzen Alpenraum ist diese etwas aus der Zeit gefallene Form der Weidehaltung noch so lebendig. Umso erstaunlicher, dass dieses von Urlaubern so geschätzte Alpenidyll und -klischee von »glücklichen« Kühen auf saftigen Weiden voller bunter Blumen keine künstlich am Leben erhaltene Touristenattraktion ist, sondern gelebte, bäuerliche Wirklichkeit.

Trotzdem hat sich natürlich auch im Allgäu die Landwirtschaft im Laufe der letzten Jahrzehnte stark verändert, viele Landwirte haben ihren Hof aufgegeben, andere haben aus ihren kleinen Familienbetrieben moderne Unternehmen mit Hunderten von Rindern gemacht. Und die meisten Rinder stehen auch im Allgäu im Stall und nicht auf einem Berggipfel. Tatsache ist allerdings auch, dass die Almwirtschaft sehr lebendig und aus dem Allgäu nicht wegzudenken ist. Diese Form der Landnutzung hat ihre Ursprünge weit im Mittelalter und hat im Alpenraum eine der ältesten Kulturlandschaften Deutschlands geschaffen. Und vielen Wanderern mag beim Genuss der weiten Ausblicke und freien Wiesen oben auf den Gipfeln und den Höhenwegen gar nicht bewusst sein, dass die meisten Berge bis zur natürlichen Waldgrenze, die mancherorts bis über 1800 Höhe reicht, komplett mit dichtem Wald bedeckt wären, hätten die Bauern nicht in mühevoller Arbeit den Wald in Weideflächen umgewandelt; und quasi nebenbei eine für uns heute so ansprechende offene und abwechslungsreiche Urlaubslandschaft geschaffen.

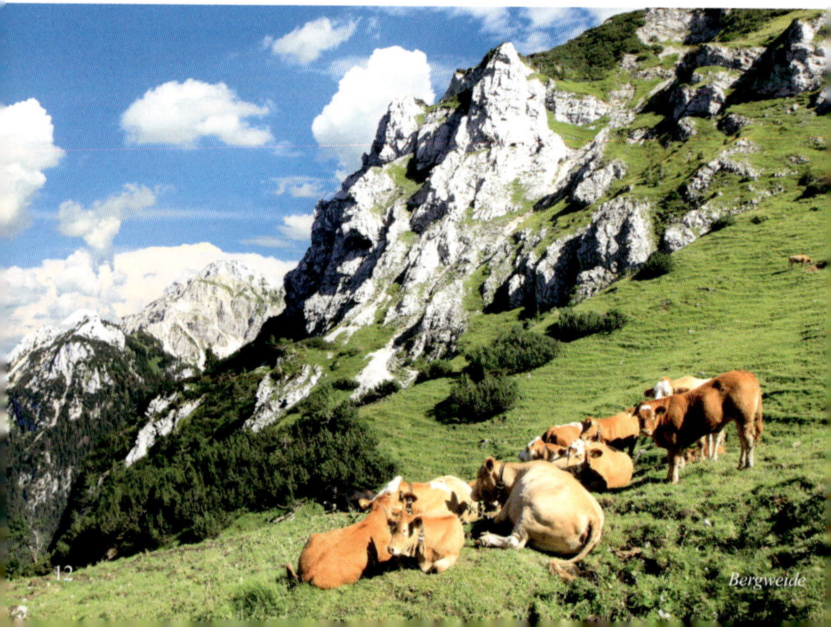

*Bergweide*

Dabei war ein Überleben der Almwirtschaft im deutschen Alpenraum durchaus nicht gesichert, denn bei allem Klischee handelt es sich um harte Arbeit. Zwar gab es regionale Unterschiede, doch bis in die 1970er Jahre nahm die Zahl der Almen – bzw. Alpen, wie sie im Allgäu heißen – stetig ab. Und noch immer trifft man gelegentlich beim Wandern auf einsame Lichtungen mit Mauerresten ehemaliger, vor langer Zeit aufgegebener Alphütten. Die Wende brachten großzügige finanzielle Unterstützungen für Hirten und Almbauern sowie ein massiver Ausbau des Wegenetzes, so dass heute praktisch jede Hütte – von wenigen Ausnahmen abgesehen – auf einer Fahrstraße erreichbar ist. Zudem ist die Zahl der Sennalpen, also Hütten mit Milchvieh und Käseherstellung, stark zurückgegangen zugunsten von pflegeleichterem Jungvieh. Ein gesteigertes ökologisches Bewusstsein und die Erkenntnis, dass sich Produkte aus almwirtschaftlicher Bewirtschaftung gut vermarkten lassen, tat ein Übriges. In den letzten 40 Jahren hat sich der Bestand stabilisiert, so dass es heute im gesamten Allgäu wieder fast 700 Alphütten mit gut 30.000 vierbeinigen Sommergästen gibt. Fast die Hälfte der Allgäuer Gebirgsflächen wird almwirtschaftlich genutzt, im Extremfall bis in Höhen von 2300 m wie z. B. am Linkerskopf oder Rauheck mit ihren steilen Wiesenhängen. Das Oberallgäu ist zahlenmäßig bayernweit führend auch dank der vielen etwas niedrigeren und sehr almfreundlichen Berge am Alpenrand. Allein im Gemeindegebiet von Oberstaufen befinden sich 155 Alpen.

Weit über die Grenzen des Allgäus hinaus bekannt sind auch die Viehscheide, die im September in vielen Orten stattfinden. Nach gut 100 Tagen auf den Bergen werden die herausgeputzten Rinder unter großem Getöse unzähliger Schellen von nicht weniger herausgeputzten Hirten ins Tal gebracht und auf den »Viehscheidplätzen« an ihre Besitzer verteilt. Zwar hat auch hier der (Massen)tourismus Einzug gehalten und aus dieser Tradition in einigen Orten ein fast partyähnliches Event gemacht, zu dem Besucher aus großer Entfernung in zahllosen Bussen herangekarrt werden, aber nichtsdestotrotz ist dieser Tag für alle beteiligten Einheimischen seit jeher ein großes Dorffest.

Bleibt abschließend festzustellen: Die Almwirtschaft gehört zum Allgäu, und so wie es aussieht, bleibt sie der Region auch auf absehbare Zeit erhalten. Und sorgt weiterhin nicht nur für viele entspannte, freie Bergwiesen genießende Rinder sondern auch für den Erhalt der Allgäuer Berg- und Erholungslandschaft mit ihrem attraktiven Mosaik aus Alpwiesen und Bergwäldern.

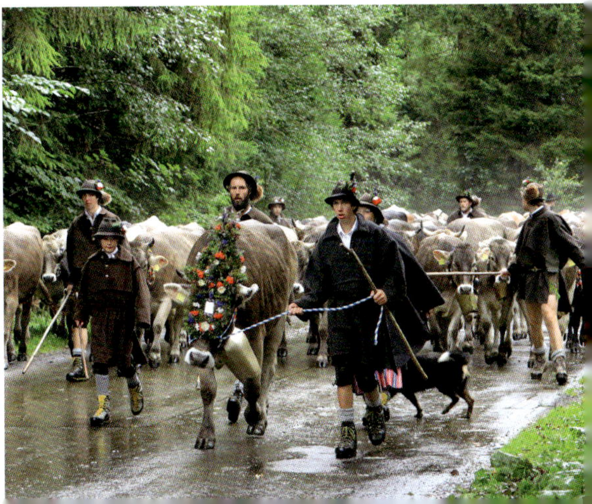

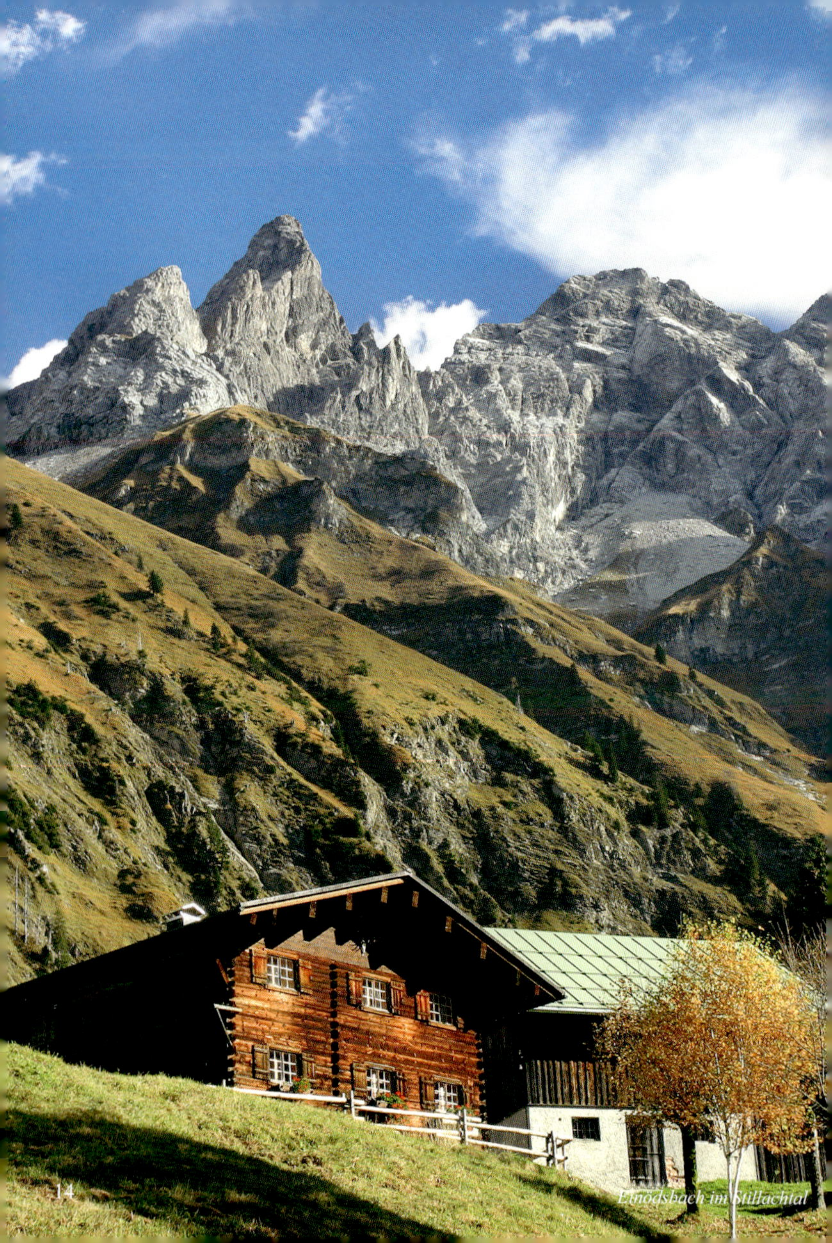

Einödsbach im Stillachtal

## TOURENAUSWAHL

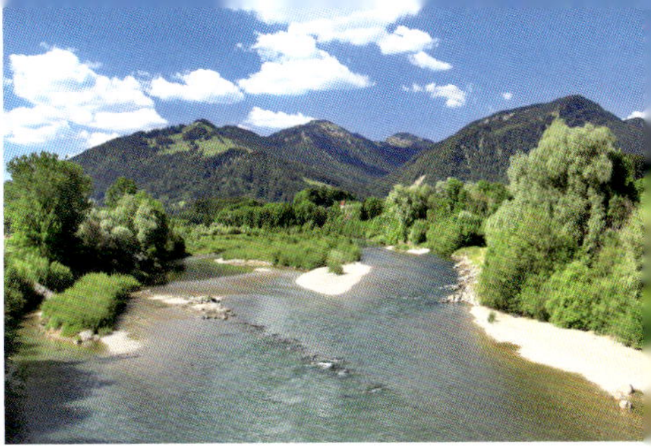

Das Oberallgäu bietet eine unglaubliche Fülle an Touren, so dass für fast jeden Wandergeschmack etwas dabei sein dürfte. In diesem Buch ist eine bunte Auswahl der schönsten Wanderungen zusammengestellt, wobei das Hauptaugenmerk darauf gerichtet wurde, dass es sich um eher einfache Wanderungen handelt, die keine besonderen Ansprüche an Kondition, Ausdauer oder Kniegelenke stellen: leichte Spaziergänge um einen der vielen schönen, voralpinen Seen oder entlang rauschender Bergbäche durch eines der hübschen Täler; gemütliche Panoramawege auf halber Höhe durch aussichtsreiche Berghänge und zu einladenden Alphütten; oder herrliche und oft erstaunlich leichte Höhenwege in alpinen Regionen, die sich entspannt per Seilbahn oder Sessellift erreichen lassen.

## TOURENSTECKBRIEF

Um eine Tour auf den ersten Blick grob einschätzen zu können, sind die Eckdaten der Wanderungen in einem Tourensteckbrief kurz zusammengefasst. Dieser gibt Auskunft über Ausgangspunkt/Anfahrt (Auto und Bus), Anforderungen, Höhendifferenz sowie Einkehrmöglichkeiten unterwegs und Gehzeit (Die Gehzeiten beziehen sich auf die reine Gehzeit ohne Rast und Pausen und orientieren sich an den auf den Beschilderungen vor Ort angegebenen Zeiten). Auch auf mögliche Varianten wird hier hingewiesen. Nach der Kurzinfo folgt die ausführliche Wegbeschreibung, jeweils ergänzt durch eine Karte mit Routeneintrag sowie ein Streckenprofil.

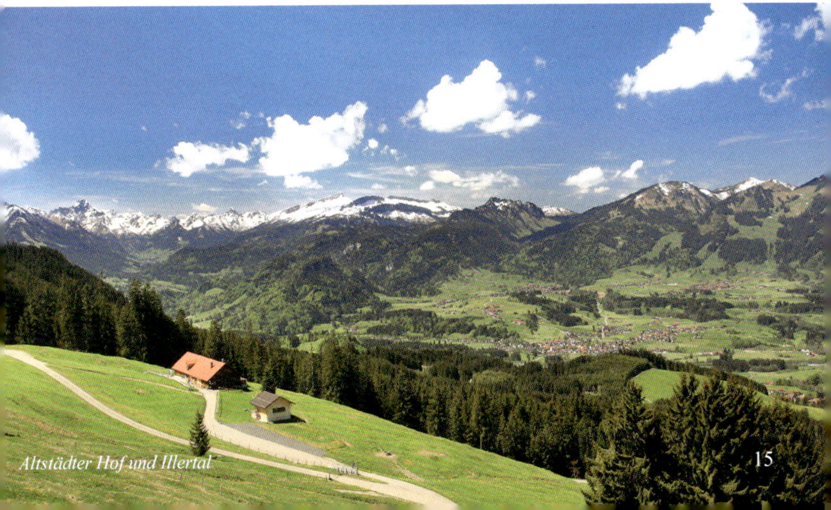

*Altstädter Hof und Illertal*

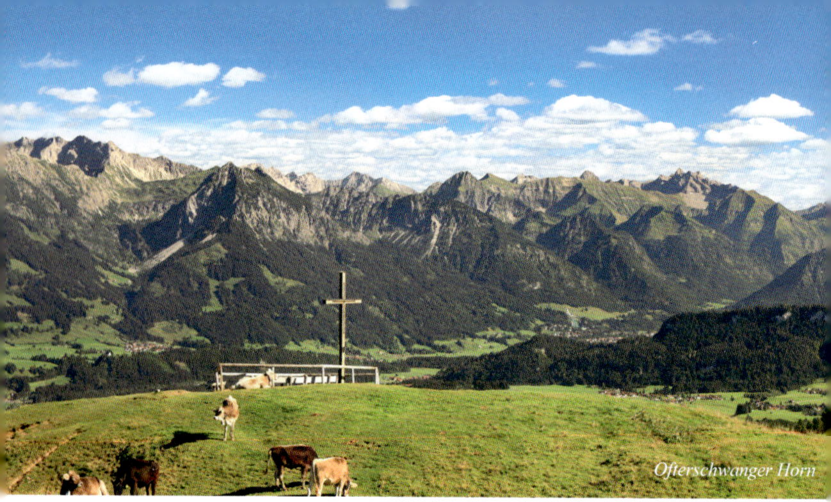

Ofterschwanger Horn

## Anforderungen

Die in Wanderführern übliche Einteilung in **leicht/mittel/schwer** wirkt bei einem Buchtitel »Leichte Wanderungen…« naturgemäß etwas unpassend. Allerdings gibt es auch bei den Touren in diesem Buch Unterschiede: Am unteren Ende der Skala gibt es z.B. einfache See-Umrundungen, Spaziergänge ohne jegliche Steigung auf oft Kinderwagen-geeigneten Wegen. Und am oberen Ende teils alpine Touren, zwar tendenziell immer noch leicht, da sie bergsteigerisch keine besonderen Anforderungen stellen, auf guten, breiten Wegen verlaufen und es gemütlich per Seilbahn hinaufgeht. Dennoch sind auf diesen Wanderungen mitunter größere Höhenunterschiede zu bewältigen, sie sind etwas länger und setzen etwas bessere Kondition voraus; vernünftige Wanderschuhe sind hier unerlässlich. Man ist schließlich in den Bergen unterwegs.

Aus diesem Grund sind die einzelnen Touren in drei Schwierigkeitsgrade unterteilt; eine entsprechende farbliche Markierung ist jeder Tour vorangestellt.

● **Blaue Touren**: Spaziergänge und sehr leichte Wanderungen auf bequem zu gehenden Wegen. Einige Touren sind völlig eben, bei anderen summiert es sich bis max. 150 Hm, allerdings bei sehr gemäßigten Steigungen. Diese Touren erfordern keine besondere Kondition und können auch bei schlechtem Wetter gefahrlos begangen werden

● **Rote Touren**: Wanderungen auf bequem zu gehenden Wegen mit gleichmäßigen Anstiegen und einer Höhendifferenz von max. 350 Metern in der Summe. Grundkondition ist von Vorteil.

● **Schwarze Touren**: Wanderungen mit gelegentlich etwas anstrengenden, kurzen Anstiegen und ggf. längeren Abstiegen und einer Höhendifferenz von maximal 500 Metern. Oder längere Touren, die sehr gute Kondition voraussetzen. Insgesamt gute Wege ohne technische Schwierigkeiten. Mitunter verlaufen diese Touren in alpinen Höhen.

## Telefonnummern, Internet & Wanderkarten

**Touristen-Infos**:

- ⇨ Tourismus Oberstdorf, Prinzregenten-Platz 1, Oberstdorf Haus, 87561 Oberstdorf, Tel. +49 8322 7000, www.oberstdorf.de
- ⇨ Tourismus Hörnerdörfer GmbH, Am Anger 15, 87538 Fischen i. Allgäu, Tel. +49 8326 3646-0, www.hoernerdoerfer.de
- ⇨ Kleinwalsertal Tourismus, Walserstrasse 264, A-6992 Hirschegg Tel. +43 5517 5114-0, www.kleinwalsertal.com
- ⇨ Gästeinformation Bad Hindelang, Am Bauernmarkt 1, 87541 Bad Hindelang, Tel. +49 8324 8920, www.badhindelang.de
- ⇨ Oberstaufen Tourismus Marketing GmbH, Hugo-von-Königsegg-Straße 8, 87534 Oberstaufen, Tel. +49 8386 93000, www.oberstaufen.de

**Notrufnummer** 112 (Europaweite Notrufnummer für Festnetz und Mobiltelefon)

**Wetterberichte** (online)

- ⇨ www.alpenverein.de (Wetterbericht für den Alpenraum)
- ⇨ Deutscher Wetterdienst, www.dwd.de
- ⇨ http://wetter.orf.at (Berg-/Wetterbericht für Österreich)
- ⇨ Zentralanstalt für Meteorologie: www.zamg.ac.at (Berg-/Wetterbericht für Österreich)

**Wanderkarten**

Zusätzlich zu den Wanderkärtchen, die Bestandteil jeder Tourenbeschreibung sind, ist – für alle, die unterwegs statt Smartphone lieber eine handfeste Karte in Händen halten – folgendes Kartenmaterial empfehlenswert:

- ⇨ Landesamt für Vermessung und Geoinformation: UK50-47 »Allgäuer Alpen« im Maßstab 1:50.000 (www.ldbv.bayern.de)
- ⇨ Diverse AVA Zumstein-Wanderkarten, z.B. Nr. 4 »Oberstdorf«, Nr. 6 »Immenstadt« und Nr. 3 »Bad Hindelang«, jeweils im Maßstab 1:30.000 (www.ava-verlag.de)

## Anreise mit dem Auto

Das Oberallgäu ist per Pkw gut erreichbar: Auf der A7 aus Richtung Ulm/Memmingen und weiter ab Kempten auf der ausgebauten B19 kommt man weitgehend ungehindert bis Sonthofen. Ab dort über Fischen bis Oberstdorf oder noch weiter ins Kleinwalsertal ist allerdings – insbesondere an schönen Wander-Wochenenden – sehr oft Geduld gefragt, denn das Allgäu lockt neben den vielen Übernachtungsgästen auch unzählige Tagesausflügler an, und es geht teilweise nur sehr zäh voran. Parkplätze gibt es – von einigen Ausnahmen abgesehen, wenn Ferien, Feiertag und Kaiserwetter zusammenfallen – im gesamten Tourengebiet ausreichend, allerdings sind fast alle kostenpflichtig und teilweise sehr teuer. Wer eine Tour mit öffentlichen Verkehrsmittel plant, schont also nicht nur die Umwelt, sondern oft auch Nerven und Geldbeutel..

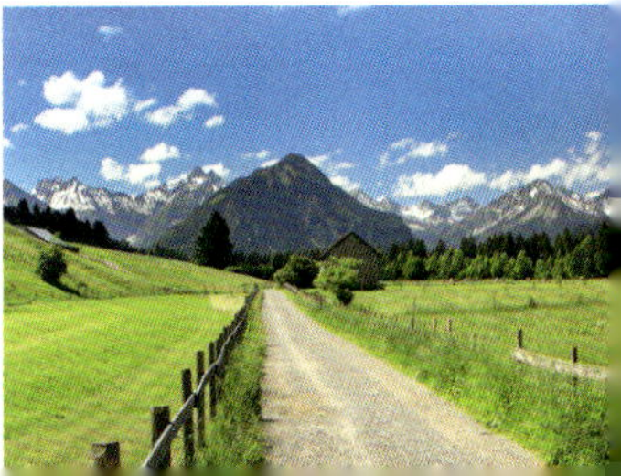

## Symbole & Pictogramme

| | | |
|---|---|---|
| Ausgangspunkt / Anfahrt | Gehzeit | Schwierigkeit: |
| Tour mit Seilbahn / Lift | Höhenmeter (*bergauf / bergab*) | Leicht |
| Tourencharakter | Distanz | Mittel |
| Einkehr | Tourstart in einem Ort | Schwer |

## Öffentliche Anreise und mobil vor Ort

Die Urlaubsorte Oberstdorf/Fischen/Immenstadt werden ein- bis zweimal pro Stunde von der Bahn via Kempten oder Oberstaufen angefahren (www.bahn.de). Und dank der überschaubaren Größe der in diesem Buch beschriebenen Urlaubsregion sind – von wenigen Ausnahmen abgesehen – alle beschriebenen Wanderungen mit öffentlichen Verkehrsmitteln problemlos machbar. Vom Bahnhof Oberstdorf z. B. verkehrt der Walserbus von früh bis spät alle 10 bis 20 Minuten ins Kleinwalsertal über Riezlern, Hirschegg und Mittelberg bis nach Baad. Und die kleinen Orte und Dörfer in der Umgebung Oberstdorfs, Fischen und Bad Hindelangs sind i.d.R. alle 1 bis 2 Stunden per Bus zu erreichen.

Walserbus-Fahrpläne sind als Faltblatt vor Ort erhältlich, außerdem im Internet zur Ansicht bzw. zum Ausdrucken unter ► www.kleinwalsertal.com.

Busfahrpläne für das südliche Oberallgäu gibt es als handliche Fahrplanhefte in den Touristenämtern bzw. am Bahnhof oder online unter ► www.oberallgaeu.de bzw. www.mona-allgaeu.de.

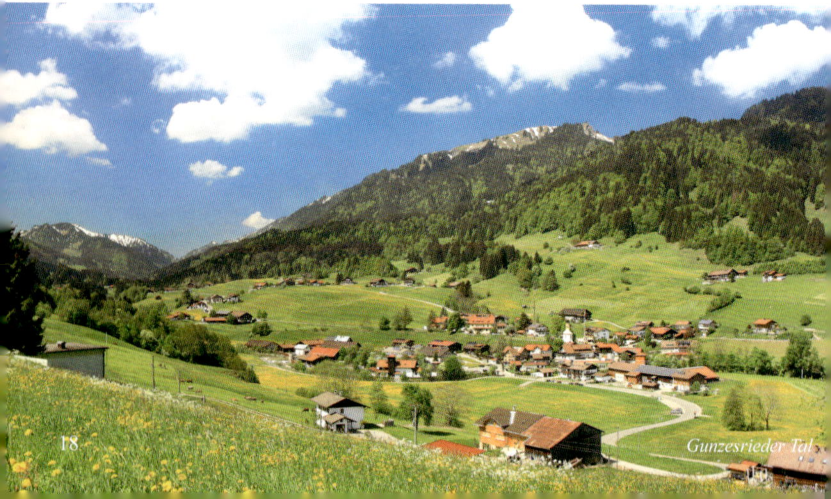

*Gunzesrieder Tal*

## Bergbahnen

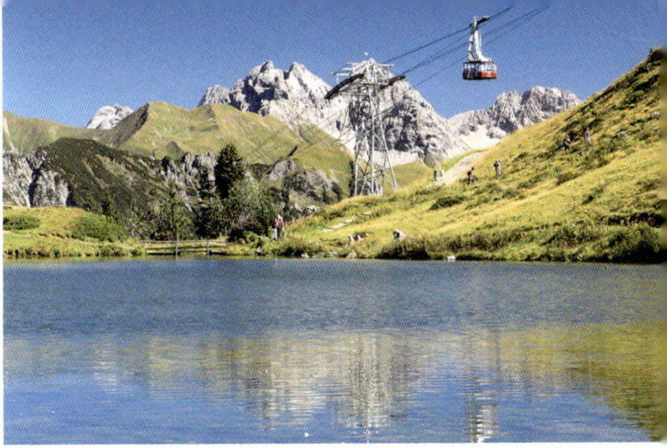

Allein die Zahl von fast 20 Seilbahnen und Sesselliften unterstreicht die gewaltige Bedeutung des Tourismus für das Allgäu. Die Bahnen sind in der Regel ganzjährig in Betrieb, nur in den touristisch eher lauen Übergangsmonaten zwischen Sommer- und Wintersaison (i.d.R. die Monate November und April) legen sie Revisionspausen ein. Durch die zunehmend warmen und auch oft schneearmen Winter sind manche Bahnen allerdings – bei schönem Wanderwetter – auch dann an manchen Wochenenden ausnahmsweise in Betrieb (im Zweifelsfall hilft ein Blick auf die Internetseiten). Die täglichen Betriebszeiten liegen in etwa zwischen 8.30 und 16.30 Uhr. Genauere Informationen sowie Telefonnummern und Internetseiten sind in den Kurzinfos angegeben.

Bei vielen Hotels sind bei längeren Aufenthalten manche Seilbahnen inklusive, zudem gibt es diverse Angebote (uneingeschränkte Seilbahnnutzung an mehreren Tagen u.ä.), die man auf seine (Allgäu-Walser-)Gästekarte aufbuchen lassen kann.

## Einkehr, Almhütten & Co.

Oberallgäu und Kleinwalsertal sind gastronomisch bestens erschlossen, sodass es kaum eine Wanderung ohne Einkehrmöglichkeit gibt. In unmittelbarer Umgebung der Seilbahn-Bergstationen findet man eigentlich immer irgendeine Hütte oder ein Bergrestaurant, und auch sonst trifft man immer wieder auf eine Alpenvereinshütte oder eine der zahlreichen privaten, bewirtschafteten Alphütten.

Die bei den Bergstationen gelegenen Hütten/Restaurants haben während der Seilbahn-Betriebszeiten fast immer ohne Ruhetage geöffnet. Die Öffnungszeiten der hochgelegenen Alpenvereinshütten sind durch die Höhe bzw. den Winter begrenzt; die Sommersaison ist sehr unterschiedlich und dauert etwa von Anfang Juni bis Anfang Oktober. Bei den meist privaten Alphütten, die im Nebenerwerb Kost anbieten, bestimmt der bäuerliche Terminkalender die Saison, die meist nur so lang dauert, wie das Vieh auf der Alm ist, also von ca. Mitte Juni bis zum Viehscheid ca. Mitte September. Mit einem wöchentlichen Ruhetag muss man rechnen. Besonders bei etwas abgelegenen Hütten weist meist ein Schild frühzeitig darauf hin, wann die Hütte geschlossen hat.

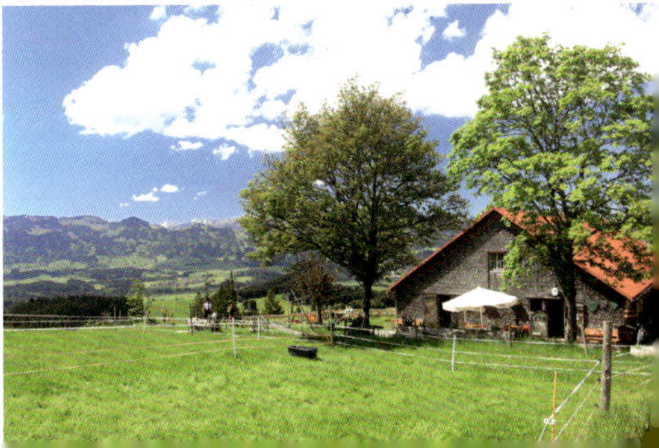

# Alpenrand & Voralpenland

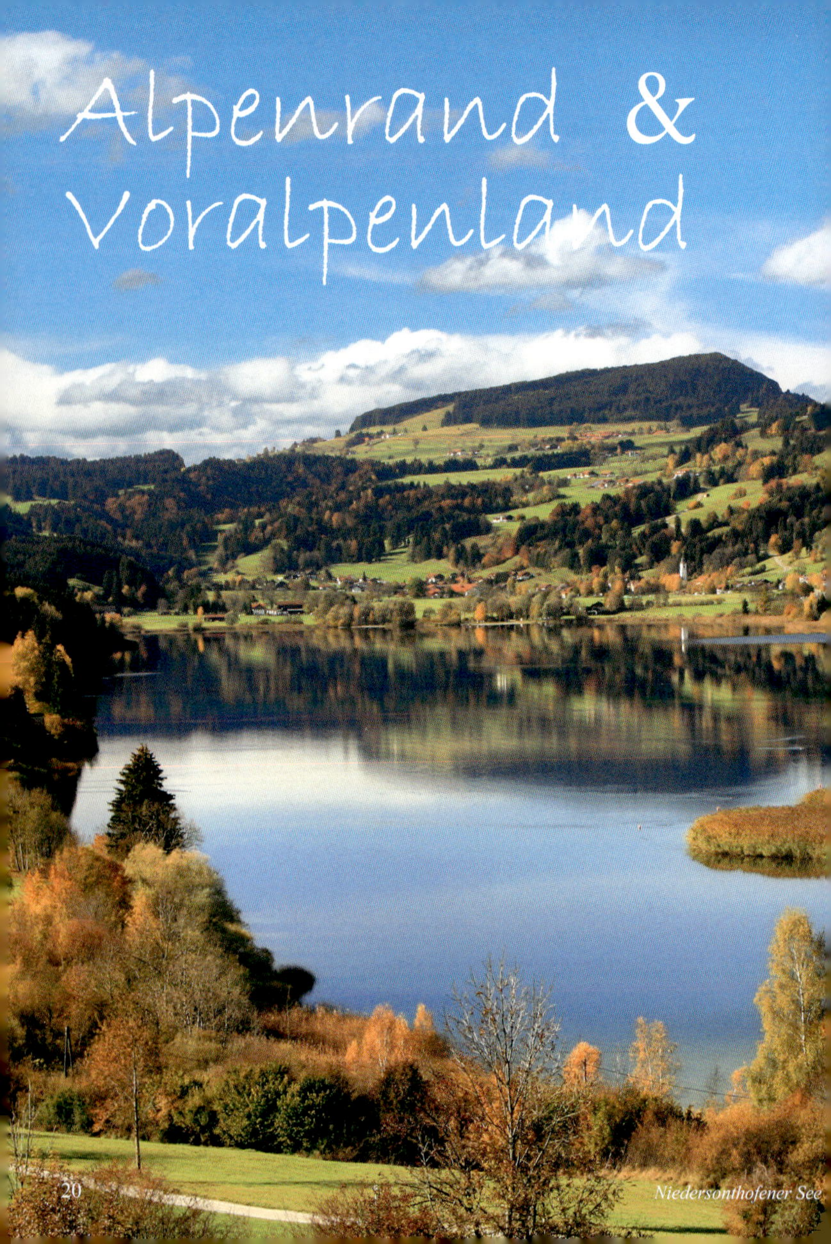

Niedersonthofener See

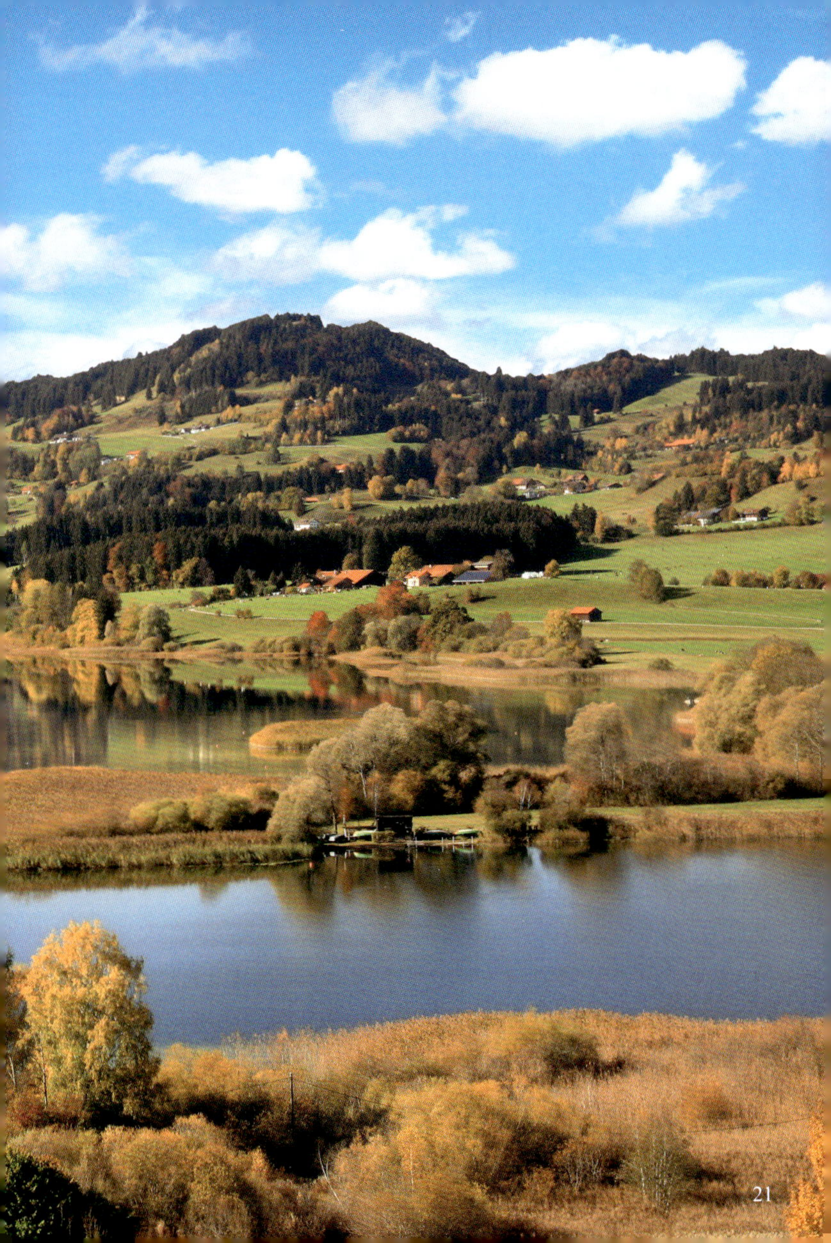

# 1 Durchs Wertachtal zum Sticher Weiher

4.30 Std. | 150 Hm | 11,9 km

Maria Rain; kleines Dorf nördlich von Nesselwang an der Wertach. Via A7 Ausfahrt Oy-Mittelberg, Richtung Nesselwang. Parkplatz im Dorf bei der Kirche, 900 m *(**Navi**: 87466 Oy-Mittelberg/ Maria Rain, Kirchweg 3);* Bahnhof »Maria Rain« ca. 2 km entfernt (Linie Kempten–Pfronten, ca. stündlich).

Leichte Wege, nur wenige Steigungen, meist Schotterbelag, an der Wertach teils schmalere Waldwege.

keine unterwegs

## Auf stillen Pfaden zu schönen Mooren und Flüssen

*Auf dieser Wanderung nördlich von Nesselwang erkunden wir einen typischen, voralpinen Allgäu-Mix: es geht durch das tief eingeschnittene Tal der Wertach, wir durchstreifen stille Wiesen und Wäldchen, erkunden ein hübsches Hochmoor sowie einen kleinen See und genießen immer wieder freie Ausblicke Richtung Alpen.*

Vom **Parkplatz** ①, 900 m, spazieren wir links an der Kirche vorbei und steigen in wenigen Minuten hinab in den bewaldeten Taleinschnitt der Wertach. Auf einer überdachten **Brücke** ②, 840 m, wechseln wir auf die andere Flussseite, halten uns gleich dahinter links und wandern auf einem hübschen Weg am Ufer entlang talabwärts. Wir unterqueren die sehr hoch über uns aufragende Autobahnbrücke, gelangen zu einer weiteren **Brücke über die Wertach** ③, 827 m, und wechseln aufs linke Ufer. Nachdem wir eine stille Lichtung und zwei Höfe hinter uns gelassen haben, wird das Tal zunehmend enger und der Wanderweg verläuft durch dichten Wald direkt an der Fluss entlang. Einen Abzweig, der links nach Bachtel hinaufführt, ignorieren wir, gehen stattdessen noch etwas weiter und queren den kleinen Sennenbach. Direkt dahinter folgen wir einer Forststraße, die links aus dem Taleinschnitt herausführt, während die Wertach ab hier ohne Uferweg still und ungestört

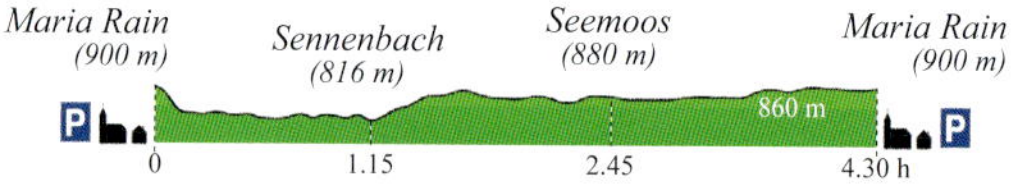


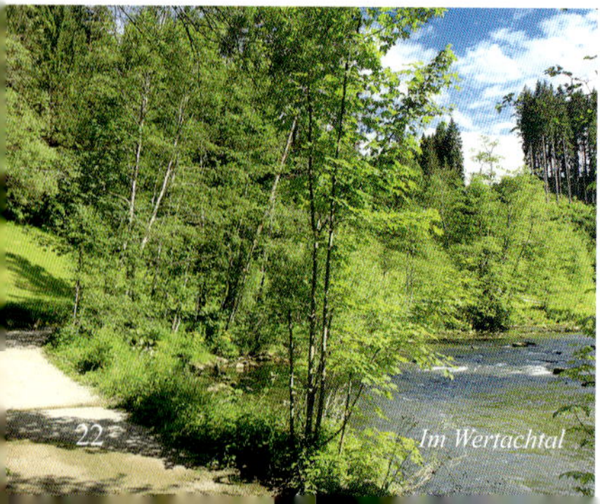
*Im Wertachtal*

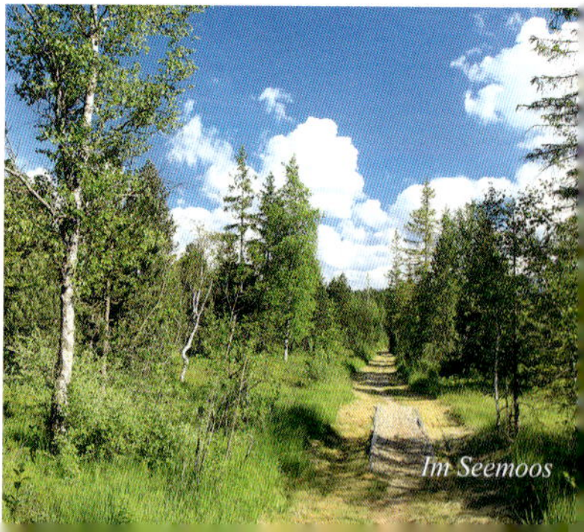
*Im Seemoos*

weiter nordwärts fließt. Am Ende des Anstiegs an einer größeren Wegkreuzung halten wir uns rechts (Richtung »Wildberg«), wenige Meter später aber gleich wieder links (keine Beschilderung) und kurz darauf an einer Weggabelung schräg links. Auf diesem Weg erreichen wir eine größere **Wegkreuzung** ④, 891 m, inmitten einer ausgedehnten Wiese und halten uns links (Richtung »Unterschwarzenberg«). Auf einem Schottersträßchen wandern wir gemütlich westwärts durch einen Mix aus Wald und Wiesen, wenden uns beim nächsten Abzweig nach links und gleich darauf nach rechts (Richtung »Seemoos«). Nach ca. 600 m zweigt links ein schmaler Weg von der Schotterstraße ab, der uns in das hübsche **Seemoos** ⑤, 880 m, bringt; das leider viel zu schnell wieder vorbei ist. An seinem Ende bringt uns ein schmaler Waldweg hinunter zu einer hohen Schallschutzwand, die sich alle Mühe gibt, die Geräusche der dahinter verlaufenden Autobahn auszublenden. Auf einem breiten Fahrweg entlang der Autobahn gelangen wir bald darauf zum beschaulichen **Sticher Weiher** ⑥, 879 m, mit Bademöglichkeit an seinem Ostufer. Vom See sind es nur wenige Schritte ins Dörfchen Stich; dort rechts und vor einer kleinen Kapelle links. Über freies Wiesengelände wandern wir in einem Rechtsbogen wieder zur Autobahn, dort links, erneut für einige Minuten entlang der Straße und schließlich zurück zum Ausgangspunkt.

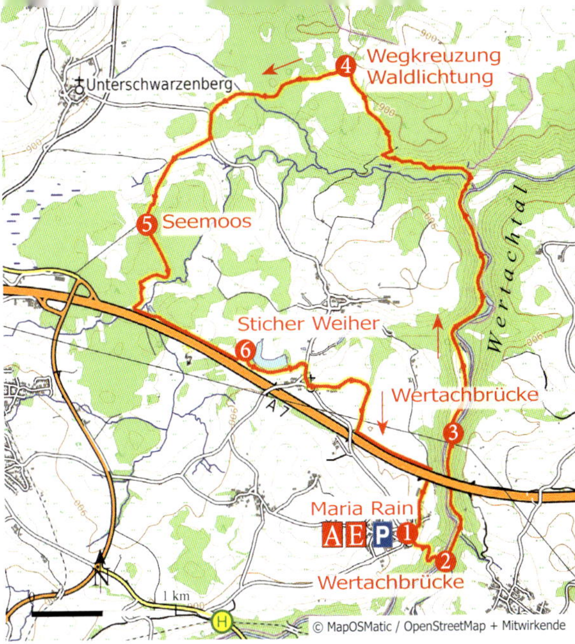


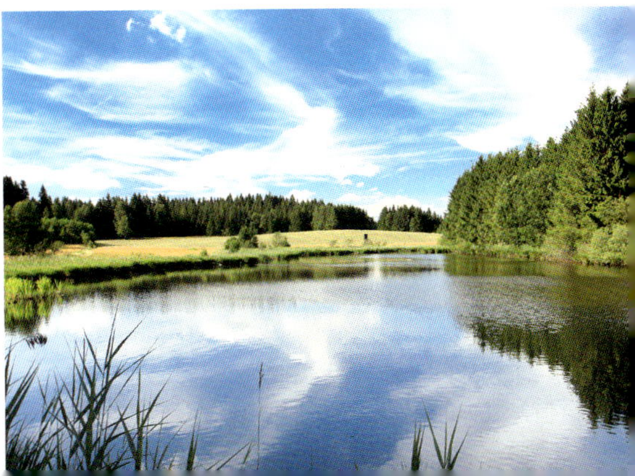

*Am Sticher Weiher*

# 2 Rund um den Grüntensee

2.45 Std. | 50 Hm | 9 km

Großer Parkplatz am Südostufer beim Buron Kinderpark/Buron-Stadl in der Nähe des Campingplatzes »Grüntensee«, auf halber Strecke zwischen Nesselwang und Wertach, 893 m *(**Navi**: 87497 Wertach, Grüntenseestraße 44)*; Öffentlich am besten per Zug zum Bahnhof Haslach am Ostende des Sees nahe Wegpunkt 3 (Linie Kempten –Füssen, stündlich).

Völlig ebener Rundweg; meist breite Schotterwege.

Buron-Stadl ①; Seehaus beim Kletterwald Grüntensee ②; Restaurants im Ort Haslach (kleiner Abstecher vom Rundweg), Fischerhütte beim Camping Grüntensee

## Hübsche Uferwege und stille Flussauen

*Ganz am östlichen Rand des Oberallgäus zwischen Nesselwang und Wertach erwartet uns der Grüntensee. Ein Stausee, der abgesehen von der Staumauer eine sehr natürliche Atmosphäre ausstrahlt mit seinem ursprünglichen Auwäldern und ausgedehnten Schilfzonen. Der schöner Rundweg verläuft oft direkt am Wasser.*

Vom großen **Parkplatz** gegenüber dem **Buron-Stadl** ①, 893 m, wandern wir auf einem kurzen Stichweg hinab zum See. Dort treffen wir auf den Seerundweg, wenden uns nach rechts und spazieren auf dem breiten Schotterweg – meist direkt am Wasser – in östlicher Richtung bis zur Staumauer. Oben auf dem Damm halten wir uns links und erreichen in wenigen Minuten auf einer Teerstraße den **Kletterwald Grüntensee** ②, 888 m. Direkt dahinter befindet sich linker Hand eine größere Liegewiese mit Kiesstrand und einem schönen Blick über den See mit dem Grünten in der Ferne. Gegenüber dem Kletterwald-Parkplatz zweigt ein schmaler Kiesweg ab, der uns durch offene Wiesen Richtung Haslach bringt. Wir passieren den **Campingplatz Wertacher Hof** ③, 890 m und halten uns an einer Schot

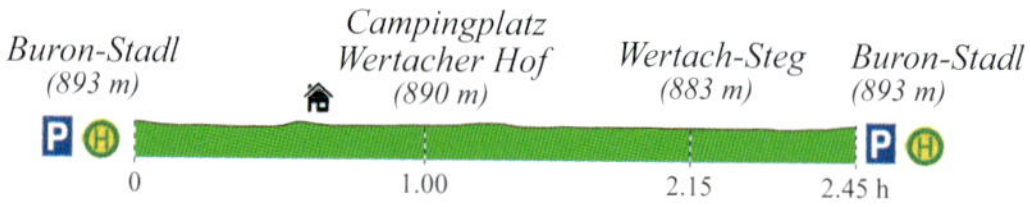


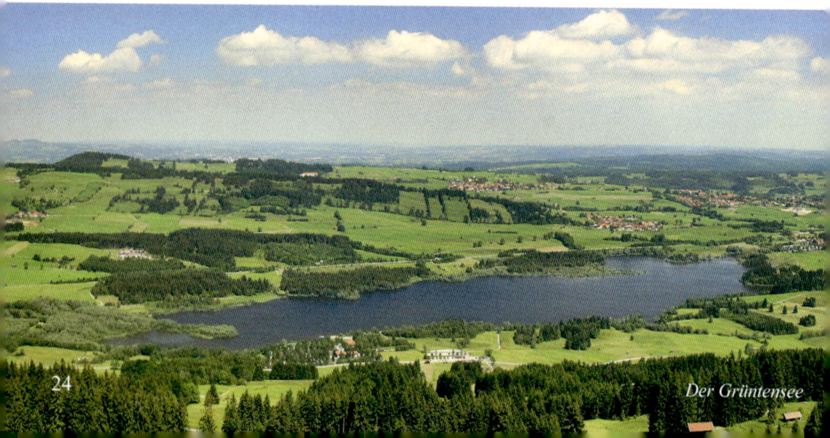



Der Grüntensee

terstraße links. Schnurgerade geht es für ca. 1,5 Kilometer entlang des Westufers des Sees, bis wir – in der Nähe der Bundesstraße und eines kleinen Parkplatzes – links auf einen schmaleren Weg einbiegen, der uns wieder etwas näher ans Seeufer bringt. Auf einem weichen Rindenmulchweg durchqueren wir ein Fichtenwäldchen und biegen am nächsten Abzweig erneut links ab (Wegweiser »Grüntensee-Rundweg«). Vorbei an einem direkt am Ufer gelegenen Jugendzeltplatz nähern wir uns dem Wertach-Zulauf des Sees an dessen Südwestende mit seinen ausgedehnten Feuchtwiesen und urtümlichen Auwäldern. Schließlich überqueren wir auf einem schmalen Steg die **Wertach** ④, 883 m, dort links und auf einem breiten Schotterweg durch hübschen Erlen-Weiden-Auwald zum **Campingplatz Grüntensee** ⑤, 885 m, wo uns zum Abschluss der Tour eine große Liegewiese mit Kiesstrand und direktem Wasserzugang erwarten. Wenige Minuten hinter dem Strand schließt sich unser Kreis und wir haben den Stichweg zum Parkplatz erreicht.

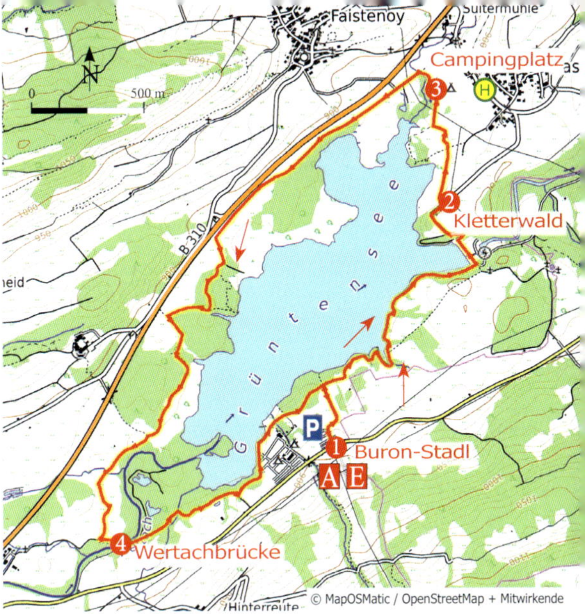


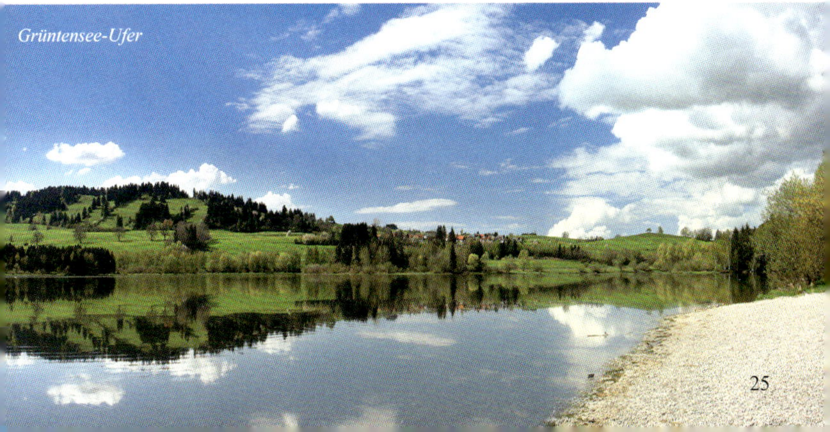
*Grüntensee-Ufer*

# 3 Rotterspeicher-Uferweg

4.15 Std. | 125 Hm | 14,1 km

Großer Parkplatz am Westufer des Sees (südlich von Moosbach direkt nördlich der Staumauer), 850 m (***Navi**: 87477 Sulzberg-Moosbach, Langschwanger Weg*).

Breite Schotter- und Wirtschaftswege, einige kurze Steigungen.

Kioske an den Badewiesen in Moosbach ① und Petersthal ③; Kiosk am Badeteich nordöstlich von Petersthal.

## Langer Spaziergang mit Seeblick

*Der Rottachspeicher ist ein großer, langgestreckter und erstaunlich naturnaher Stausee, der das weite Tal der kleinen Rottach füllt. Ein langer, aber sehr schöner Rundweg führt fast auf der ganzen Strecke direkt an seinem Ufer entlang sowie quer durch kleine Wäldchen und ausgedehnte Wiesen. Ein leichter Spaziergang für ausdauernde Wanderer.*

Vom **Parkplatz** ①, 850 m, sind es nur ein paar Schritte hinüber zur großen Liegewiese mit Spielplatz, Kiosk und seichtem Kiesstrand am Wasser. Wir queren die Wiese und erreichen dahinter einen breiten Uferweg, auf dem wir für die nächsten gut drei Kilometer bleiben. Es geht meist direkt am Ufer entlang, begleitet von schönen Ausblicken auf den See und das gegenüberliegende Seeufer. Da das östliche Ende des Sees Naturschutzge-

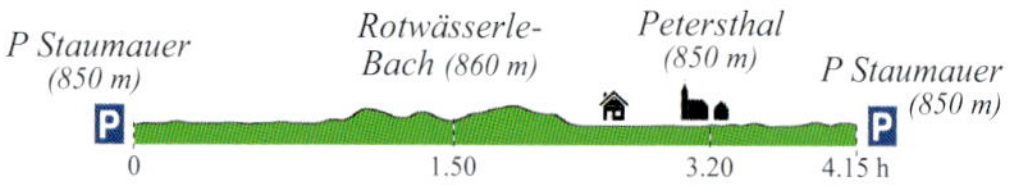


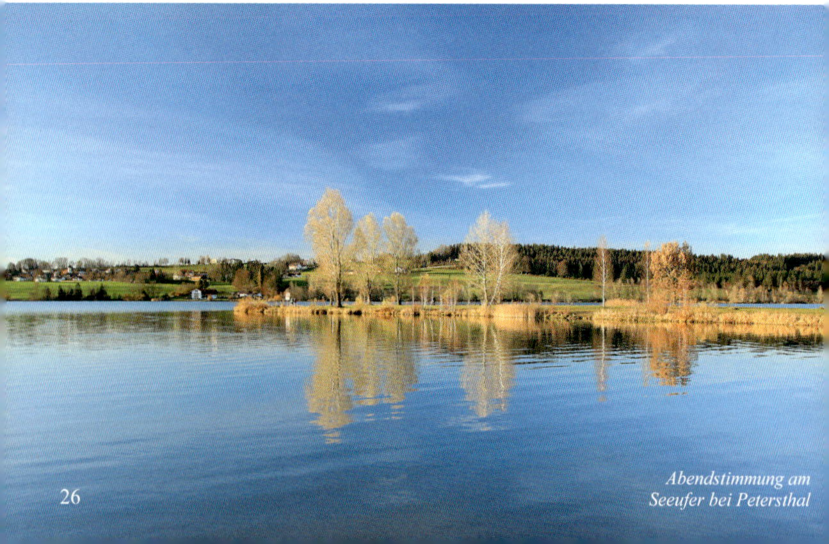

*Abendstimmung am Seeufer bei Petersthal*

biet ist, verlässt der Weg dortt die direkte Wassernähe, zieht sich etwas den Hang hinauf und verläuft nun für einige Zeit weiter oberhalb am Waldrand und anschließend durch eine hübsche Wiesen- und Aulandschaft. Im weiten Bogen umrunden wir so das See-Ostende, queren den kleinen **Rotwässerle-Bach** ②, 860 m, und steigen auf der gegenüberliegenden Seite gemächlich an. Wir durchqueren ein kleines Wäldchen und steigen schließlich wieder hinab zum – jetzt südostseitigen – Seeufer; ab hier geht es wieder direkt am Wasser entlang. Etwa einen Kilometer weiter erreichen wir einen kleinen, abgetrennten Badeteich (mit Kiosk), und schließlich 20 min. später den großen Freizeit- und Badebereich von **Petersthal** ③, 850 m (Kiosk, Bootsverleih, Spielplatz). Hinter Petersthal verläuft der Weg meist durch naturnahen Auwald in Ufernähe, bis wir schließlich zur Staumauer am südwestlichen Seeende gelangen. Kurz darauf haben wir unseren Ausgangspunkt erreicht.

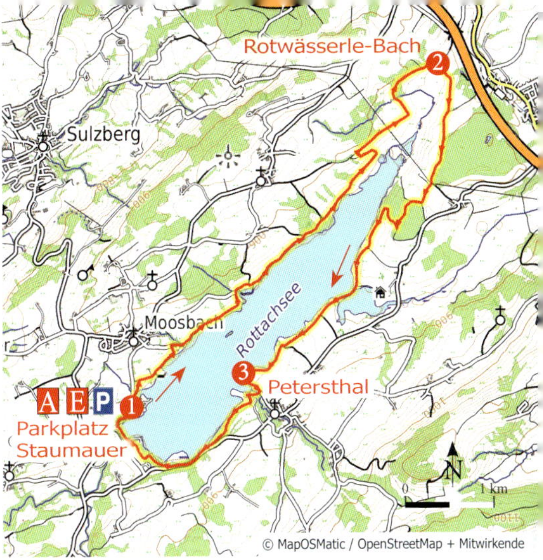


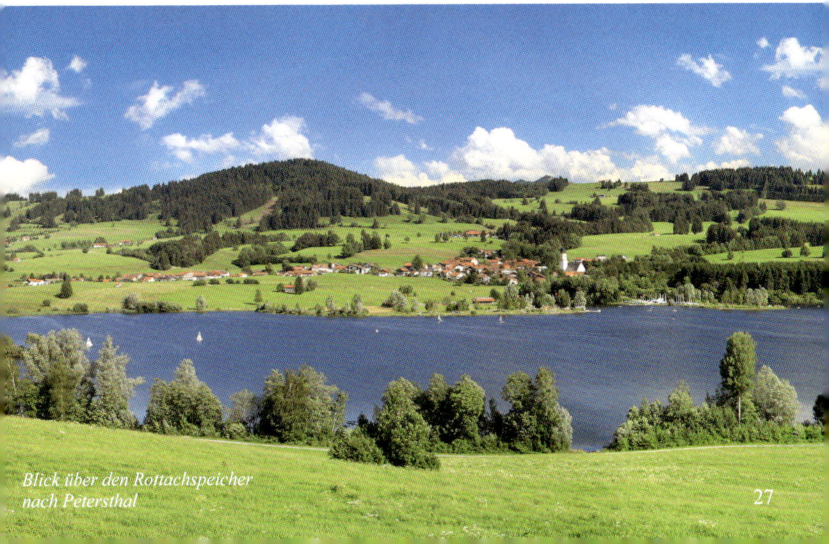

*Blick über den Rottachspeicher nach Petersthal*

# 4 Über Burgkranzegger Horn und Elleghöhe

4.30 Std. | 350 Hm | 11,2 km

Mittelberg; der kleine Ort liegt auf einem breiten Bergrücken zwischen Grünten- und Rottachsee. A7-Ausfahrt Oy-Mittelberg, über Oy nach Mittelberg. Im Ort im weiten Rechtsbogen zum Parkplatz oberhalb der Kirche, 1040 m *(**Navi**: 87466 Oy-Mittelberg, Kirchlinde 11)*; Bahnhof »Oy-Mittelberg« ca. 2 Kilometer entfernt (Linie Kempten–Pfronten, ca. stündlich).

Überwiegend leichte Wege, teils Schotter, teils Teer, teils Wiesenpfade (streckenweise matschig nach Regentagen), mäßige Steigungen

keine unterwegs

## Höhenwege zwischen Grünten- und Rottachsee

*Die westlichste Tour in diesem Buch liegt bereits knapp im Oberallgäu. Von Oy geht es über aussichtsreiche Höhenzüge zum Burgkranzegger Horn sowie über den Grat der Elleghöhe mit stillen Wiesen und feinen Ausblicken Richtung Alpspitz und Grüntensee. Eine recht einsame, voralpine Tour für Entdecker.*

Vom Parkplatz bei der **Mittelberger Kirche** ①, 1040 m, steigen wir den sich oberhalb anschließenden Wiesenhang bergan bis zu einem »Gipfel«-Kreuz, von wo sich – zurückblickend – ein schönes Panorama über den Ort und das sich dahinter ausbreitende Ostallgäu entfaltet. Knapp 150 m weiter über eine Wiese treffen wir auf einen Schotterweg, wo wir uns links halten und auf dem sich vor uns erstreckenden, breiten Kamm in südwestlicher Richtung weiterwandern; genau auf den in der Ferne aufragenden Grünten zu. Der angenehme Weg bleibt im Großen und

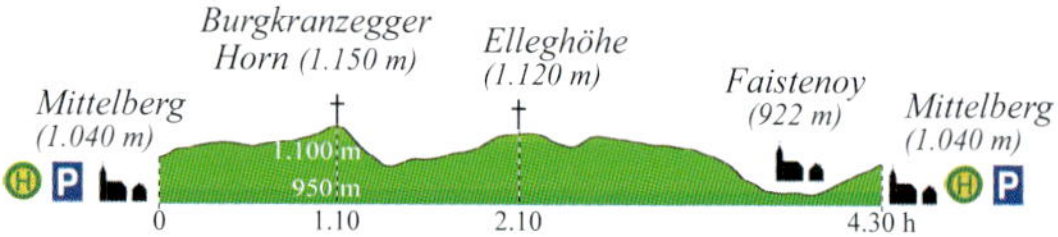


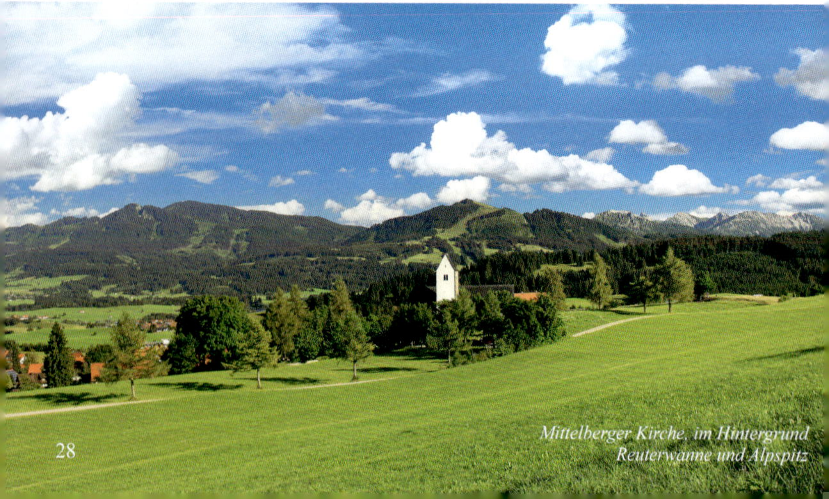

*Mittelberger Kirche, im Hintergrund Reuterwanne und Alpspitz*

Ganzen immer auf dem breiten Kamm, es geht ohne größere Höhenunterschiede meist über Wiesen, mal kurz durch Wald, und bald kommt rechts in wenigen Kilometern Entfernung der lange Rottachspeicher in Sicht. Schließlich verlassen wir den Schotterweg und steigen über eine Weide hinauf zum **Burgkranzegger Horn** ②, mit 1150 Metern der höchste Punkt der Tour. Trotz Gipfelkreuz hält sich die Aussicht wegen der vielen Bäume allerdings in Grenzen. Der Abstieg erfolgt in westlicher Richtung einen bewaldeten Hang hinab, an dessen Fuß wir auf ein Sträßchen stoßen. Dort links und knapp 500 m an den Ausläufern des Berges entlang. Am nächsten Abzweig rechts, kurz darauf links und auf einer Teerstraße zum kleinen, sehr abgeschieden wirkenden Weiler Binzen. Von dort führt die Straße in einer weiten Kehre hinauf zum Kamm der **Elleghöhe** ③, 1120 m.

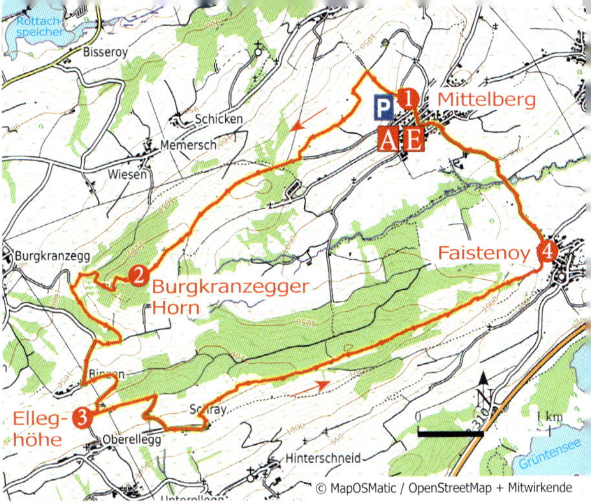


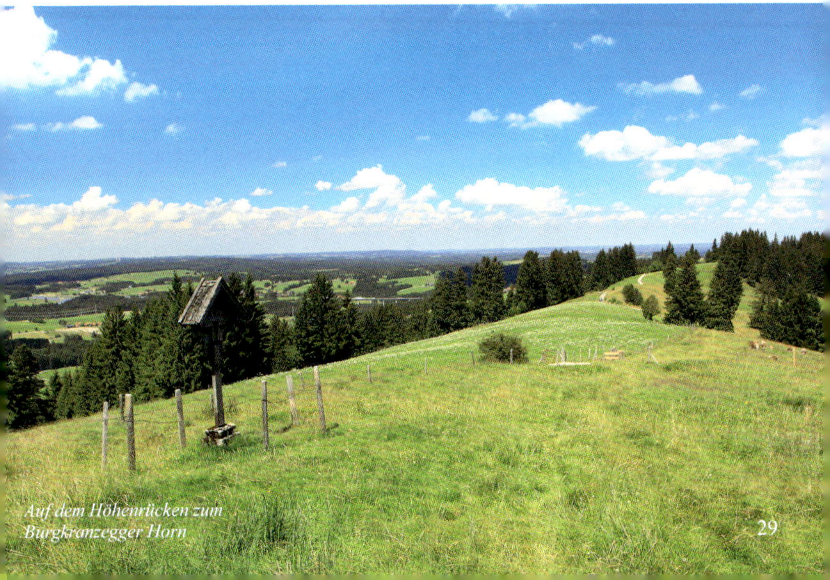

*Auf dem Höhenrücken zum Burgkranzegger Horn*

Zurückblickend füllen Rottachspeicher und Voralpenland den Horizont, während sich auf der anderen Seite des Kammes ein schönes Panorama von Wertach, Alpspitz und Tannheimer Bergen bis hin zum Grünten entfaltet. Ein Gipfelkreuz darf natürlich nicht fehlen. Wir bleiben oben auf dem Kamm und orientieren uns nach Osten. Links an einer großen Scheune vorbei wandern wir auf dem Wiesenkamm mit schönem Blick Richtung Berge weiter und erreichen nach ca. 500 m wir wieder eine Straße. Dort fehlt leider ein Stück Kammweg (evtl. mag der Grundbesitzer keinen Wanderweg über seine Wiesen…), sodass wir einen kleinen Schlenker einlegen müssen: dazu folgen wir der Straße rechts hangabwärts, bei der ersten Kreuzung links und hinüber zu einem Bauernhof und dort wieder bergan. Gleich hinter den Gebäuden geht der Fahrweg in einen Trampelpfad über, der parallel zu einer einzelnen Baumreihe über eine aussichtsreiche Wiese führt. Nach ca. 300 m zweigt links – sehr versteckt – ein kleiner Weg ab: kurz zwischen der Baumreihe hindurch bis zum eigentlichen Kamm und dort wieder rechts. Ab hier geht es – oft weglos, manchmal auf einem Trampelpfad, aber letztlich nicht zu verfehlen – über stille Lichtungen und Wiesen ostwärts (nach Regentagen streckenweise recht matschig) bis zu einer Scheune. Wir bleiben geradeaus auf dem Kammweg, der nun allmählich an Höhe verliert und meist durch Wald verläuft, aber immer wieder auch über größere, freie Lichtungen, die weite Ausblicke Richtung Grüntensee und Alpspitz zur Rechten gewähren. Ein schöner und sehr stiller Weg. Zum Ende geht es – wieder über freieres Gelände – steiler hinab nach **Faistenoy** ④, 922 m. Dort im Ort links und auf einer kleinen Teerstraße (kaum Verkehr) gemütlich zum Faistenoyer Bach hinab, der das weite Tal durchfließt und auf der anderen Seite wieder hinauf nach Mittelberg und zum Parkplatz oberhalb der Kirche.

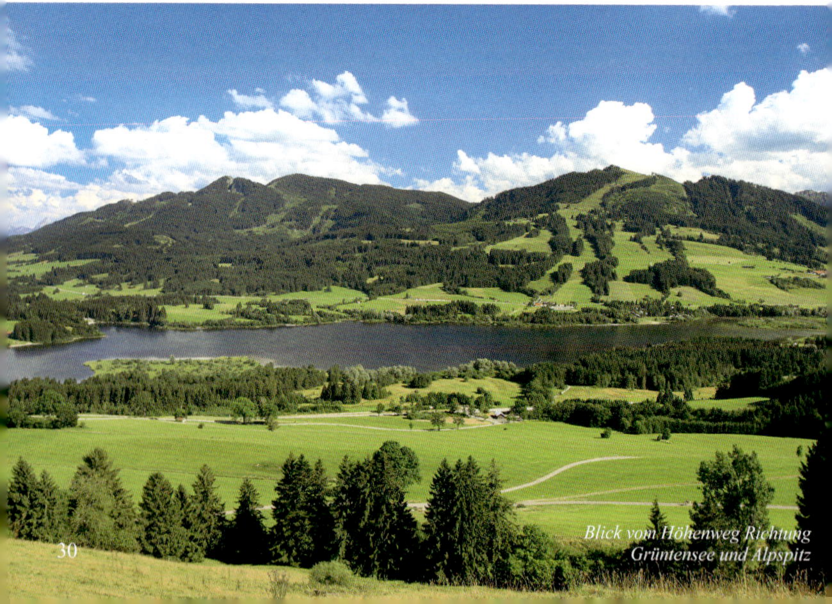

*Blick vom Höhenweg Richtung Grüntensee und Alpspitz*

# Über die Oberjoch-Hochebene 5

0 Std. | 165 Hm | 7,3 km

Oberjoch; Parkplatz am östlichen Ortsrand bei der Moorhütte an der Straße Richtung Tannheimer Tal, 1158 m *(**Navi**: 87541 Bad Hindelang-Oberjoch, Passstraße 51)*; Aus dem Tannheimer Tal mit Buslinie Reutte–Tannheim–Oberjoch ca. alle 60 bis 90 min., Bushaltestelle »Oberjoch Ort«

Überwiegend breite, einfache Wege durch Almwiesen, Moore und Wald, mäßige Steigungen

Moorhütte ①; Untere Schwandalpe ②

## Durch weite Wiesen und malerische Tobel

*Das Oberjoch ist eine weite, offene Hochebene und bildet den Übergang vom Tannheimer Tal zum Wertachtal bzw. über die Jochpassstraße hinab ins oberallgäuer Ostrachtal. Auf dieser schönen Wanderung durchstreifen wir die stillen Wiesen, wandern durch einen hübschen Tobel, erkunden ein idyllisches Hochmoor und können und unterwegs immer wieder an der Bergszenerie im weiten Rund erfreuen.*

Im kleinen Ort Oberjoch herrscht ganzjährig ein ziemlicher Trubel: im Winter locken zahlreiche Skipisten am Iselergrat, der die Hochebene im Süden überragt, und im Sommer bietet die Umgebung eine Vielzahl schönster Tourenmöglichkeiten. Zudem sorgt der rege (touristische) Durchgangsverkehr Richtung Tannheimer Tal für eine gewisse Hektik. Wir starten diese über weite Strecken sehr stille Wanderung am **Parkplatz »Moorhütte«** ①, 1158 m, am östlichen Ortsende. Vorbei an der gleichnamigen Gaststätte und

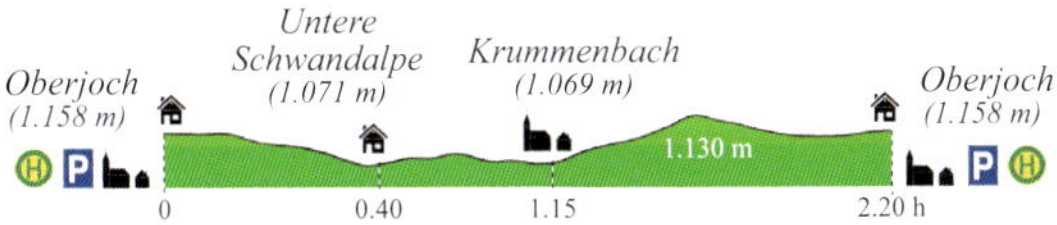


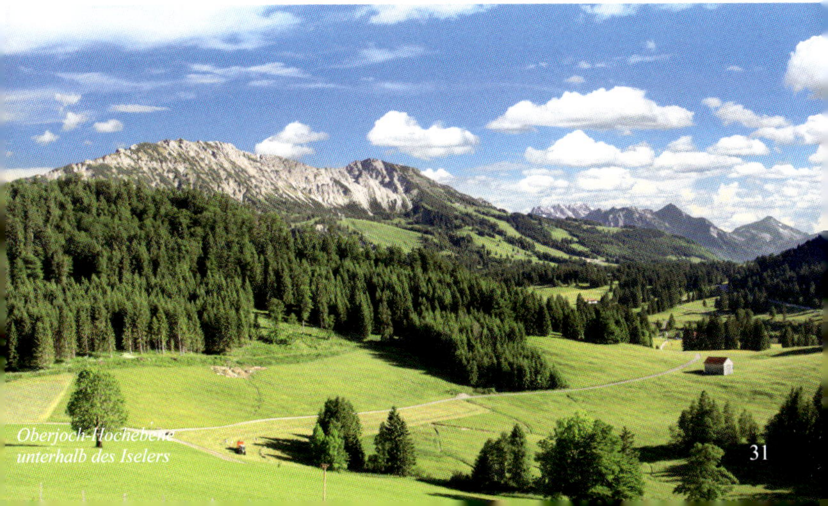

*Oberjoch-Hochebene unterhalb des Iselers*

einem kleinen, idyllisch gelegenen Moorbad tauchen wir sogleich ins Kematsrieder Moor ein. Ein ganz malerisches Fleckchen, durch das der schöne Weg hindurchführt, leider nicht besonders groß, sodass wir das Moor schon nach wenigen Minuten durchwandert haben. An seinem Nordende kurz links, hinüber zur Straße und dort gleich wieder rechts Richtung Untere Schwandalpe. Auf einer Schotter-Teer-Straße geht es gemächlich bergab durch eine schöne Almidylle mit offenen Wiesen,

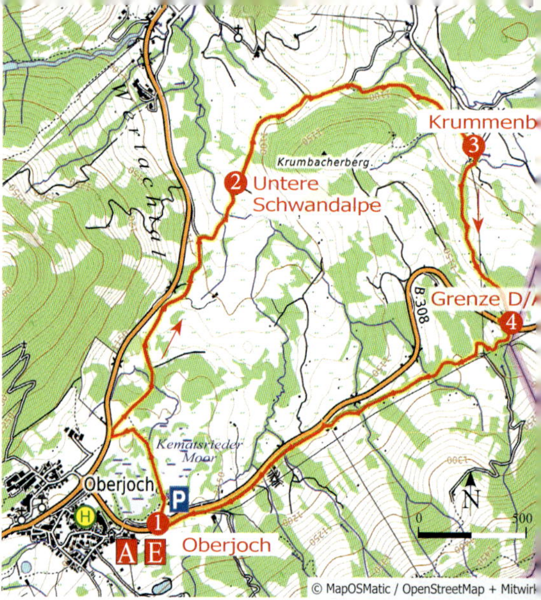


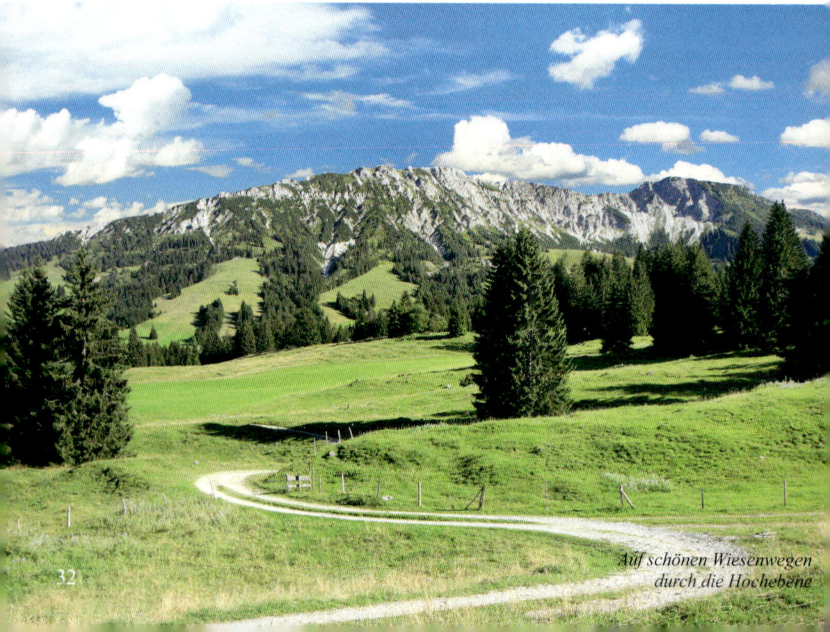

Auf schönen Wiesenwegen durch die Hochebene

kleinen Waldpassagen und einigen kleinen Wiesenbächen. Vor uns erhebt sich der Jochschrofen mit seinem felsigen Doppelgipfel, rechts – bereits im Tannheimer Tal – der einzeln stehende Einstein und hinter uns der langgestreckte Iseler-Grat. Wir erreichen schließlich die **Untere Schwandalpe** ②, 1071 m, folgen danach für einige Minuten noch dem leicht ansteigenden Weg und halten uns an einem breiter Querweg rechts (Wegweiser »Alpsteigtobel«). Wenige Schritte später zweigt rechts ein schmaler Pfad ab, auf dem wir – durch ein kleines Wäldchen hindurch – den kleinen, aus einer Handvoll Häusern bestehenden Weiler **Krummenbach** ③, 1069 m, erreichen. Gleich dahinter erwartet uns der Alpsteigtobel. Anders als der Name vermuten lässt, handelt es sich weniger um einen Tobel als vielmehr um einen hübschen, licht bewaldeten Taleinschnitt mit einem munter dahinplätschernden Bächlein. Nicht spektakulär, aber sehr idyllisch! Auf dem angenehm zu gehenden Weg wandern wir am Bach entlang gemächlich bergauf bis zur Jochstraße (Landstraße Oberjoch-Tannheimer Tal), die wir nahe der deutsch-österreichischen **Staatsgrenze** ④, 1161 m, erreichen. Auf der gegenüberliegenden Seite steigen wir einen schmalen Waldweg hinauf zu einem breiten Schotterweg, der »Alten Salzstraße« (1198 m), über die früher eine der Haupthandelsrouten zwischen Hall in Tirol und Bodensee verlief. Dort wenden wir der uns nach rechts und wandern entlang von blühenden Feuchtwiesen Richtung Oberjoch. Links begleitet uns für die folgenden knapp 40 Minuten die hohe Nordwand des Iselergrates. Ab dem Grenzwieslift verläuft der Weg leider für rund einen Kilometer direkt an der viel befahrenen Straße entlang, was den Wandergenuss etwas beeinträchtigt, dann haben wir die Moorhütte und den Ausgangspunkt erreicht.

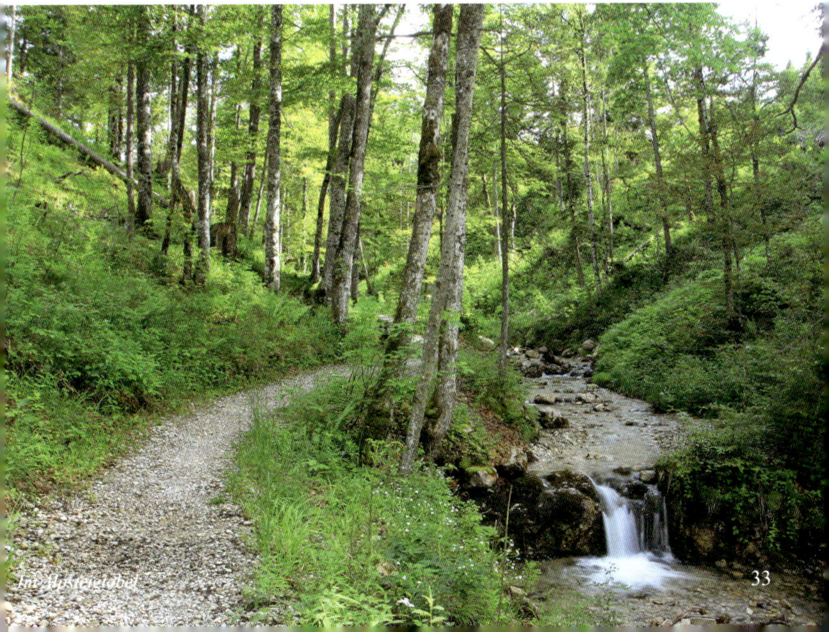

*Im Alpsteigtobel*

# 6 Großer Wald und Dreiangelhütte

3.30 Std. | 240 Hm | 8,8 km

Von Burgberg (Ortsmitte bei der Kirche) auf der Südseite des Grünten ca. zwei Kilometer im Wald bergauf bis zum Parkplatz beim Gasthof Alpenblick, 970 m *(**Navi**: 87545 Burgberg, Auf dem Ried 1).*

Breite Almsträßchen; ein kurzer, steiler Abstieg auf Waldweg.

Gasthof Alpenblick u. Alpe Topfen ①; Dreiangelhütte ②; Knappenhock ③

## Über sonnige Wiesen zur rauschenden Starzlach

*Südlich des Grüntenmassivs breitet sich ein ausgedehntes Waldgebiet aus, in das die Starzlach ein tiefes Tal gegraben hat. Diese Tour führt uns über aussichtsreiche Wiesen entlang der Grünten-Südhänge sowie durch dichte Wälder in diese stille Landschaft hinein bis zur idyllisch am Ufer der Starzlach gelegenen Dreiangelhütte.*

Nach der Anfahrt von Burgberg auf einer steilen Straße durch einen engen, dicht bewaldeten Taleinschnitt erreichen wir schließlich unseren Startpunkt beim **Gasthof Alpenblick** ①, 970 m. Wir folgen einem geteerten Almsträßchen ostwärts und haben gleich einen recht steilen Anstieg vor uns; er bleibt allerdings der einzige wirklich ernstzunehmende der heutigen Tour. Zudem entschädigt der schöne Blick zur Rechten über offene Wiesen in Richtung Illertal mit den Berggipfeln in der Ferne. An einer Verzweigung halten wir uns links/geradeaus (von rechts werden wir auf unserem Rückweg kommen) und wandern

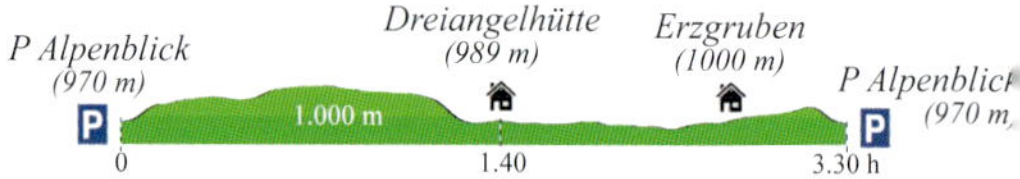


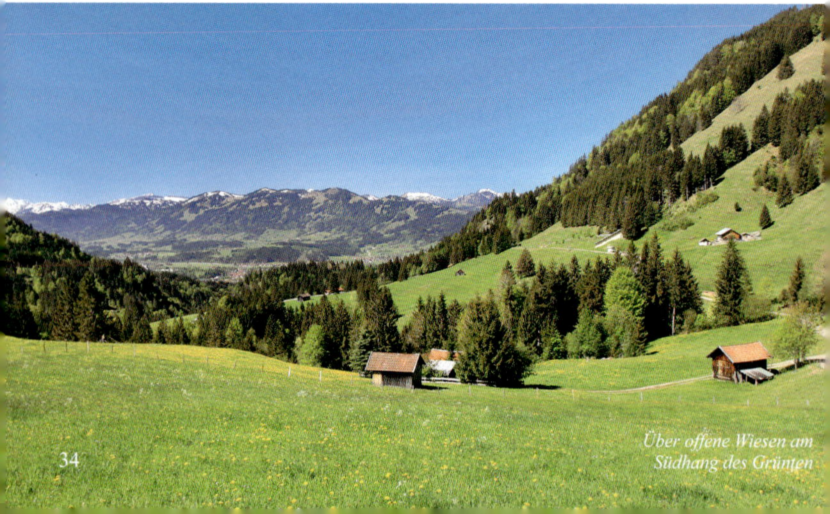

*Über offene Wiesen am Südhang des Grünten*

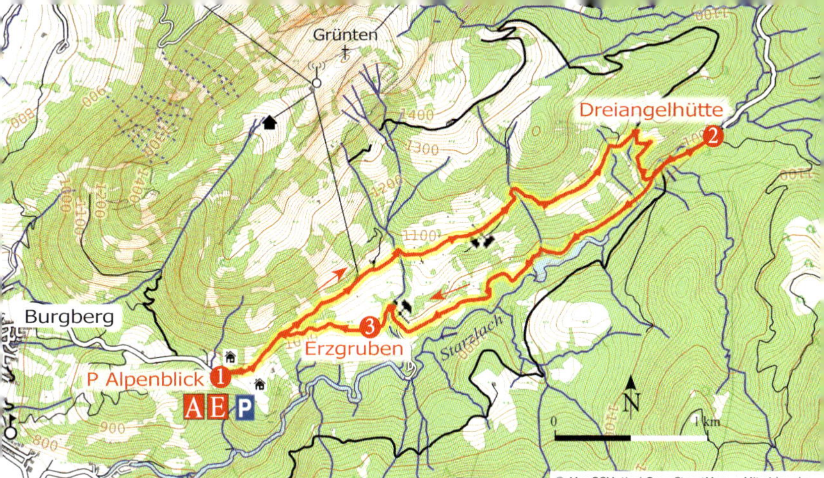



nun auf dem angenehm zu gehenden Sträßchen – mit nur gelegentlichem Auf und Ab – weiter taleinwärts. Unser Weg führt durch offenes Wiesengelände hindurch, gespickt mit einzelnen Hütten und Heustadln. Links steigt das Gelände steil zum Grünten hinauf, rechts fällt es ins tiefe Tal der Starzlach ab, und zurückblickend in Richtung Südwesten haben wir immer wieder herrliche Ausblicke bis ins Illertal. Allmählich wird die Umgebung waldiger und bald darauf zweigt rechts ein Weg ab hinab in Richtung Dreiangelhütte. Es geht ca. 15 Minuten in vielen Kehren einen steilen, bewaldeten Hang hinunter, bis wir den Talboden und eine Teerstraße erreichen. Auf dieser gelangen wir links – entlang der munter plätschernden Starzlach – in gut 10 Minuten zur **Dreiangelhütte** ②, 989 m. Mit Aussicht kann die Hütte hier unten im Tal zwar nicht punkten, dafür bietet sie eine gemütliche Terrasse mit kleinem Teich und eine sehr idyllische Atmosphäre im Wald mit dem direkt nebenan rauschenden Fluss. Der Rückweg erfolgt auf dem »Königssträßle«: es geht talauswärts, anfangs noch an der Starzlach entlang, doch während die Straße weitgehend eben am bewaldeten Hang verläuft, verschwindet der Fluss zunehmend links unten im Tal und ist bald nur noch ferne Geräuschkulisse. Schließlich erreichen wir wieder offene Wiesen und die **Erzgruben-Erlebniswelt** ③, 1000 m. Kurz darauf schließt sich der Kreis, und nach dem abschließenden Abstieg haben wir unseren Ausgangspunkt erreicht.

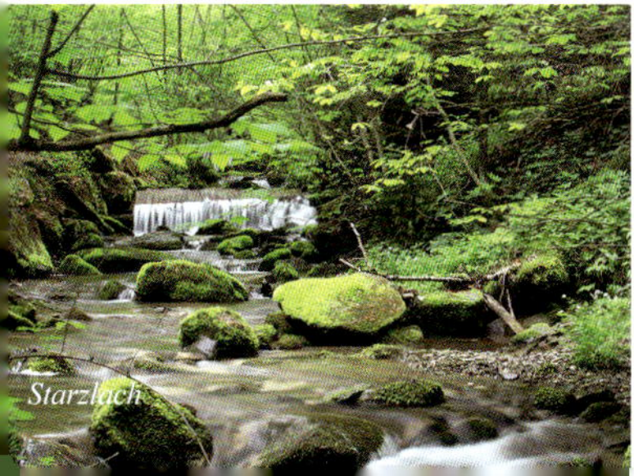
*Starzlach*

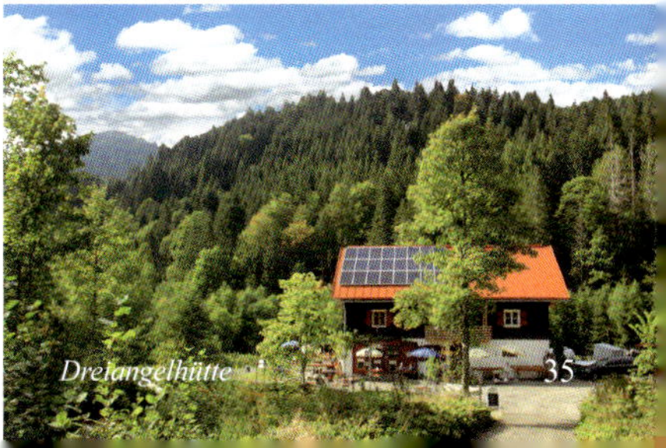
*Dreiangelhütte*

# 7 Zur Kalkhöfalpe

1.15 Std. | 150 Hm | 3 km

Kranzegg; am westlichen Ortsrand Stichstraße ca. zwei Kilometer bergwärts bis zum Parkplatz der Kammereggalpe, 1080 m *(**Navi**: 87549 Rettenberg, Kammeregger Weg 16).*

Hinweg Almsträßchen, retour schmaler Waldpfad.

Kalkhöfalpe ②; Kammereggalpe ③

## Kurze Hüttentour mit großer Aussicht

*Die Kalkhöfalpe hat sicherlich eine der spektakulärsten Lagen im Allgäu. Am steilen Nordhang des hoch über ihr aufragenden Grünten kommt sie im Winterhalbjahr kaum in den Genuss eines wärmenden Sonnenstrahls, dafür ist die Aussicht im Sommerhalbjahr von ihrer Terrasse über das Illertal umso beeindruckender. eine kurze, gemütliche Tour durch die Wiesen und Wäldchen oberhalb von Kranzegg.*

Der **Parkplatz** ①, 1080 m, liegt am unteren Rand eines ausgedehnten Wiesenhanges, der sich steil Richtung Grünten hinaufzieht. Wir folgen einer Almstraße für einige Minuten bergwärts bis zur ersten Kehre, wo wir geradeaus auf den breiten Wirtschaftsweg einbiegen. Kurz darauf öffnet sich ein wunderschöner, freier Blick rechts über das weite Illertal zwischen Immenstadt und Grünten. Der Weg verliert wieder etwas an Höhe, quert ein Waldstück und stößt schließlich auf eine Teerstraße, die uns in einigen weiten Kehren hinauf zur **Kalkhöfalpe** ②, 1210 m,

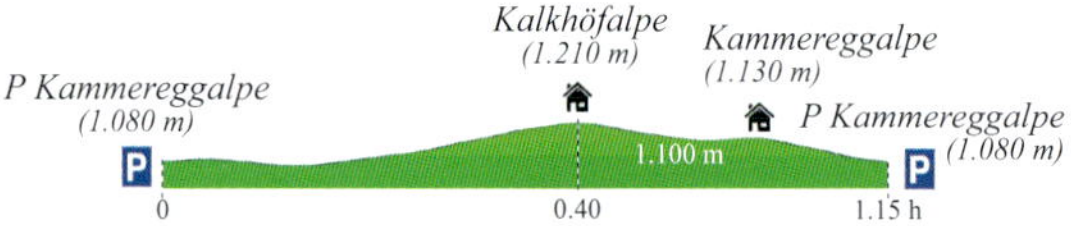


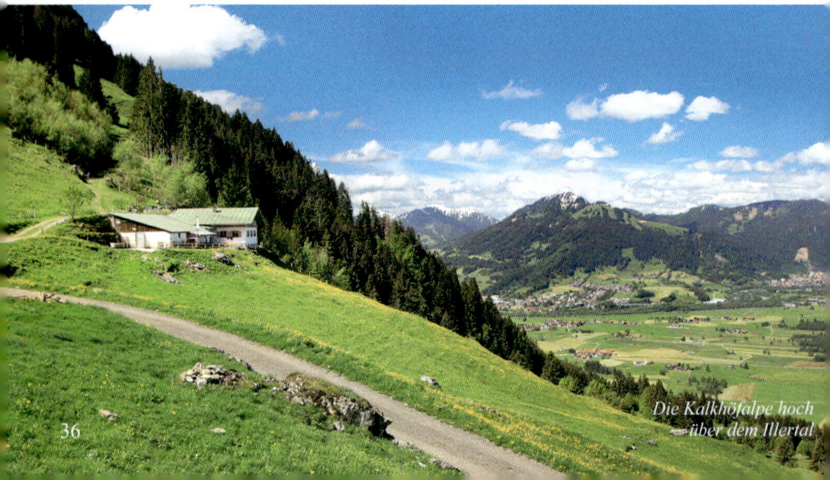

Die Kalkhöfalpe hoch über dem Illertal

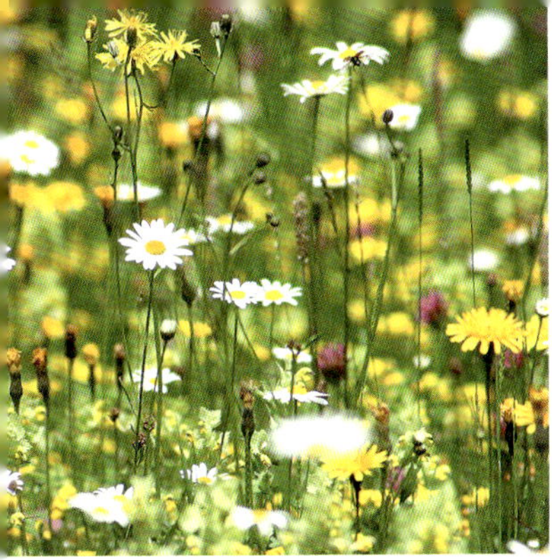

bringt. Während in ihrem Rücken die hohen Nordflanken des Grüntenmassivs etwas drohend in den Himmel ragen, haben wir in Richtung Nordwesten einen feinen Blick über das Illertal. Beim Rückweg bleiben wir für wenige Schritte auf der Zufahrtsstraße, verlassen diese aber gleich in der ersten Kehre, um rechts auf einem schmalen Wanderweg in den Wald einzutauchen. Der Pfad führt uns mit leichtem Auf und Ab – und teils etwas holprig – quer durch einen sehr steilen Berghang, bis wir nach einer Geländekante wieder auf offenen Wiesen stehen. Auf diesen geht es hinab zur einladenden **Kammereggalpe** ③, 1130 m. Von dort sind es nur noch wenige Schritte zum Ausgangspunkt.

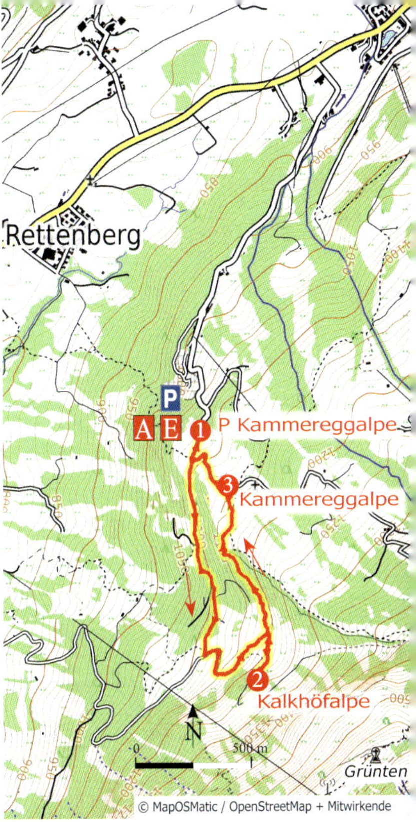


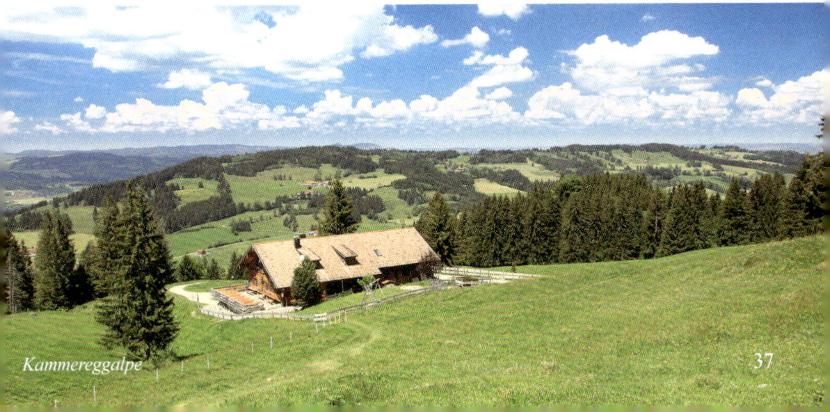
*Kammereggalpe*

# 8 Einmal um den Großen Alpsee

3.30 Std. | 180 Hm | 11,1 km

Bühl am Alpsee; von Immenstadt B308 Richtung Oberstaufen, großer »Alpsee«-Parkplatz oben in Bühl direkt an der Durchgangsstraße, 745 m *(**Navi**: 87509 Immenstadt-Bühl, Kirchsteige);* Bus: Linie Immenstadt–Oberstaufen mit Halt in Bühl ca. stündlich. Vom Bahnhof Immenstadt ca. zwei Kilometer Fußweg.

Auf der bewaldeten Südseite des Konstanzer Tales einige steilere Passagen mit holprigem Untergrund, ansonsten völlig ebene, breite (Ufer-)Wege.

Jägerhaus (Nähe Alpsee Bergwelt); Seecafé Hauser; diverse Möglichkeiten in Bühl am See (alle am Ostufer).

## Traumhafte See-Umrundung für Genießer

*Der Große Alpsee vor den Toren Immenstadts ist zweifellos einer der schönsten Seen des Allgäus. Gut drei Kilometer lang und einen Kilometer breit füllt er das Konstanzer Tal in seiner gesamten Breite aus. Ein wunderschöner Wanderweg führt durch stille Wälder, offene Feuchtwiesen sowie auf herrlichen Uferwegen einmal um ihn herum.*

Vom Parkplatz in **Bühl** ①, 745 m, aus unterqueren wir die vielbefahrene Hauptstraße und folgen der »Rieder Steige« bergwärts. Nach ca. 250 m zweigt rechts ein Fußweg ab, auf dem wir unterhalb einiger Wohnhäuser weiter bergan schreiten. Kurz darauf treffen wir wieder auf die Straße und halten uns rechts. Bereits wenige Schritte weiter biegen wir rechts in einen Fahrweg ein. Es geht zu einem einzelstehenden Haus und dahinter auf einem gemütlichen Waldweg quer zum Hang hinüber zu einem tiefen Taleinschnitt. Dort links und kurz steil bergauf, bis rechts ein schmaler Stichweg hinab in den bewaldeten Ein-

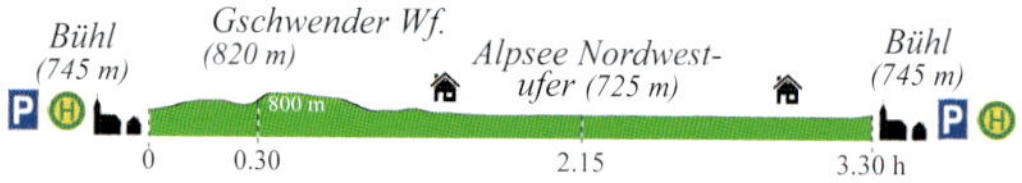


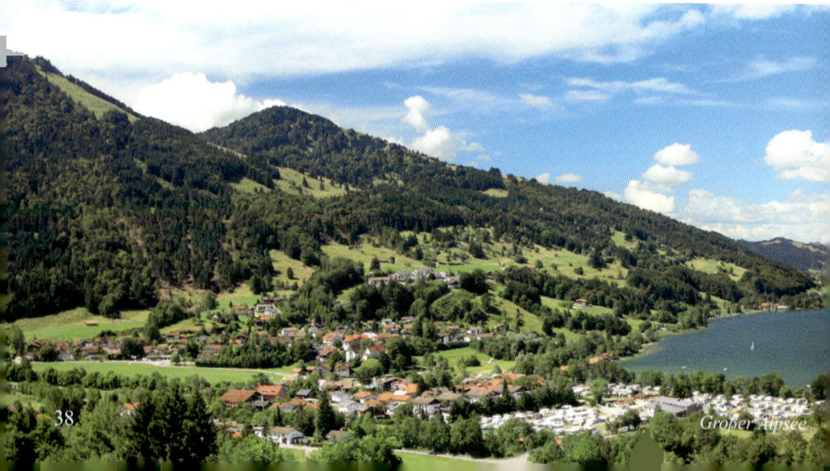



Großer Alpsee

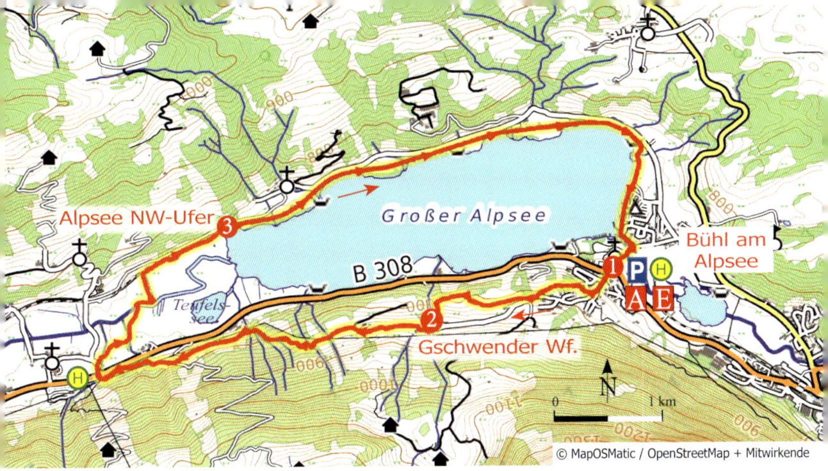


schnitt führt. Gleich darauf stehen wir unterhalb des überraschend hohen **Gschwender Wasserfalls** ②, 820 m. Anschließend zurück zum Weg und noch einige Schritte steil bergauf bis zu einem großen Parkplatz (855 m). Dort halten wir uns rechts und spazieren auf einer Straße (die zu einigen vereinzelten Häusern führt) westwärts, während sich zu unserer Rechten unten im Tal der Alpsee ausbreitet. Nach knapp einem Kilometer geht die Straße in einen Fußweg über, der in den Waldweg eintaucht. Der Weg verläuft durch einen hübschen Wald, quert dabei zahllose kleine Tobel und Bäche und verliert allmählich an Höhe. Oberhalb eines Bauernhofes – und mit Blick auf den kleinen, einsamen Teufelssee im flachen Talboden – endet der Wald und wir wandern quer über einen Wiesenhang weiter. Für einige Zeit begleitet uns nun leider der etwas störende Verkehrslärm der nahen B308. Dann erreichen wir den Tru-

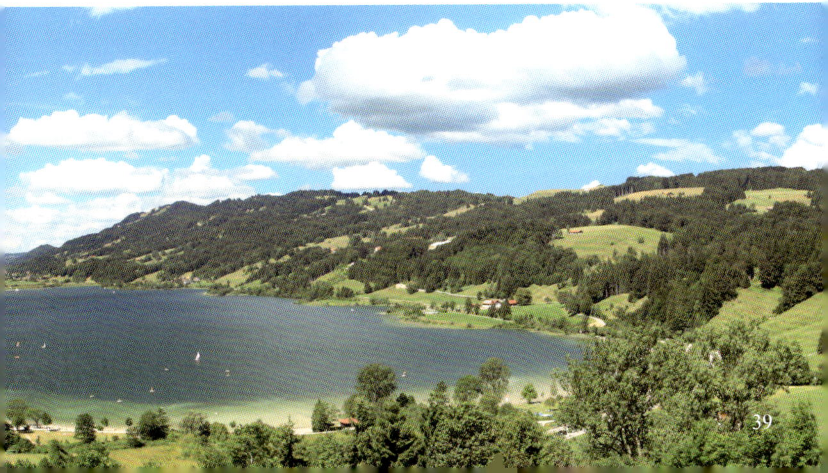

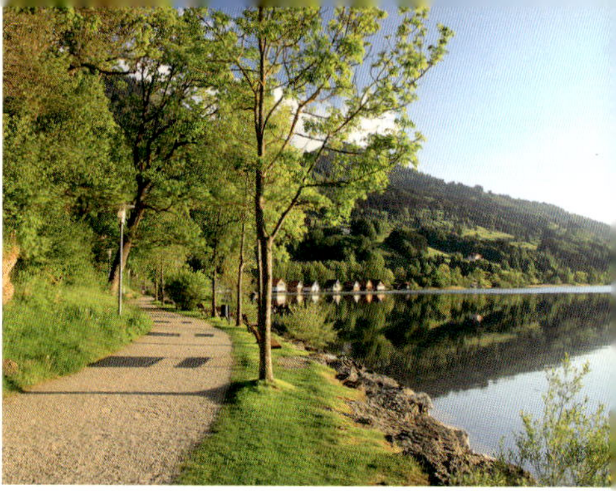

bel rund um die Talstation des Alpsee-Coasters, unterqueren schnell die Bundesstraße und steuern wieder ruhigere Gefilde an. Es geht vorbei am Gasthof Jägerhaus und rechts über einen kleinen Bach; dahinter erreichen wir wieder offene Wiesen. Der Wanderweg führt hinüber zur Konstanzer Ache, die wir auf einem kleinen Steg überqueren. Danach noch wenige Minuten geradeaus über eine Feuchtwiese bis zu einem breiten Querweg. Dort halten wir uns rechts und spazieren gemütlich ostwärts und erreichen bald das **Nordwestufer des Großen Alpsees** ③, 725 m. Vor uns liegt nun ein sehr hübscher und entspannender, gut vier Kilometer Spazierweg, teils etwas vom Ufer entfernt entlang von Feuchtwiesen und Schilfgürteln, über weite Strecken aber direkt am Wasser entlang. Diverse Bänke und schöne Aussichten sorgen dafür, dass man für die Strecke meist etwas länger benötigt als erwartet…

Der Weg ist gut besucht, wobei der Betrieb beim Café Hauser am Nordostzipfel noch weiter zunimmt, und wir schließlich die sehr beliebte Uferpromenade entlang des Ostufers erreichen. Mit feinem Blick über die Wasserfläche gelangen wir dann zum kleinen, schön gestalteten Hafen von Bühl mit seinem umfangreichen touristischen Angebot (Bootsverleih, Minigolf, Einkehr, Kiosk etc.). Von dort trennt uns nur noch ein kurzer, abschließender Anstieg vom Ausgangspunkt.

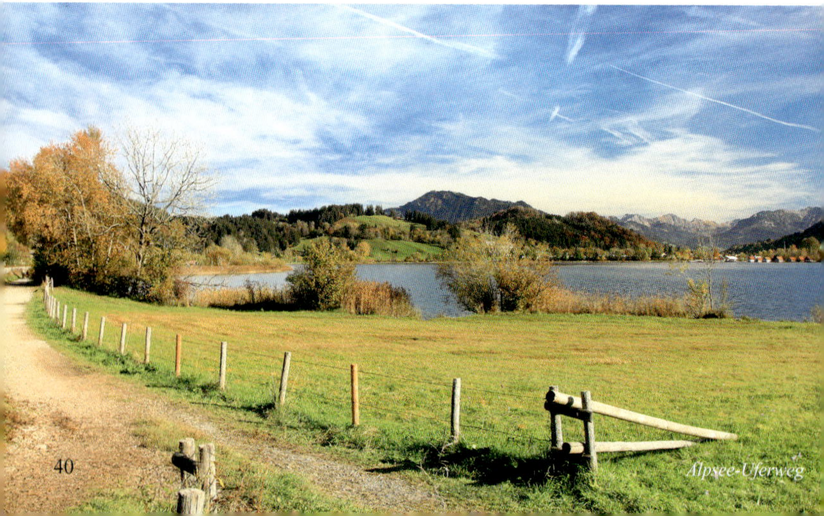

*Alpsee-Uferweg*

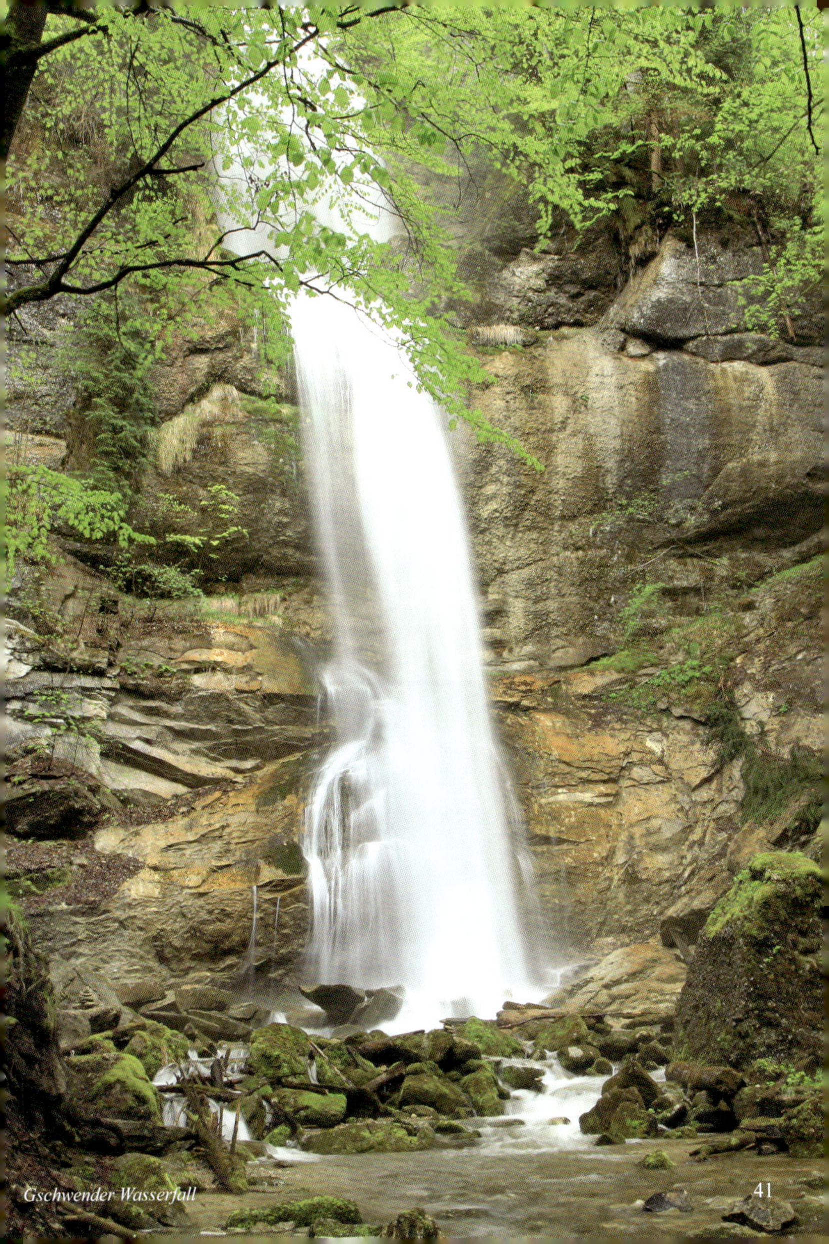

*Gschwender Wasserfall*

# 9 Spaziergang um den Niedersonthofener See

2.30 Std. | 70 Hm | 7,3 km

Niedersonthofen, Parkplatz am Westufer des Sees, 714 m; B19 Kempten–Immenstadt Abfahrt »Memhölz/Niedersonthofen« und ca. fünf Kilometer Richtung Niedersonthofen *(**Navi**: 87448 Waltenhofen-Niedersonthofen, Wollmuths 50 = Gasthof Sonne 500 m westlich des P);* Bahn: Vom Bahnhof Martinszell (Linie Immenstadt–Kempten, ca. stündlich) ca. 20 min. bis zum östlichen Seeufer (WP 2).

Breite, ebene Wege, eher Spaziergang als Wanderung, fast ohne Steigung.

Campingstüble (Camping Zeh am Westufer); Landgasthof Seehof ②; Inselgaststätte ③; Gasthof Sonne (ca. 500 m vom Parkplatz Richtung Niedersonthofen).

## Gemütliche Ufer- und Wiesenwege

*Der Niedersonthofener See ist ein weiteres Juwel in dieser an schönen Seen so reichen Landschaft. Die gut zwei Kilometer lange Wasserfläche schmiegt sich idyllisch in seine Umgebung, eingerahmt von ausgedehnten Wiesen, weiten Schilfbeständen und hübschen Wäldchen. Auf einem gemütlichen Wanderweg lässt sich der See umrunden, wobei es über weite Strecken direkt am Wasser entlang geht.*

Insbesondere im Sommer ist der große **Parkplatz** ①, 714 m, gut gefüllt, denn die schöne, benachbarte Liegewiese und das saubere Wasser des Sees locken zahllose Badegäste. Auf dem See-Rundweg geht es allerdings meist recht entspannt zu. Auf einem breiten Schotterweg spazieren wir vom Parkplatz hinüber zur Liegewiese am Westufer des Sees (mit Kiesstrand, Kiosk und Spielplatz), passieren einen kleinen Campingplatz (mit möglichem kurzem Abstecher zum Campingstüble am entgegengesetzten Ende) und erreichen kurz darauf die Südwestecke des Sees. Hier beginnt ein stiller Waldweg, der uns – meist direkt am Wasser entlang – fast auf der gesamten Südseite begleitet. Schließlich geht es vorbei an einigen kleinen Sommerhäuschen und wir gelangen zum **Landgasthof Seehof** ③, 715 m, an der Südostecke des Sees, ebenfalls

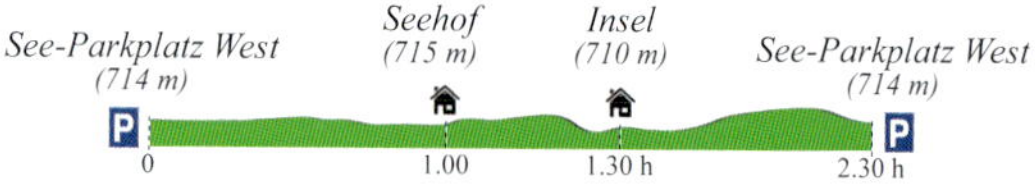


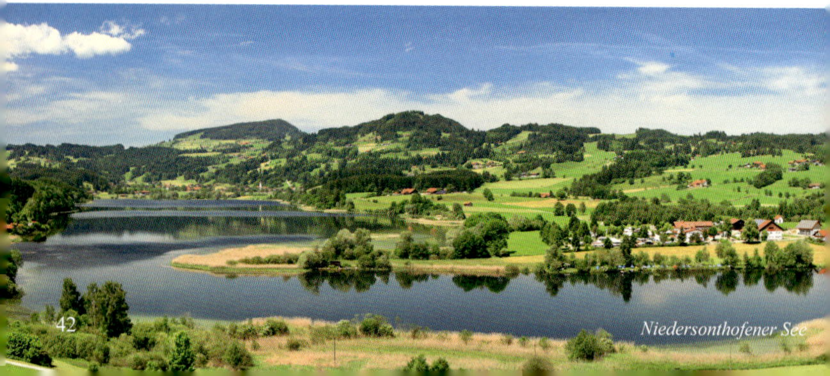

Niedersonthofener See

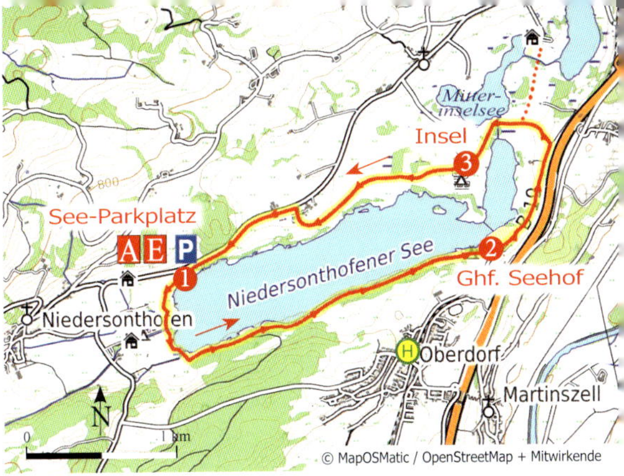


mit hübscher Liegewiese, Spielplatz und Ministrand. Hier biegen wir links ab und wandern – etwas erhöht oberhalb des Sees – durch sonnige Wiesen nordwärts und genießen dabei zur Linken einen schönen Blick über den See in seiner gesamten Länge mit dem Hauchenberg im fernen Hintergrund. An der nächsten Weggabelung halten wir uns links, gehen wieder hinab zum See und überqueren einen kleinen Bach, der den Hauptsee mit dem Mitterinselsee sowie dem sich daran anschließenden Unterinselsee verbindet (am Mitterinselsee gibt es ebenfalls eine schöne Liegewiese mit Seezugang und Einkehr; dazu kurz vor der Brücke über den Bach rechts, etwa 500 Meter entfernt). Hinter der Brücke sind es nur noch wenige Schritte bis zum kleinen **Weiler »Insel«** ③, 710 m, der hauptsächlich aus einem Campingplatz mit Gaststätte besteht. Der Seerundweg verläuft ab jetzt etwas uferfern auf der Nordseite des Sees. Wir passieren eine kleine Kapelle und spazieren auf einem breiten Schotterweg durch schöne Wiesen westwärts bis zu einer weiteren kleinen Häuseransammlung (729 m). Von dort erreichen wir – auf einem Fußweg parallel zur Straße – links in ca. 10 Minuten unseren Ausgangspunkt.

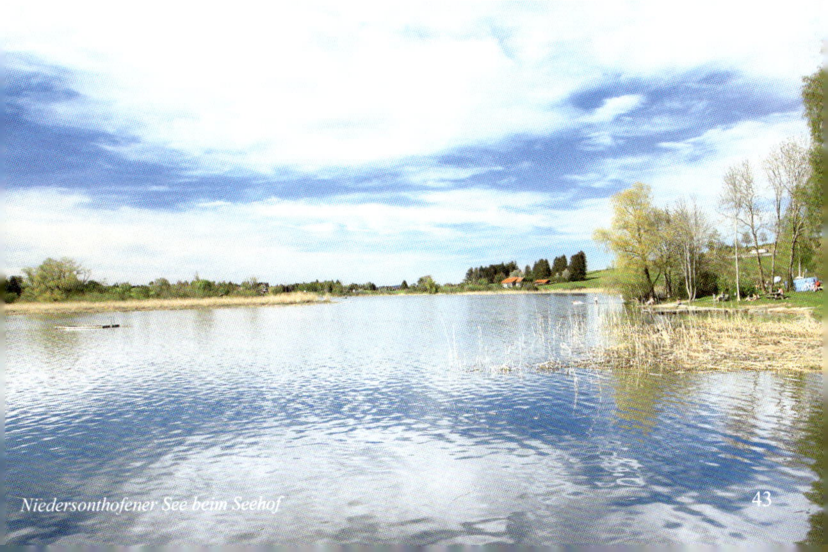

*Niedersonthofener See beim Seehof*

# 10 Gemütliche Tour zur Wachtersalpe

1.45 Std. | 100 Hm | 4 km

Memhölz-Hupprechts, kleiner Weiler nördlich des Niedersonthofener Sees. Parkplatz östlich des Dorfes, 780 m *(**Navi**: 87448 Waltenhofen, Hupprechts 40).*

Mäßige Steigungen auf breiten Schotterwegen.

Wachtersalpe ②

## Durchs aussichtsreiche Voralpenland

*Die Wachtersalpe hat eine etwas ungewöhnliche Lage, denn eine Alphütte erwartet man wohl eher in den Bergen. Aber letztlich sind Alphütten Sommerquartiere fern des heimischen Bauernhofes, und dazu eignen sich die voralpinen Hügel mit ihren saftigen Wiesen ebenso gut. Nördlich des Niedersonthofener Sees thront die Hütte auf einer aussichtsreichen Erhebung. Recht kurze, hübsche Wege und ein großer Tierbestand machen sie zu einem beliebten Familienziel.*

Vom Parkplatz in **Hupprechts** ①, 780 m, folgen wir der Straße für einige Minuten westwärts und biegen an der ersten Kreuzung rechts ab (Wegweiser »Wachtersalpe 30 min.«). Weiter auf einer kaum befahrenen Teerstraße entlang einiger Gehöfte, dann kurz hinab in ein bewaldetes

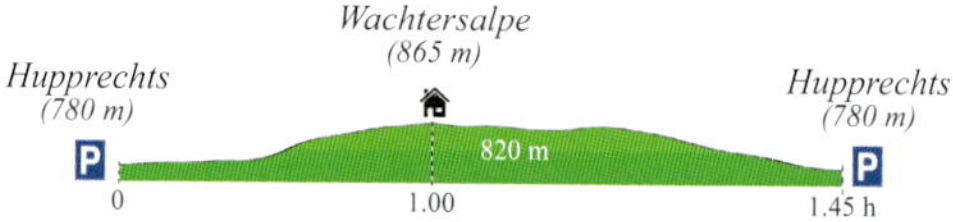


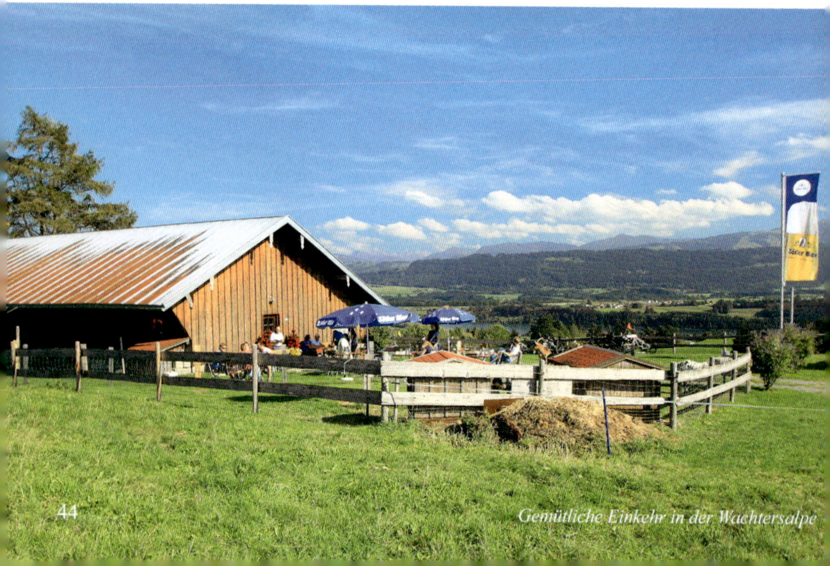



Gemütliche Einkehr in der Wachtersalpe

Tälchen und über einen Bach. Gleich dahinter halten wir uns links und steigen auf einem Teersträßchen anfangs durch Wald, dann auf einem Schotterweg über offene Weiden in weiten Kehren aufwärts. Nach einer langen Schleife erreichen wir schließlich die **Wachtersalpe** ②, 865 m, die exponiert und aussichtsreich auf einem breiten Wiesenrücken thront. Von ihrer gemütlichen Terrasse öffnet sich Richtung Süden ein ungehindertes Panorama bis zu den fernen Gipfeln der Allgäuer Alpen. Mitwandernder Nachwuchs wird eher mit den zahlreichen Vierbeinern rund um die Hütte beschäftigt sein.

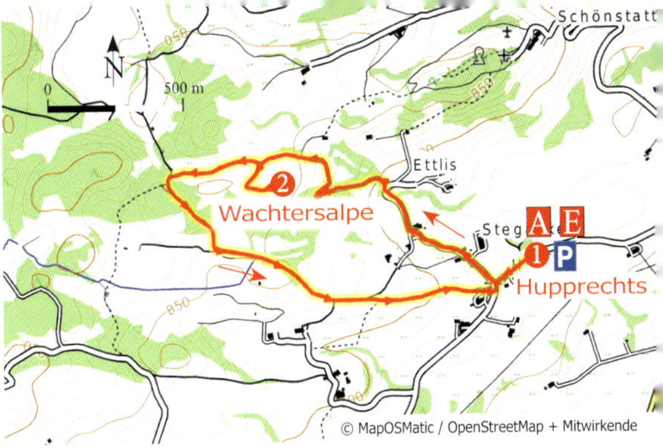


Von der Alphütte folgen wir ganz kurz dem Hinweg, biegen aber gleich am ersten Abzweig links ab und wandern hinüber zu einem nahen Wald. Dort links und auf breitem Forstweg weiter. Teils durch Wald, teils über Wiesen-Lichtungen verliert der Weg allmählich an Höhe, um dann – mit freiem Blick zum Grünten und Niedersonthofener See – schließlich die Häuser von Hupprechts zu erreichen. 200 m weiter sind wir zurück am Parkplatz.

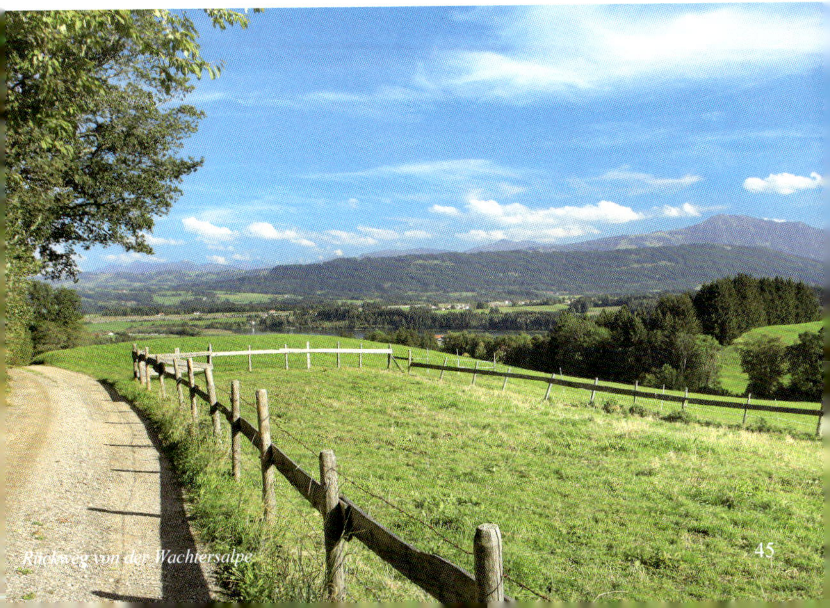

*Rückweg von der Wachtersalpe*

# 11 Zum Alpkönigblick auf dem Hauchenberg

2.45 Std. | 250 Hm | 7,8 km

Freundpolz, kleines Dorf westlich des Niedersonthofener Sees an der Straße nach Missen. Parkplatz mitten im Dorf, 1014 m (*Navi*: *87448 Waltenhofen, Rieggis 6*).

Normale Wanderwege, teils recht steile An- und Abstiege, streckenweise etwas matschig.

Höflealpe ②; Kling`s Hütte ③

## Stille Wege auf eine herrliche Aussichtskanzel

*Der Hauchenberg ist ein langer, etwas behäbiger Höhenzug, der sich in ca. acht Kilometer Entfernung quer vor dem Alpenrand erstreckt. Gekrönt wird der Bergrücken von einem schönen Aussichtsturm auf gut 1250 m Höhe, von wo sich ein herrliches Panorama über das Illertal und die Alpengipfel im Süden öffnet. Hinauf geht es auf stillen Pfaden vom kleinen Dorf Freundpolz.*

Vom Parkplatz in **Freundpolz** ①, 1014 m, queren wir die Hauptstraße und wandern gleich gegenüber zwischen zwei Häusern hindurch einen breiten, baumgesäumten Feldweg im leichten Bogen den Wiesenhang hinauf. Nach knapp 300 m, gleich am Ende der Allee, verlassen wir den Feldweg und biegen links in einen Wanderweg ein. Auf diesem geht es am Waldrand in südwestlicher Richtung weiter, während sich zur Linken ein schönes Panorama über freie, abfallende Wiesen bis weit ins Illertal sowie zu den fer-

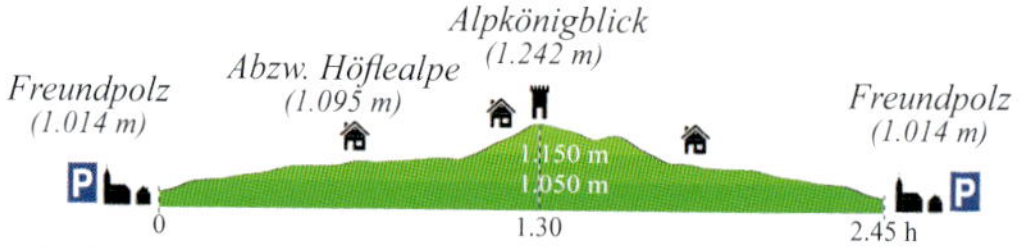


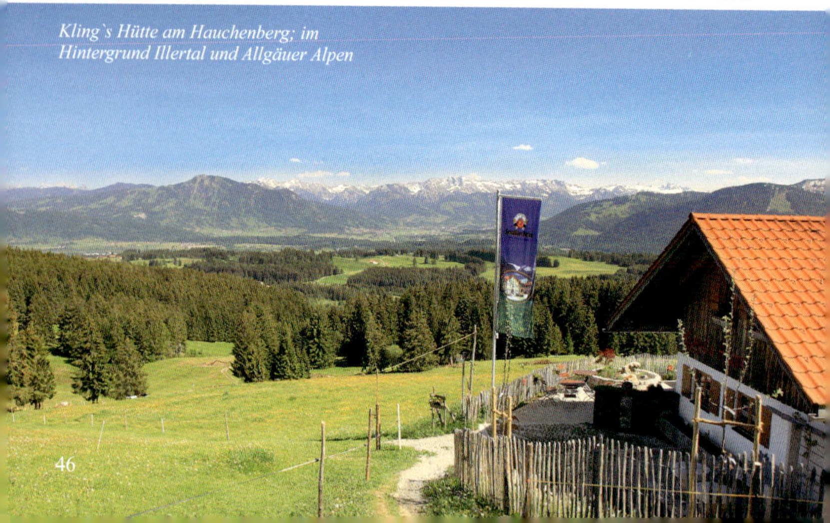

Kling`s Hütte am Hauchenberg; im Hintergrund Illertal und Allgäuer Alpen

nen Berggipfeln öffnet. Immer weiter geradeaus, vorbei an einigen Stationen des »Kuhnigundenweges«, der die Nähe des Bergbauernmuseums in Diepolz ankündigt. Nach einem kurzen Waldstück stoßen wir schließlich auf eine breite Schotterstraße oberhalb der **Höflealpe** ②, 1095 m (die Hütte liegt zwar bereits auf dem Museumsgelände, ist aber für Gäste ohne Eintritt erreichbar). Wir folgen der Schotterstraße wenige Minuten aufwärts, dann links am Waldrand entlang und – einen Abzweig mit Wegweiser zum Aussichtsturm ignorierend – geradeaus und im weiten Linksbogen weiter durch dichten Wald. Dann öffnet sich der Wald, und wir erreichen einen steilen Wiesenhang, der sich hinauf bis zum Grat zieht. Wir folgen aber nicht dem Fahrweg bergan, sondern steigen links auf einem Wiesen-Trampelpfad in eine kleine Senke hinab und zu einem nahen Schotersträßchen. Auf diesem halten wir uns rechts und wandern den Hang hinauf. Bald zweigt links ein Wiesenweg ab, auf dem wir zur nahen Kling`s Hütte hinüberwandern mit gemütlicher Terrasse und schönem Blick Richtung Berge. Von der Hütte sind es nur noch wenige Schritte hinauf zum breiten Kamm des Hauchenberges sowie zum schmucken Aussichtsturm **»Alpkönigblick«** ③,1242 m. Von oben hat man einen großartigen Ausblick sowohl auf die fernen Alpengipfel im Süden als auch in Richtung Norden ins Tal von Weitnau mit den ausgedehnten Wäldern der Adelegg im Hintergrund.

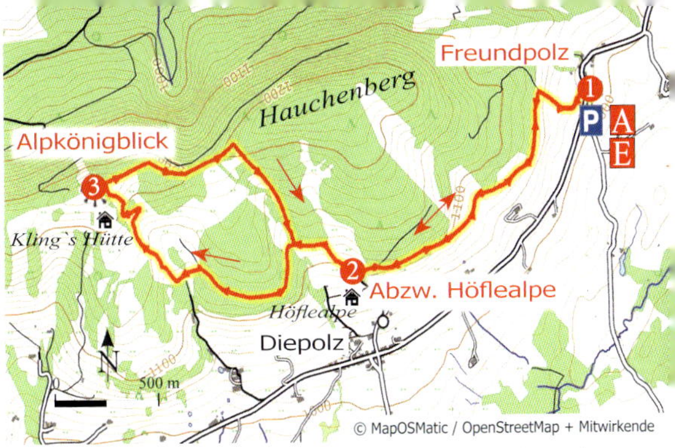


Der Rückweg verläuft oben auf dem Kamm in östlicher Richtung: Nach gut 200 m lassen wir die offenen Wiesen hinter uns und tauchen in einen hübschen Wald ein mit alten, knorrigen Bäumen. Zur Linken fällt das Gelände direkt neben dem Weg extrem steil in die Tiefe, also Vorsicht bei mitwandernden Kindern! Nach knapp 10 Minuten erreichen wir einen Abzweig, biegen rechts ab und steigen schnurgerade den ziemlich steilen Hang abwärts. Schließlich stoßen wir wieder auf die vom Hinweg bekannte Schotterstraße, halten uns links und wandern hinüber Richtung Höflealpe. Der weitere Rückweg erfolgt dann wie der Hinweg über den schönen Hang-Querweg.

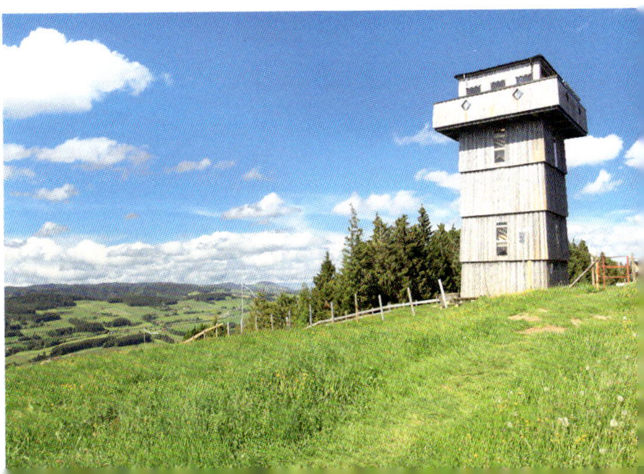

*Alpkönigblick-Turm*

# 12 Zwischen Ochsenberg und Jugetach

4.15 Std. | 250 Hm | 11,5 km

Missen-Wiederhofen; kleines, stilles Dorf westlich von Missen. Am westlichen Ortsrand von Missen auf Stichstraße ca. drei Kilometer hinauf nach Wiederhofen und weiter nach Thal zum Parkplatz am Skilift, 926 m *(**Navi**: 87547 Missen-Wilhams, Zur Thaler Höhe 8).*

Teils autofreie Teerstraße, sonst Schotterwege und Wiesenpfade. Kurzes Steilstück, bei Nässe streckenweise etwas matschig.

Mühlbachstüble ① (beim Campingplatz am Parkplatz); Gasthaus in Wiederhofen ④

## Stilles, voralpines Oberallgäu

*Das Allgäu ist bekanntlich gut besucht, mancherorts regelrecht überlaufen, aber fast überall kann man völlig abgeschieden wirkende Winkel fernab jeglichen Trubels finden. Einen davon kann man auf dieser Tour kennenlernen. Eine stille, bäuerliche Landschaft, kleine Weiler, einsame Wiesen und Wälder, kleine Moore und munter plätschernde Bäche.*

Der kleine Ort Wiederhofen liegt recht versteckt in einem weiten, von Wiesen und kleinen Wäldchen bedeckten Hochtal zwischen dem Kamm der Salmaser Höhe und dem Ochsenberg, in dessen Zentrum die kleine Jugetach plätschert. Vom **Parkplatz** ①, 926 m, gehen wir einige Schritte die Straße wieder zurück, dann gleich links und durch das Wiesental der Jugetach westwärts. Nach etwa 30 Minuten wechseln wir auf einer Brücke auf die Nordseite des Baches, halten uns dahinter links und spazieren – allmählich über Wiesen ansteigend – hinauf zum kleinen Weiler

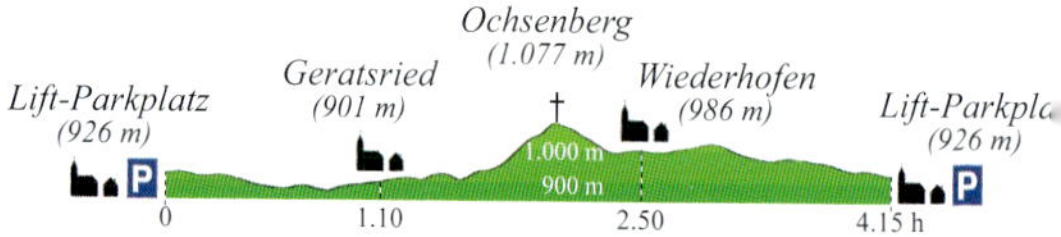


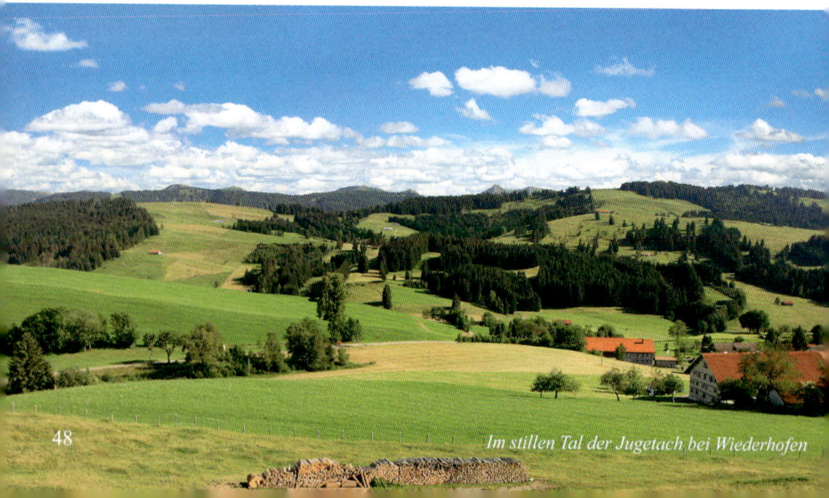



Im stillen Tal der Jugetach bei Wiederhofen

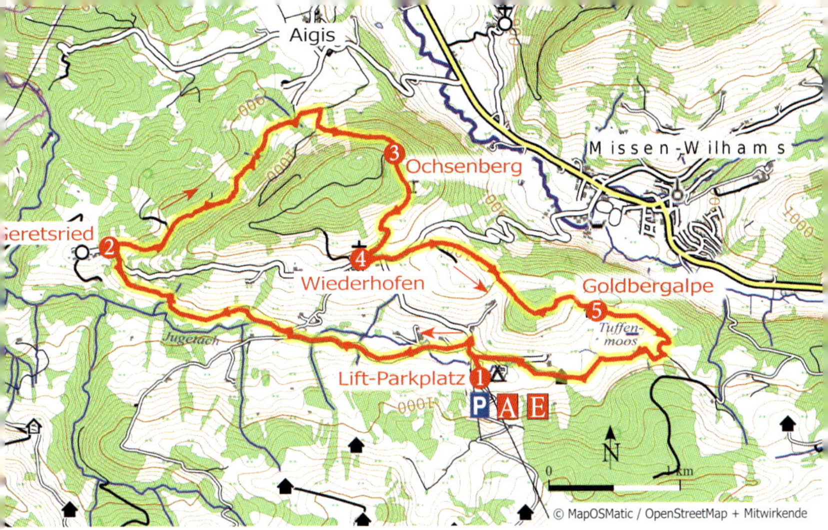


**Geretsried** ②, 901 m. Gleich beim ersten Haus halten wir uns rechts und wandern mit leichtem Auf und Ab quer durch die bewaldeten Nordwestflanken des Ochsenberges hinüber Richtung Aigis. Dort, wo wir in Sichtweite von Aigis den Wald verlassen (bevor bei einem einzelnen Haus der Teerbelag beginnt), halten wir uns schräg rechts und nach gut 100 Metern erneut scharf rechts und steigen dann schräg und ziemlich steil – anfangs durch Wiesen, dann durch Wald – hinauf auf eine Geländeschulter des **Ochsenberges** ③, 1077 m. Der eigentliche Gipfel befindet sich etwas weiter rechts im Wald. Es geht wieder abwärts, dann verlassen wir den Wald und wandern über eine aussichtsreiche Wiese hinab nach **Wiederhofen** ④, 986 m. Im Dorf links und ca. 300 m auf der Hauptstraße Richtung Missen, bis rechts ein Wirtschaftsweg abzweigt. Auf diesem wandern wir mit schönem Blick in Richtung Missen über offene Wiesen zu einer Hütte und weiter auf dem sich anschließenden schmaleren Weg durch Wiesen und Wald bis zur **Goldbergalpe** ⑤, 987 m, wo uns wieder ein Schotterweg erwartet. Auf diesem geradeaus, bis wir nach etwa 500 m (hinter zwei Kehren) rechts auf einen Wiesenpfad einbiegen. Nach einigen Schritten weist rechts ein Schild Richtung Tuffenmoos. Man kann nun entweder geradeaus über die Wiese weitergehen oder für ein kurzes Stück rechts am kleinen und sehr hübschen Moor entlangwandern, ehe beide Wege wieder aufeinandertreffen. Schließlich erreichen wir die Jugetach und wandern an ihrem Ufer entlang zurück zu unserem Ausgangspunkt.

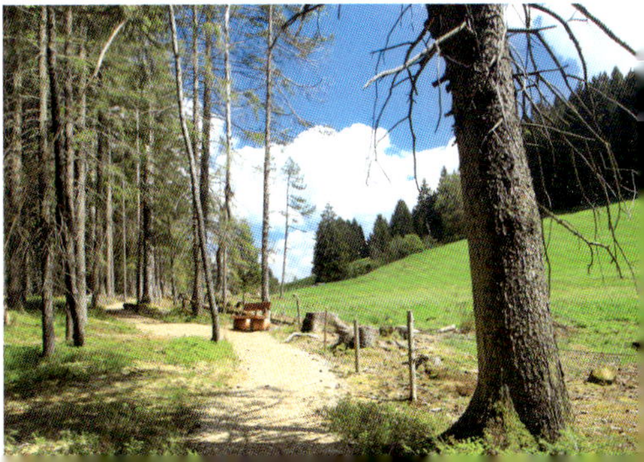

*Im Tuffenmoos*

# 13 Über die Kalzhofener Höhe

2.45 Std. | 300 Hm | 7,7 km

Kalzhofen; kleiner Ort etwa einen Kilometer nordöstlich von Oberstaufen. In Kalzhofen auf Ortstraßen ca. 300 m bis zum kleinen Parkplatz am Jugetbach am Beginn der Mautstraße zur Hompessenalpe, 817 m *(**Navi**: 87534 Oberstaufen-Kalzhofen, Hompessenweg)*; Vom Bahnhof Oberstaufen etwa 1,5 km.

Mäßige Steigungen, teils geteerte Fahrstraßen, teils schmale Pfade über Wiesen und Weiden (nach nassen Tagen durch die herumlaufenden Kühe mitunter arg matschig).

Alpe Mohr; Hompessenalpe ②

## Durch die schöne Almlandschaft Oberstaufens

*Östlich von Oberstaufen erstreckt sich eine mittelgebirgsartige Landschaft mit mäßig hohen, runden Bergrücken und tief eingeschnittenen Tälern, bedeckt mit einem abwechslungsreichen Mix aus offenen Wiesen und kleinen Wäldchen und natürlich – schließlich sind wir im Allgäu – hier und da einer Alphütte. Die Wanderung führt uns hinauf auf den Grat des Juget und der Kalzhofener Höhe mit weiten Ausblicken ins Westallgäu.*

Vom **Parkplatz** ①, 817 m, folgen wir der geteerten Mautstraße, die ins Tal des Jugetbaches hineinführt. Wir lassen den Ort schnell hinter uns und steigen allmählich durch Wiesen und Weiden, die immer wieder durch kleine Waldflächen unterbrochen werden, aufwärts. Wir passieren die Alpe Mohr sowie ein Gipfelkreuz auf einer kleinen Wiesenkuppe zur Rechten, wo wir die ersten freien Ausblicke hinüber Richtung Nagelfluhkette sowie zurück nach Oberstaufen genießen können und gewinnen immer weiter

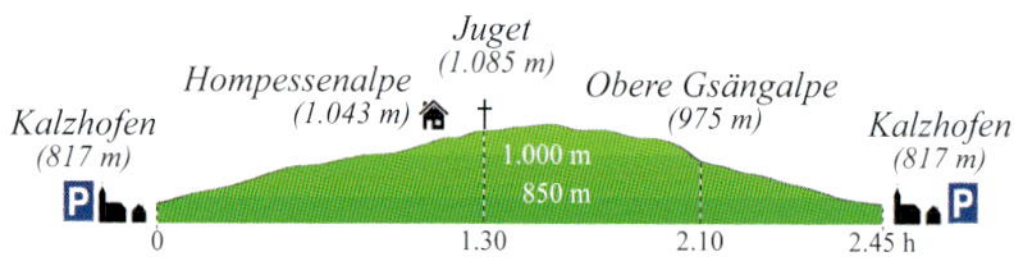


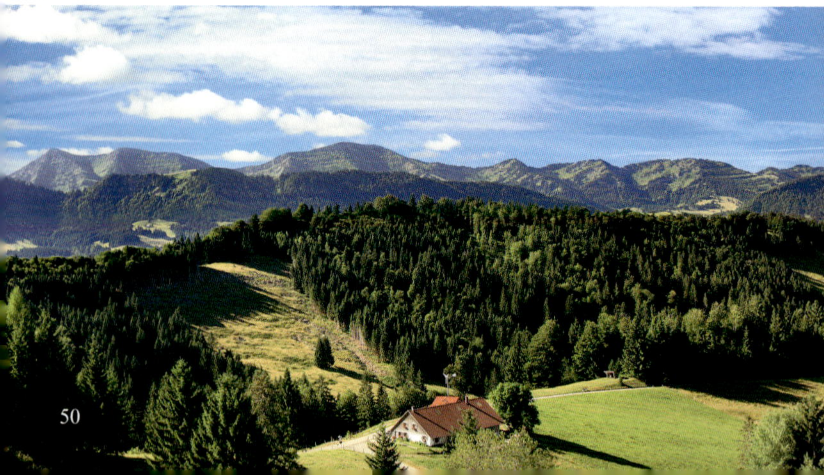

an Höhe, bis sich vor uns das Gelände öffnet. Der Jugetbach hat hier ein weites Tal geschaffen, das wie von einem gewaltigen Hufeisen vom Wiesenkamm der Kalzhofener Höhe eingerahmt wird. Kurz darauf haben wir die inmitten dieser Wiesen gelegene **Hompessenalpe** ②, 1043 m, erreicht sowie etwas weiter eine Passhöhe (1065 m). Hier verlassen wir die Teerstraße und steigen links auf einem Trampelpfad in wenigen Minuten zur Gipfelkreuz-gekrönten Wiesenkuppe des **Juget** ③, 1085 m, hinauf. Der weite Rundumblick schweift über die Nagelfluhkette im Süden sowie über Oberstaufen und das Westallgäu bis zum weit entfernten Säntis im Westen. Den Vordergrund bildet das hübsche Jugettal, und hinter uns in Richtung Osten breitet sich die stark strukturierte, hügelige Alm- und Waldlandschaft zwischen Thaler Höhe, Hauchenberg und Adelegg aus. Ein sehr hübsches Plätzchen. Wir folgen nun dem breiten Wald- und Wiesenkamm, der sich im weiten Linksbogen westwärts zieht, passieren den höchsten Punkt der Wanderung (die Kalzhofener Höhe auf 1118 m) und verlieren dann allmählich wieder an Höhe. Wir bleiben weiterhin auf dem Kammweg, passieren einen Abzweig zur – rechts etwas unterhalb gelegenen – **Jugetalpe** ④ und treffen schließlich bei der **Oberen Gsängalpe** ⑤, 975 m, wieder auf einen breiten Fahrweg. Auf diesem geht es in vielen Kehren den steilen, wiesenbedeckten Südhang des Kalzhofner Berges abwärts bis zu unserem Ausgangspunkt.

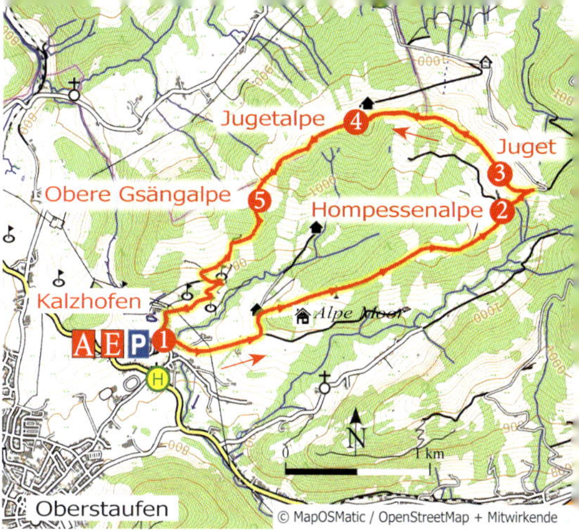


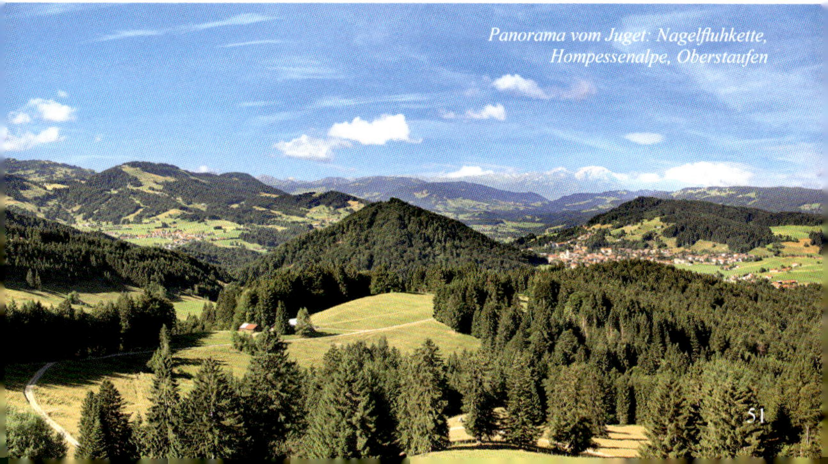

*Panorama vom Juget: Nagelfluhkette, Hompessenalpe, Oberstaufen*

# 14 Durchs »Paradies« zum Kapf

3 Std. | 250 Hm | 8,6 km

Parkplatz ca. 2,5 km westlich von Oberstaufen an der B308 Richtung Lindenberg, auf einer Kuppe vor einer scharfen Rechtskurve, 910 m *(**Navi**: 87534 Oberstaufen, Nähe Laufenegg 3)*; ÖPNV: Start am Bahnhof Oberstaufen (Linie Immenstadt–Lindau ca. stündlich), von dort ca. 1 km durch den Ort zur Wanderung südlich WP 3.

Leichte Wege, mäßige Steigungen

Berghof am Paradies ②; Sinswanger Stuben ④

## Aussichtsreiche Wanderung über dem Weißachtal

*Durch das lange Konstanzer Tal vom Illertal getrennt, fühlt sich Oberstaufen eher wie das Westallgäu mit seinen weiten, offenen Landschaften an. Westlich des Ortes erhebt sich ein Höhenzug mit der hübschen Flurbezeichnung Paradies. Ein über weite Strecken recht einsamer Weg führt hinauf auf den Kapf mit seinen weiten Ausblicken in Richtung Nagelfluhkette und in Richtung Westen über das tiefe Weißachtal sowie durch stille Wälder und Wiesen.*

Vom **Parkplatz** ①, 910 m, folgen wir einem Teersträßchen nach Norden und erreichen bald – uns schräg rechts haltend – den **»Berghof am Paradies«** ②, 926 m. Links am Gebäude vorbei stoßen wir auf einen Wiesenweg, der recht steil, dafür mit herrlichem Ausblick Richtung Nagelfluhkette hinauf zum Kapf führt. Oben an der ersten Abzweigung halten wir uns schräg rechts und wandern im Wald wieder allmählich bergab. Im Anschluss geht es am Waldrand mit freiem Blick auf Oberstaufen erst leicht,

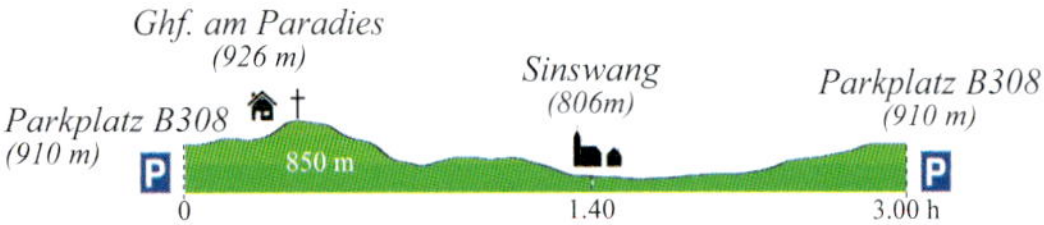


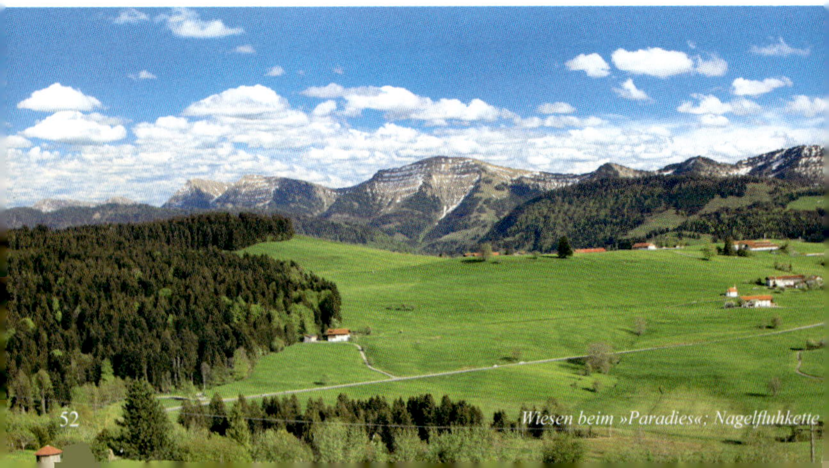



Wiesen beim »Paradies«; Nagelfluhkette

dann steil bergab bis zu einem querverlaufenden Teersträßchen. Auf diesem links und am oberen Rand einer steilen Wiese weiter. Nach ca. 300 Metern biegen wir links in den Wald, gehen gut 400 Meter in ein kleines Tälchen hinein und überqueren den kleinen Seelesgraben. Dahinter gleich wieder rechts und am Waldrand weiter bis zu einem **Gehöft** ③, 853 m, wo wir den Wald gänzlich hinter uns lassen. Auf einem Sträßchen spazieren wir durch Wiesen hinab nach **Sinswang** ④, 806 m. Im Dorf links und knapp einen Kilometer der – kaum befahrenen – Straße folgen. Dann zweigt links – zwischen einigen vereinzelten Gehöften von **Vorderberg** ⑤, 808 m – ein Wirtschaftsweg ab, der durch ein hübsches, stilles Wiesentälchen führt. Nach 15 Minuten erreichen wir einen Parkplatz an der B 308 (821 m), wo wir uns links halten. Es geht nun gut 10 Minuten geradewegs im Wald empor bis zu einem breiten Fahrweg, wo wir uns nach rechts wenden. Aus dem Wald heraus und auf kleinen Sträßchen durch die offene Wiesenlandschaft und vorbei an vereinzelten Gebäuden mehr oder weniger geradeaus in ca. 15 Minuten zurück zum Ausgangspunkt.

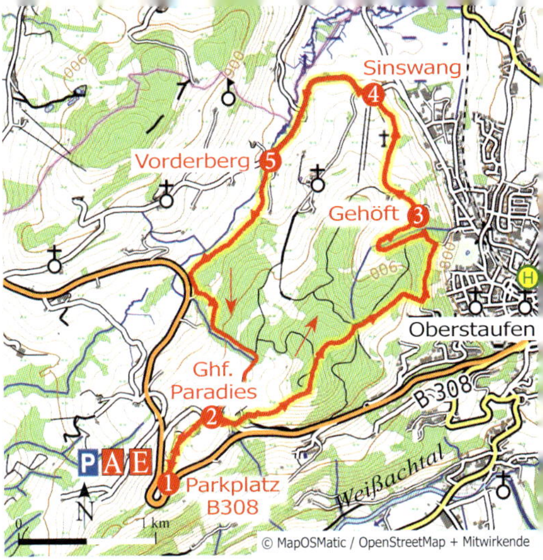


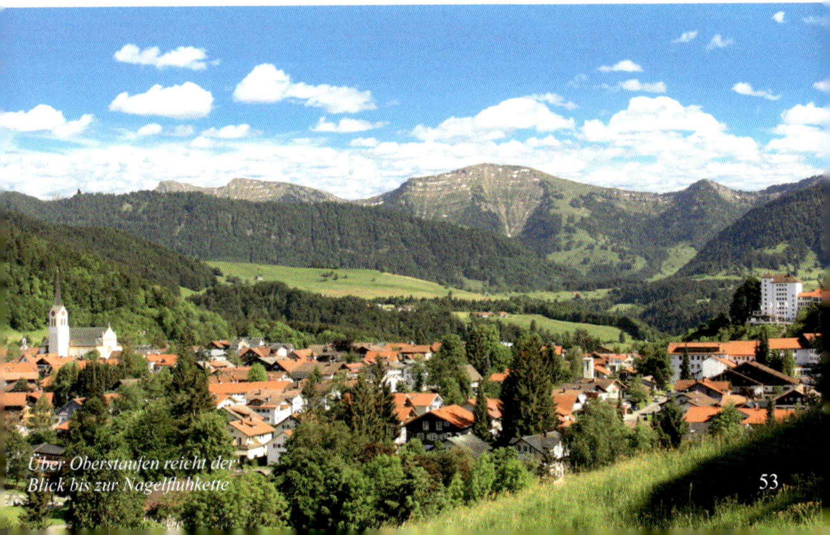

*Über Oberstaufen reicht der Blick bis zur Nagelfluhkette*

# 15 Über die Imberger Hochebene

3.45 Std. | 275 Hm | 9,4 km

Steibis, Imbergbahn, 913 m; ca. vier Kilometer südlich von Oberstaufen (*Navi*: *87534 Oberstaufen–Steibis, In der Au 9*); Bus ab Oberstaufen ca. stündlich.

*Imbergbahn:* Umlauf-Kabinenbahn, Betriebszeiten Anfang Mai bis Anfang November, 9–16:30 h, www.imberg-bahn.de, Talstation 913 m, Bergstation 1217 m.

Überwiegend leichte, breite Schotterwege ohne größere Steigungen.

Restaurant Imberghaus ②; Glutschwandenalpe ③; Moosalpe ④; Hörmoosalpe ⑤; Hochwiesalpe ⑥; Berggasthof Hochbühl

## Idyllische Almlandschaft oberhalb von Steibis

*Wenn man von Oberstaufen südwärts auf die hoch aufragenden Wände der Nagelfluhkette zusteuert, übersieht man oft dieses hübsche Wanderziel: Auf halber Höhe vorgelagert erstreckt sich oberhalb von Steibis eine idyllische Hochebene mit ausgedehnten Wiesen, kleinen Mooren und zahlreichen Alphütten. Eine schöne Wanderung mit wenigen Steigungen und Seilbahnfahrt zu Beginn.*

Die Seilbahn bringt uns schnell von **Steibis** ①, 913 m, hinauf zur **Bergstation** ②, 1217 m. Wir folgen einem breiten Schotterweg durch ein kleines Waldstück hindurch, queren eine Fahrstraße und wandern auf dem »Alpenerlebnispfad« in die schöne Hochebene hinein. Der angenehme Weg führt – nach einem kurzen Anstieg – im weiteren Verlauf ohne nennenswertes Auf und Ab unterhalb des langgestreckten Fluh-Kammes entlang, der sich rechts über uns erstreckt. Bald erreichen wir die **Glutschwandenalpe**

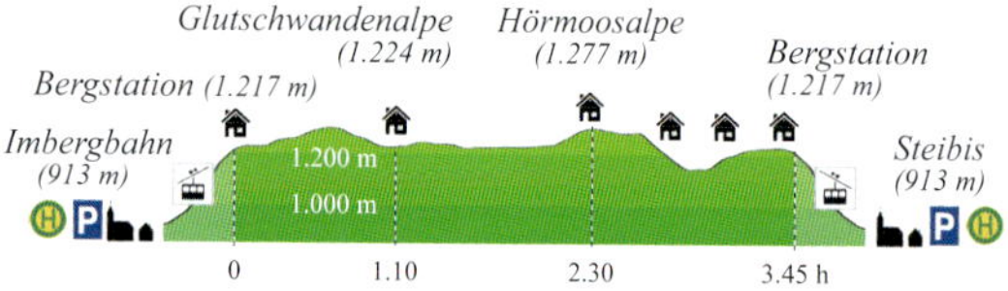


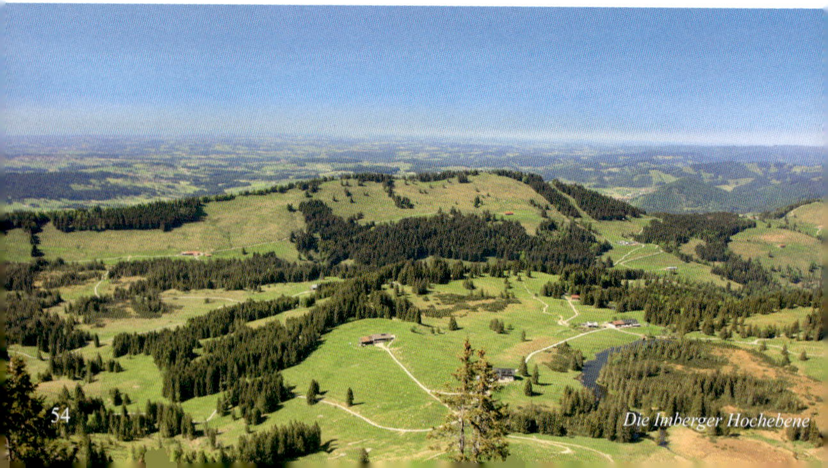



Die Imberger Hochebene

③, 1224 m, und wenig später die – bereits in Österreich gelegene – **Moosalpe** ④, 1230 m. Hier biegen wir links ab, durchqueren das hübsche Kojenmoos und gelangen zum Hotel Hochhäderich, dessen großer Parkplatz außerhalb der Skisaison meist recht verwaist daliegt. Hinter dem Hotel führt ein Wanderweg – nun in östlicher Richtung – wieder in die schöne Moor- und Wiesenlandschaft hinein. Wir überqueren erneut die Grenze nach Deutschland, halten uns am nächsten Abzweig rechts und steigen durch eine hübsche Almidylle allmählich hinauf zu einer Hochebene. An der ersten Kreuzung oben links und in wenigen Minuten zur **Hörmoosalpe** ⑤, 1277 m, schön gelegen oberhalb eines kleinen Teiches (den man auf einem kurzen Rundweg umwandern kann).

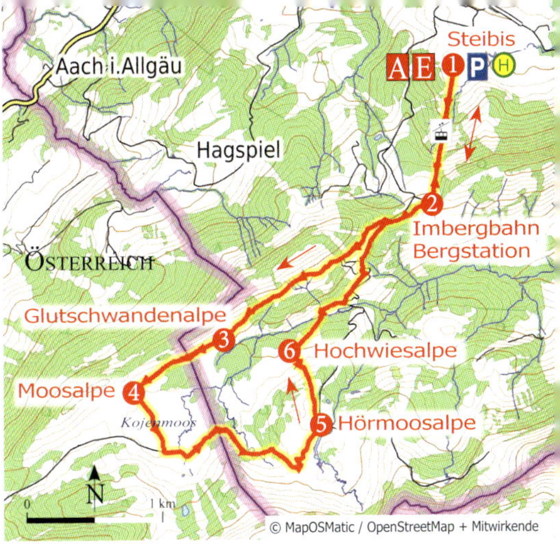


Wem die Wanderung bis hier genügt, kann mit dem Bus zurück zur Bergstation fahren (unregelmäßig, etwa alle 90 Minuten). Wer auch den Rückweg zu Fuß bewältigen möchte, verlässt wenige Schritte hinter der Hütte die Straße, quert links einen Wiesenbuckel und steigt dann hinab zur **Hochwiesalpe** ⑥, 1250 m. Von dort auf einem Almsträßchen wenige Meter rechts und gleich darauf links hinab in den Einschnitt des Lanzenbaches (1126 m). Unten im Tal wandern wir rechts bis zur nahen Straße, die wir aber gleich wieder verlassen und links zum Berggasthof Hochbühl (1180 m), hinaufsteigen. Danach folgt noch ein kurzes Straßenstück, bevor es durch das vom Hinweg bekannte Waldstück gemütlich zurück zur Bergstation geht, wo die abschließende Seilbahnfahrt hinunter nach Steibis auf uns wartet.

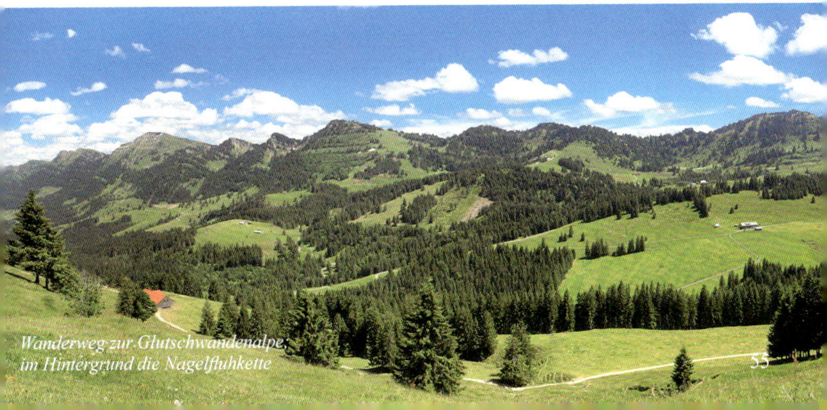

*Wanderweg zur Glutschwandenalpe; im Hintergrund die Nagelfluhkette*

# 16 Hündlekopf und Mittelbachtal

2.45 Std. | 270 Hm | 7,1 km

Oberstaufen, Hündlebahn, ca. zwei Kilometer östlich von Oberstaufen an der B308 Richtung Immenstadt, 770 m *(**Navi**: 87534 Oberstaufen, Hinterstaufen 10)*; Bus Oberstaufen–Immenstadt etwa im Stundentakt, Haltestelle »Hündlebahn«.

*Hündlebahn*: Umlauf-Kabinenbahn, Betriebszeiten Anfang Mai–Anfang November, 9–16:30 h, www.huendle.de, Talstation 770 m, Bergstation 1050 m.

Ordentliche Wander- und Wiesenwege, einige steile Passagen.

Berggaststätte s`Hündle ②; Obere Hündlealpe ②; Ochsenschwandalpe ③; Bärenschwandalpe ⑤

## Aussichtsreiche Wiesen und gemütliche Alphütten

*Zwischen Oberstaufen und Immenstadt verläuft fast schnurgerade in West-Ost-Richtung das gut 15 Kilometer lange Konstanzer Tal. Auf seiner Südseite wird es von einem Höhenzug flankiert, der weitflächig almwirtschaftlich genutzt wird. Weite Wiesen, aussichtsreiche Wege und hübsche Alphütten erwarten uns auf dieser Tour, die uns sowohl auf den Hündlekopf als auch ins idyllische Mittelbachtal führt.*

Nachdem uns die Seilbahn entspannt aus dem **Konstanzer Tal** ①, 770 m, hinauf zur **Bergstation** ②, 1050 m, gebracht hat, wandern wir auf einem breiten Schotterweg in wenigen Minuten hinüber zur Oberen Hündlealpe. Den Hündlekopf (1111 m), dessen kleine Wiesenkuppe rechts etwas oberhalb liegt, lassen wir uns für den Rückweg.
Wir bleiben auf dem angenehmen Schotterweg (an der ersten Verzweigung nehmen wir den linken, wobei beide Wege weitgehend parallel verlaufen und später wieder aufeinandertreffen), der uns ohne nennenswerte Steigung und

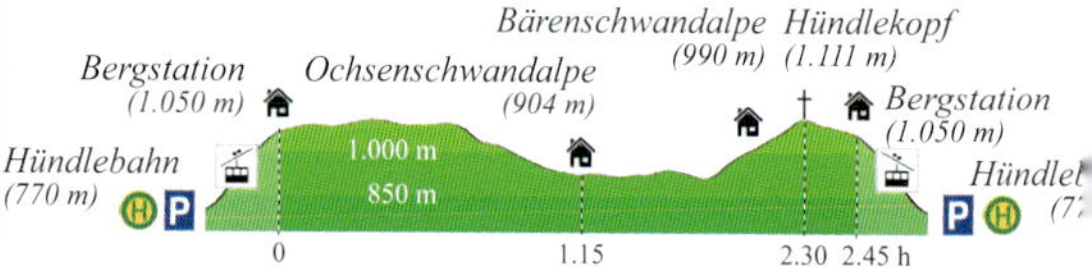


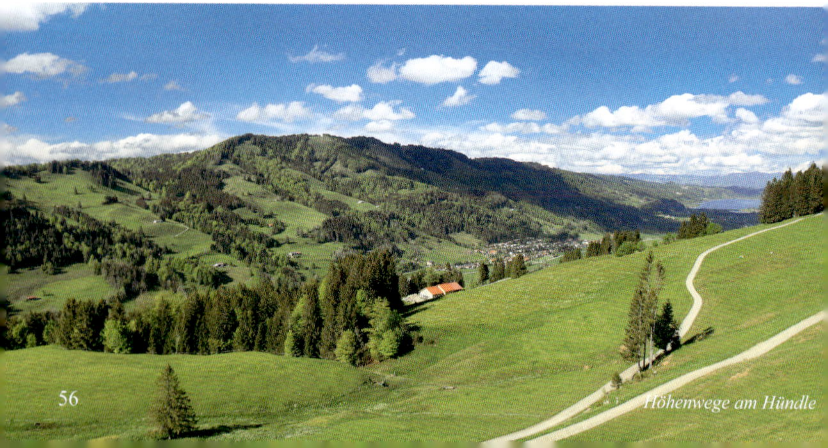

*Höhenwege am Hündle*

über hübsche Almwiesen und mit schönem Panoramablick über das gesamte Konstanzer Tal hinüber zur **Hochsiedelalpe** ③, 1070 m, bringt.
Bei der Alphütte verlassen wir den Schotterweg, folgen geradeaus einem Trampelpfad über den breiten Wiesenkamm und steigen schließlich durch Wald steil hinunter Richtung Moosalpe (1009 m). Noch vor der Hütte treffen wir erneut auf einen Schotterweg, halten uns hier rechts und steigen recht steil in einem engen, bewaldeten Taleinschnitt an einem kleinen Bach entlang abwärts. Am unteren Waldrand öffnet sich das Gelände zum Mittelbachtal, wir stoßen erneut auf einen breiten Wirtschaftsweg (944 m) und wandern auf der rechten Hangseite – nun wieder durch offene Wiesen – talauswärts. Ohne größeres Auf und Ab wandern wir hinüber zur **Ochsenschwandalpe** ④, 904 m, und weiter zur **Turaalpe** (5), 904 m, während links tief unter uns der Mittelbach rauscht.

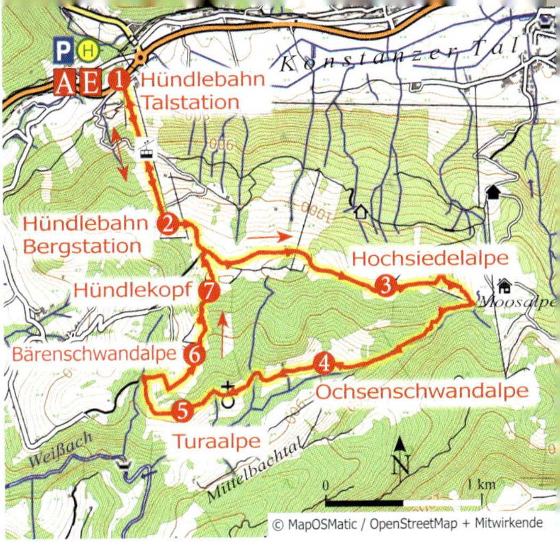


Kurz hinter einem scharfen Rechtsbogen – inmitten eines bewaldeten Taleinschnittes – verlassen wir die Almstraße und beginnen rechts den Anstieg hinauf Richtung Hündle. Schon bald lassen wir den Wald hinter uns und steigen über aussichtsreiche Wiesen hinauf zur **Bärenschwandalpe** ⑥, 990 m, und weiter – teils recht steil – hinauf zum **Hündlekopf** ⑦, 1111 m, dem höchsten Punkt der Tour mit schönem Panorama über das Konstanzer Tal sowie Richtung Steibis und Westallgäu. Von hier sind es nur noch wenige Schritte zurück zur Bergstation der Hündlebahn (1050 m).

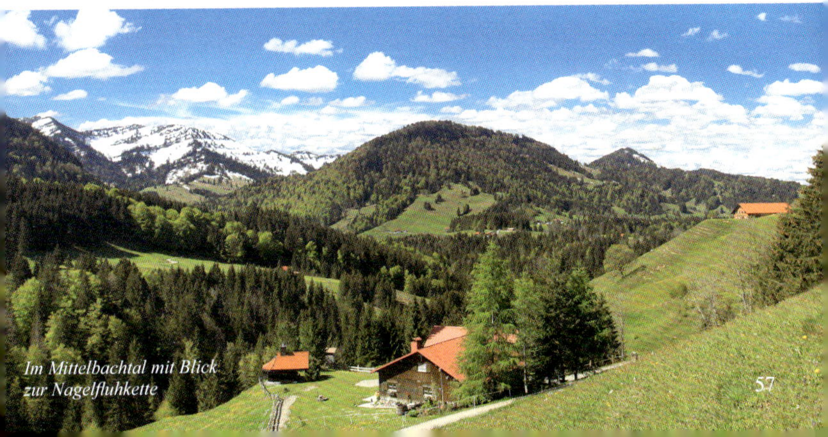
*Im Mittelbachtal mit Blick zur Nagelfluhkette*

# 17 Oberbergalpe und Bärenkopf

1.30 Std. | 40 / 400 | 4 km

Immenstadt, Mittagbahn am südlichen Ortsrand, 780 m; Zufahrt etwas verwirrend durchs Wohngebiet *(**Navi**: 87509 Immenstadt, Mittagstraße 30)*; Vom Bahnhof Immenstadt ca. 500 m Fußweg.

*Mittagbahn:* Sessellift, Betriebszeiten Anfang Mai bis Anfang November, 8–17 h, www.mittagbahn.de, Talstation 780 m, Mittelstation 1080 m, Bergstation 1419 m.

Meist breite Schotter- und Teerwege, teils recht steil bergab.

Bergstation ③; Oberbergalpe ⑤; Schwandneralpe ⑥; Mittelstation ②

## Herrliche Höhenwege hoch über dem Illertal

*Der Mittag oberhalb von Immenstadt ist eine der schönsten Aussichtskanzeln im Oberallgäu. Es geht gemütlich mit dem Sessellift hinauf auf seinen Gipfel, hinüber zum kleinen Bärenkopf und zur hübschen Oberbergalpe. Auf dem Abstieg zur Lift-Mittelstation spazieren wir über die ausgedehnten Almwiesen auf der Nordostseite des Berges mit weiten Blicken über das Alpenvorland.*

Der Sessellift bringt uns sehr gemächlich – mit Umsteigen an der Mittelstation – von **Immenstadt** ①, 780 m, hinauf zur **Bergstation** unterhalb des **Mittaggipfels** ③, 1419 m, wo uns ein großartiges Panorama über die Allgäuer Alpen, das Illertal und das Alpenvorland erwartet. Ein breiter Schotterweg führt mit leichtem Auf und Ab aussichtsreich zum etwa 15 Minuten entfernten **Bärenkopf** ④, 1450 m

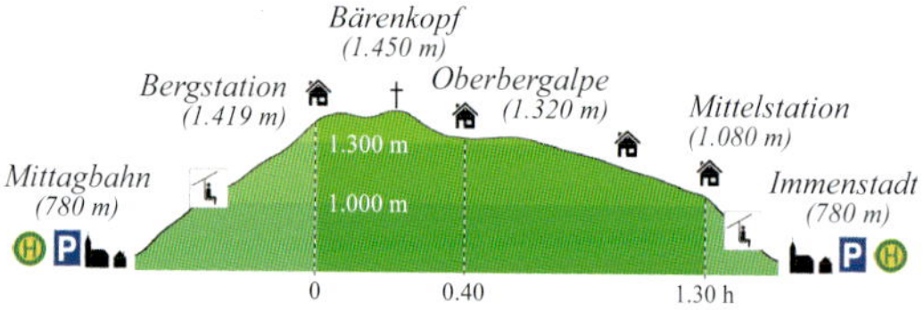


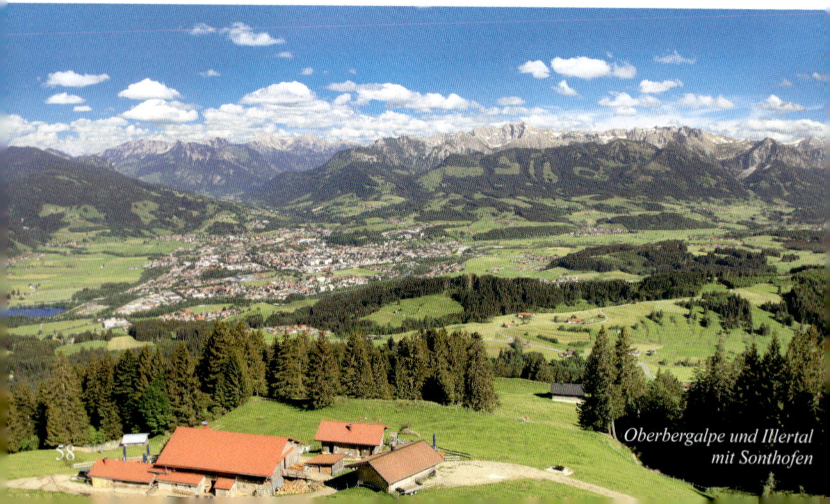

*Oberbergalpe und Illertal mit Sonthofen*

– bzw. einer benachbarten Felskuppe mit Kreuz. Richtung Westen haben wir einen schönen Blick auf den hoch aufragenden Steineberg-Gipfel. Hier wenden wir uns ostwärts und steigen in einer bewaldeten Rinne recht steil und streckenweise etwas wurzelig hinab zur nahen, gemütlichen **Oberbergalpe** ⑤, 1320 m, die wieder freie Sicht ins Illertal bietet. Von der Hütte führt ein breiter, ebener Fahrweg in nordöstlicher Richtung in wenigen Minuten hinüber zum Grat und auf die Nordseite des Mittags. In Sichtweite des Lifts wandern wir gemütlich auf der Almstraße über freie Wiesen abwärts, der Blick schweift weit über das sich vor uns ausbreitende Alpenvorland. Vorbei an der **Schwandneralpe** ⑥, 1235 m, und gleich darauf der Mittagalpe (1200 m) erreichen wir schließlich die **Lift-Mittelstation** ②, 1080 m. Hinab nach Immenstadt schweben wir dann wieder knieschonend im Lift.

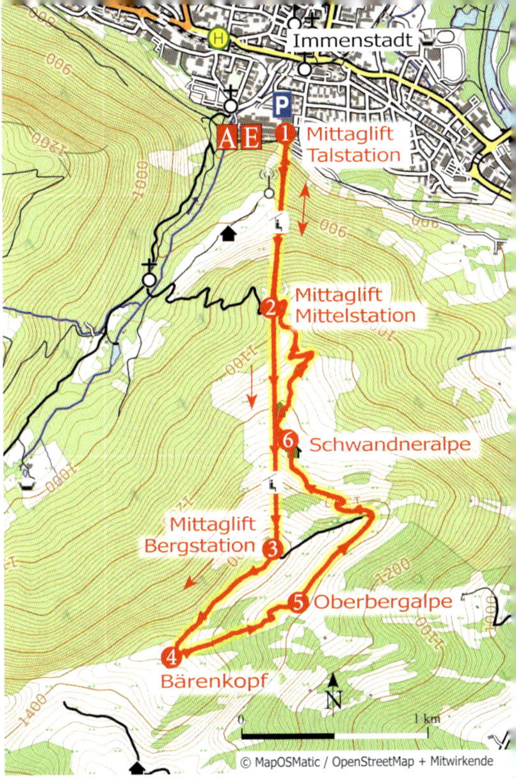


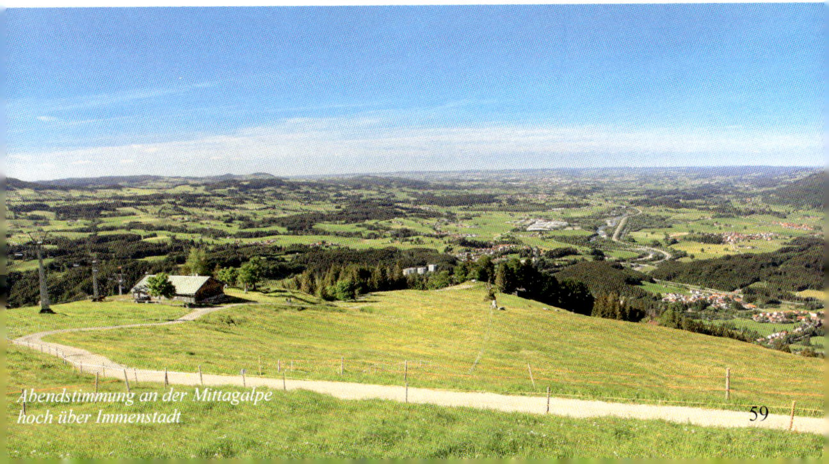

*Abendstimmung an der Mittagalpe hoch über Immenstadt*

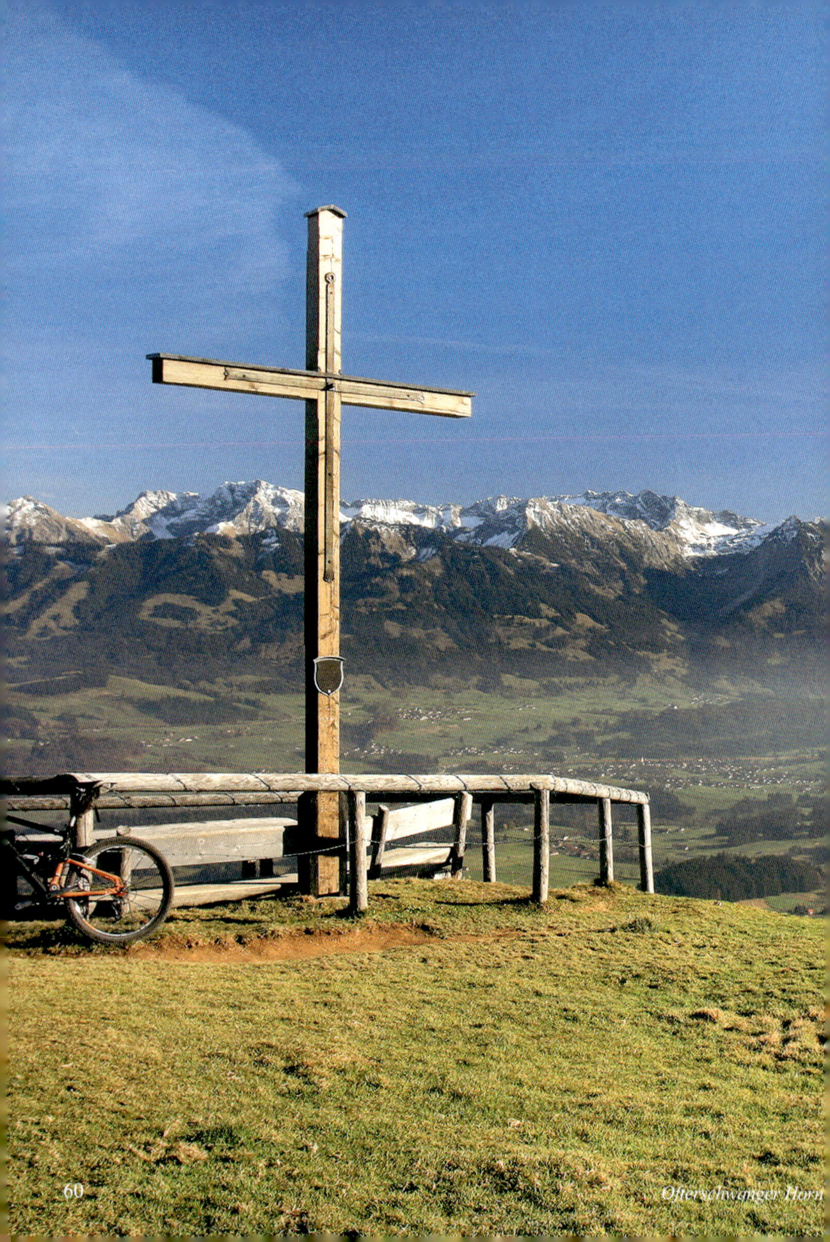

*Ofterschwanger Horn*

# Südliches Illertal

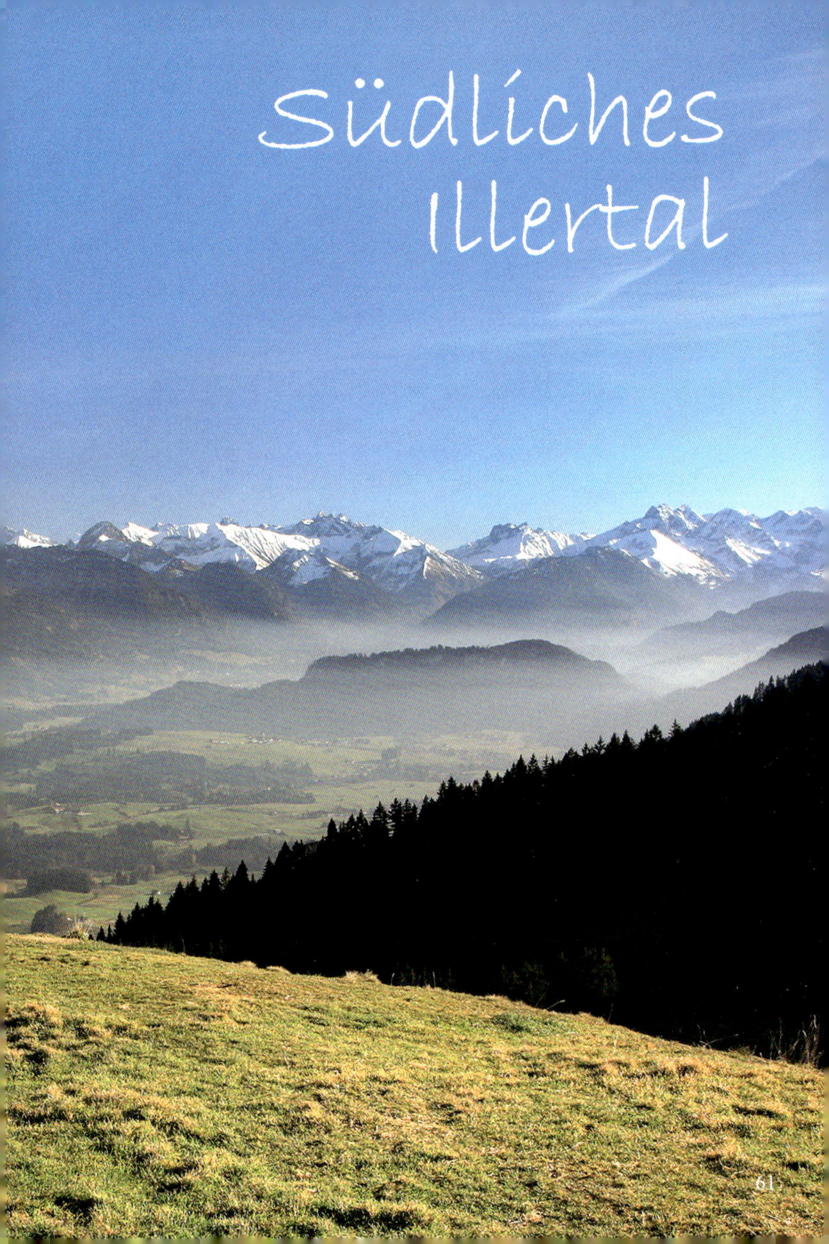

# 18 Der Ostertaltobel im Gunzesrieder Tal

1.15 Std. | 100 Hm | 3,5 km

Gunzesried Säge im Gunzesrieder Tal, ca. drei Kilometer taleinwärts/westlich von Gunzesried, großer Wanderparkplatz am Dorfeingang, 933 m *(**Navi**: 87544 Blaichach-Gunzesried Säge).*

Im Tobel schmale Waldwege am Wasser entlang, einige kurze, steile Anstiege dabei. Sonst breite Wirtschaftswege.

Buhlsalpe ③; Kamin-Eck ①

## Eindrucksvolle Wasserfälle im Ostertal

*Das Gunzesrieder Tal ist ein großes Seitental des Illertales, das bei Sonthofen in westlicher Richtung in den »Naturpark Nagelfluhkette« hineinführt. Zahlreiche hübsche Ecken gibt es hier zu entdecken, u.a. den malerischen Ostertaltobel mit seinen Wasserfällen und großen Nagelfluhfelsen. Ein sehr beliebter Tobel mit einer hübschen Atmosphäre zwischen Wald und Wasser.*

Vom großen **Parkplatz** ①, 933 m, folgen wir der Hauptstraße taleinwärts, queren den Ostertalbach und halten uns im Dorf gleich links (»Birkachweg«); knapp 200 Meter weiter liegt links der Einstieg in den Tobel (…hier »Eistobel« genannt). Wir tauchen ein in einen dichten Wald, treffen sogleich auf den kleinen Fluss und wandern direkt am Wasser entlang flussaufwärts. Der Pfad steigt allmählich an, das Gelände wird wilder, die ersten großen Na-

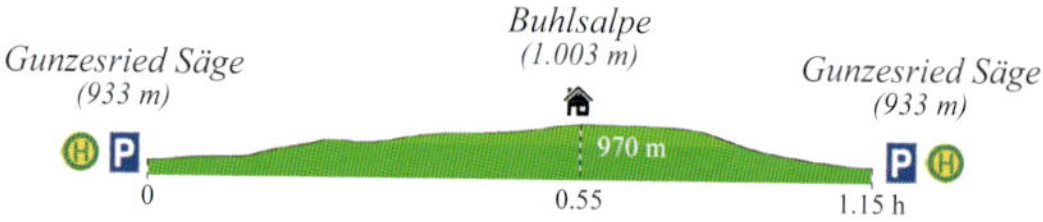


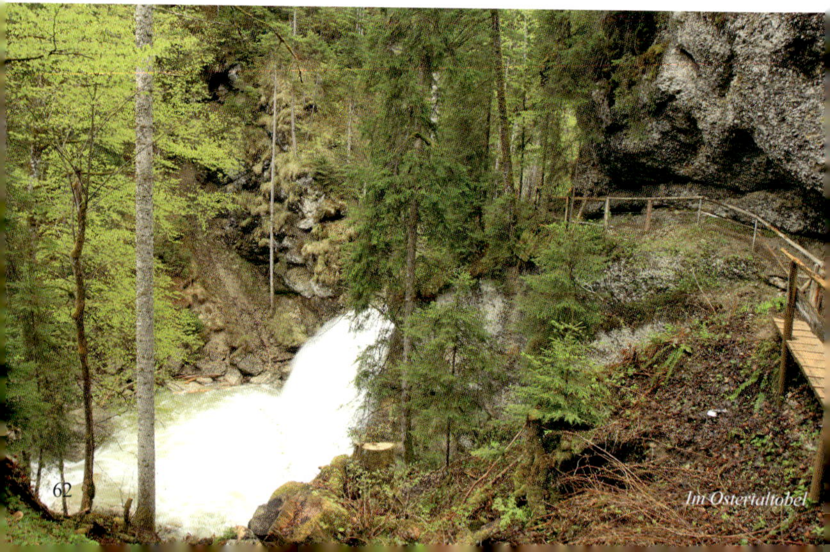

Im Ostertaltobel

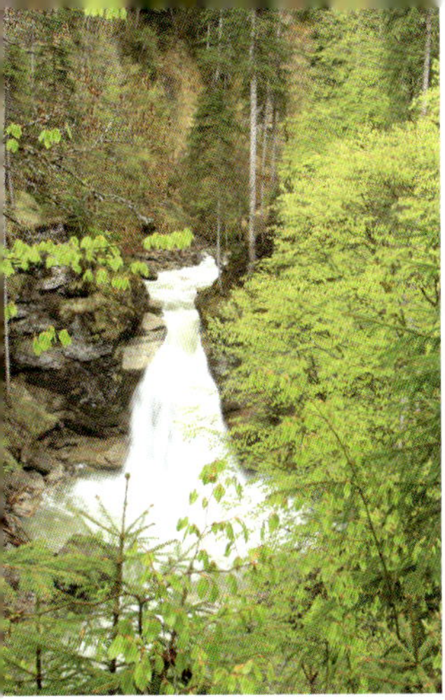

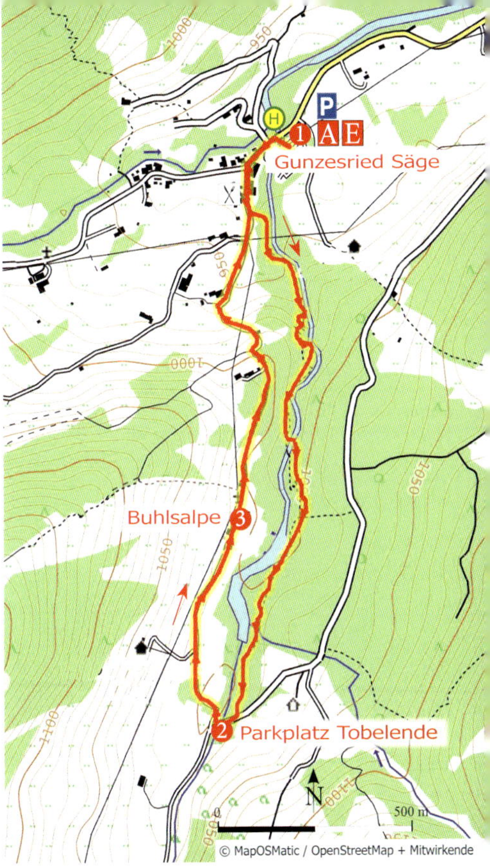


gelfluhfelsen tauchen auf, und gleich darauf öffnet sich ein überraschender Blick auf einen hohen Wasserfall. Oberhalb des Wasserfalls folgt eine ruhige Passage, der Fluss plätschert gemütlich dahin, bis wir auf einen weiteren Wasserfall stoßen. Auf einem Steg direkt über dem Wasserfall wechseln wir auf das gegenüberliegende Ufer und wandern dort – mal direkt am Wasser, mal etwas entfernt – durch den bewaldeten Taleinschnitt weiter talaufwärts. Hinter einer kleinen Lichtung endet der Tobelweg, wir überqueren erneut den Fluss und gelangen zu einem **Parkplatz** ②, 996 m. Richtung Süden zieht sich das ab hier etwas breitere, von weiten Wiesen gesäumte Ostertal bergwärts. Unser Rückweg führt uns auf einem breiten Schotterweg durch Wiesen in wenigen Minuten hinüber zur **Buhlsalpe** ③, 1003 m, und weiter durch Wald und Wiesen – zum Ende recht steil – hinab zum Ort Säge sowie zu unserem Ausgangspunkt.

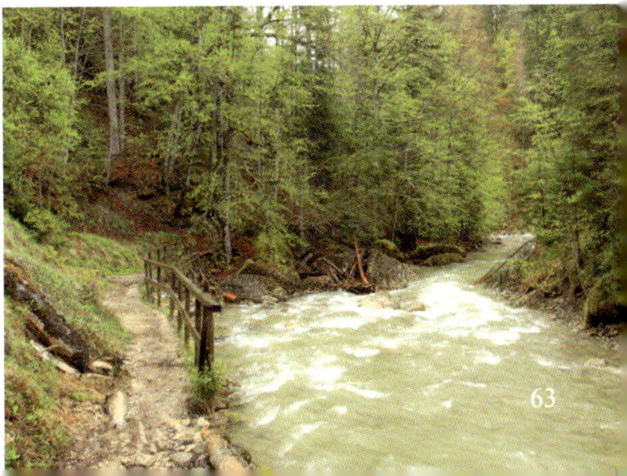

*Im Ostertaltobel*

# 19 Vom Gunzesrieder Tal ins Lecknertal

5 Std. | 400 Hm | 13,6 km

Gunzesrieder Tal, Scheidwangalpe; ca. zehn Kilometer westlich von Gunzesried. Ab Gunzesried Säge via Mautstraße taleinwärts bis zur Scheidwangalpe mit kleinem Parkplatz, 1330 m *(**Navi**: 87544 Blaichach-Gunzesried Säge / Scheidwangalpe).*

Meist breite Fahr- und Schotterwege, mäßige Steigungen.

Scheidwangalpe ①; Neuschwandalpe ④; Alpengasthof Höfle ⑤

## Alm-Wanderung im Schatten der Nagelfluhkette

*Eine Mautstraße führt tief ins Gunzesrieder Tal hinein bis zum Talschluss und zur Wasserscheide auf 1330 m. Jenseits davon fällt das Lecknertal wieder ab Richtung Westen, im Norden flankiert von der hohen Nagelfluhkette. Eine recht stille Wanderung führt von der Scheidwangalpe – vorbei an zahlreichen Alphütten und über offene Almwiesen – diesen Taleinschnitt hinab zum kleinen, bereits in Vorarlberg liegenden Lecknersee.*

Schon auf der langen Anfahrt auf der Mautstraße lernen wir viele Facetten des schönen Gunzesrieder Tals kennen: Ausgedehnte Almwiesen und flache Bereiche wechseln sich ab mit engen, bewaldeten Taleinschnitten, und mit jedem Kilometer rücken die Berghänge rechts und links dichter zusammen, bis wir schließlich die oben auf einem Sattel gelegene **Scheidwangalpe** ①, 1330 m, erreichen. Auf der anderen Seite fällt das Gelände wieder allmählich

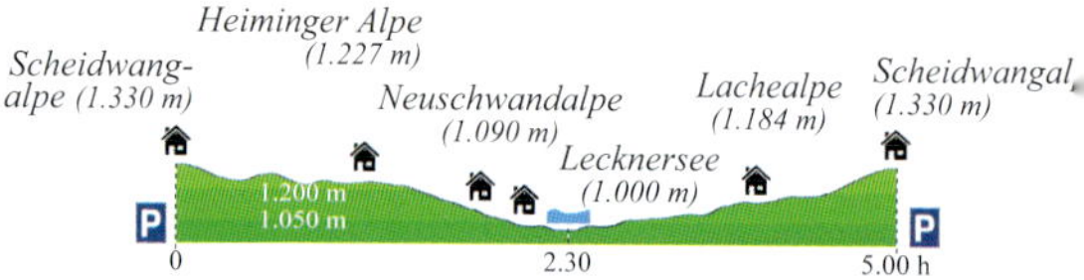


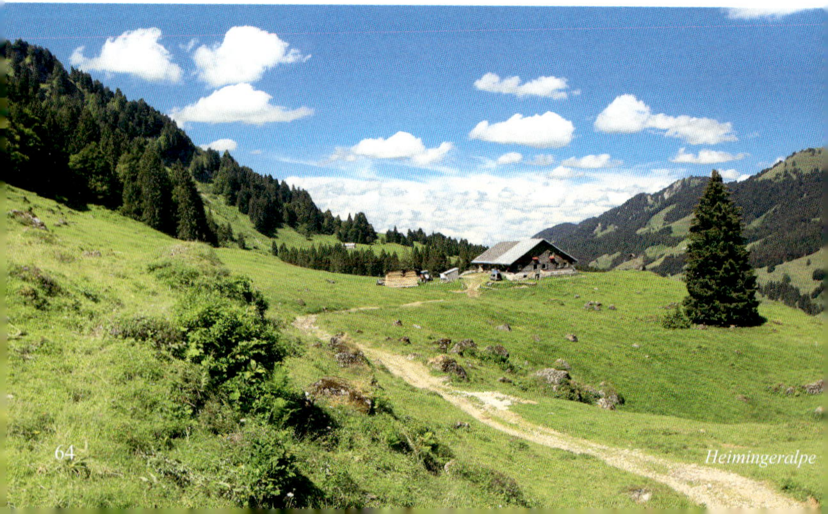

Heimingeralpe

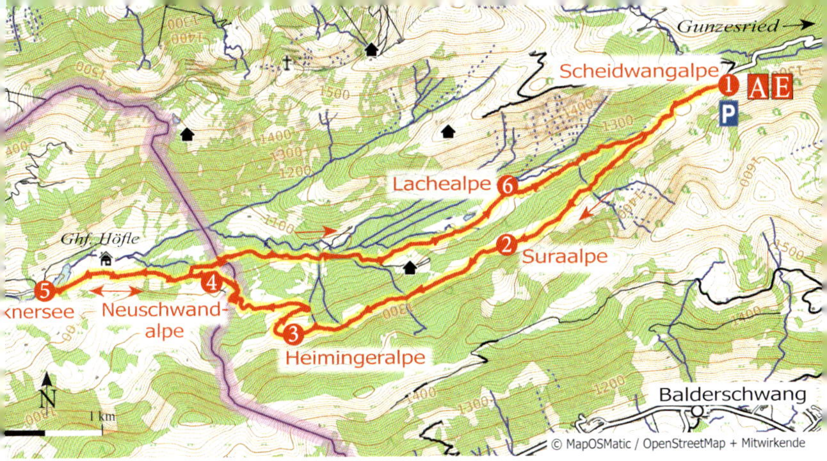


in Richtung Lecknertal und Vorarlberg ab. Überraschenderweise verläuft die Staatsgrenze nicht hier oben auf dem Sattel, sondern erst viele Kilometer weiter westlich. Das Lecknertal gehört also zum großen Teil noch zu Deutschland. Wir folgen einem breiten Schotterweg, der am linken Hang in westlicher Richtung in den Taleinschnitt hineinführt, während rechts auf der gegenüberliegenden Talseite die steilen Hänge hinauf zum Hochgrat und zur Nagelfluhkette ziehen. Durch einen Mix aus Wiesen und Wald gelangen wir nach gut zwei Kilometern zur schmucken **Suraalpe** ②, 1241 m. Hier geht die Schotterstraße in einen breiten, teils etwas holprigen Weg über, der sich mit leichtem Auf und Ab weiter an der linken Hangseite entlangzieht. Immer wieder öffnen sich dabei Blicke auf das langgestreckte Lecknertal vor uns sowie die Nagelfluhkette auf der Nordseite des Tales. Nach einer guten halben Stunde erreichen wir

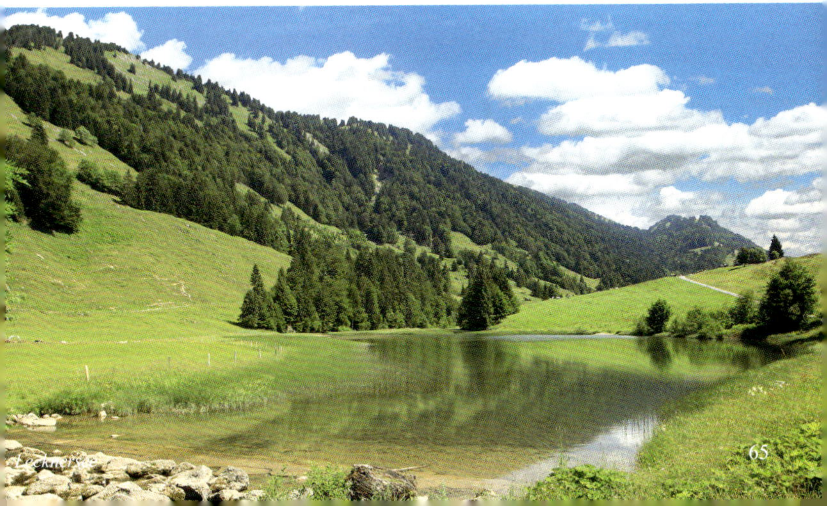

*Lecknersee*

die auf einem kleinen Plateau gelegene **Heimingeralpe** ③, 1227 m.
Dahinter beginnt unser Abstieg Richtung Lecknersee. In weiten Serpentinen führt ein geteerter – autofreier – Fahrweg einen steilen Wiesenhang abwärts, passiert die österreichische Grenze sowie die **Neuschwandalpe** ④, 1080 m, und kurz darauf den Gasthof Höfle (1027 m), mit sehenswerter, alter Holzkapelle. Von hier sind es nur noch wenige Minuten hinüber zum malerischen **Lecknersee** ⑤, 1000 m, einem flachen, von Schilf und Wiesen gesäumten kleinen Stausee inmitten des flachen Talbodens. Das Gewässer ist der tiefste Punkt der heutigen Tour und auch unser Umkehrpunkt.
Für den Rückweg folgen wir für gut einen Kilometer dem Hinweg, um kurz vor der Neuschwandalpe links in einen Fahrweg einzubiegen (Richtung »Lachealpe«). Die Schotterstraße quert einen Bach und führt dann – stetig leicht ansteigend und angenehm zu gehen – durch eine stille, idyllische Almlandschaft taleinwärts. Mal durch kleine Wäldchen, meist aber über offene Almwiesen wandern wir auf dem Talboden entlang und halten immer auf den direkt vor uns liegenden Einschnitt bzw. Sattel der Scheidwangalpe zu, auf dem unser Start- und Endpunkt liegt. Nach gut drei Kilometern gelangen wir zur hübsch gelegenen **Lachealpe** ⑥, 1184 m, die ihren Namen einem kleinen Teich unterhalb der Hütte verdankt. Hier geht der Fahrweg in einen Trampelpfad über, der weiter über die Wiesen das allmählich enger werdende Tal hinaufführt. Ein letzter Anstieg, dann haben wir den breiten Fahrweg erreicht, den wir bereits vom Hinweg kennen. Auf diesem sind es nur noch wenige Minuten zurück zur Scheidwangalpe.

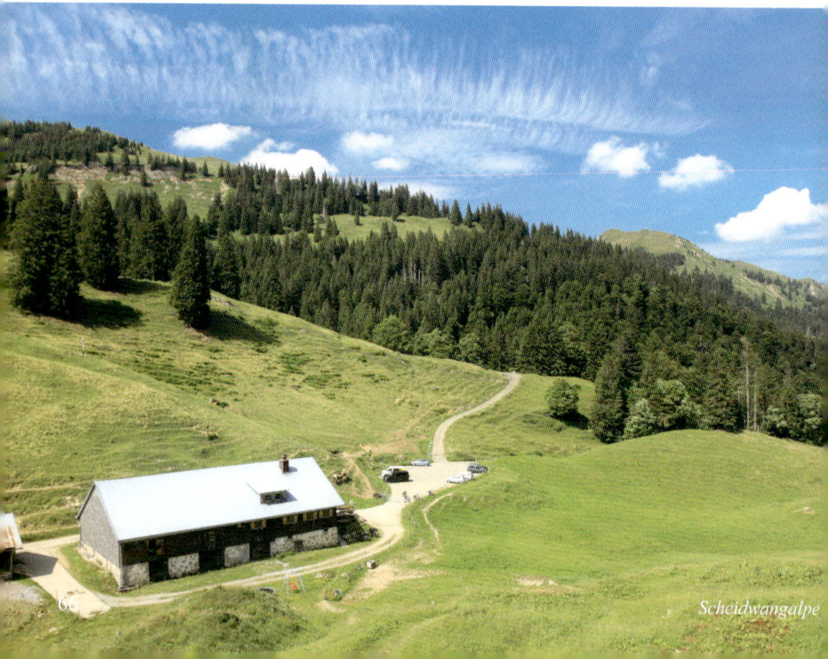



*Scheidwangalpe*

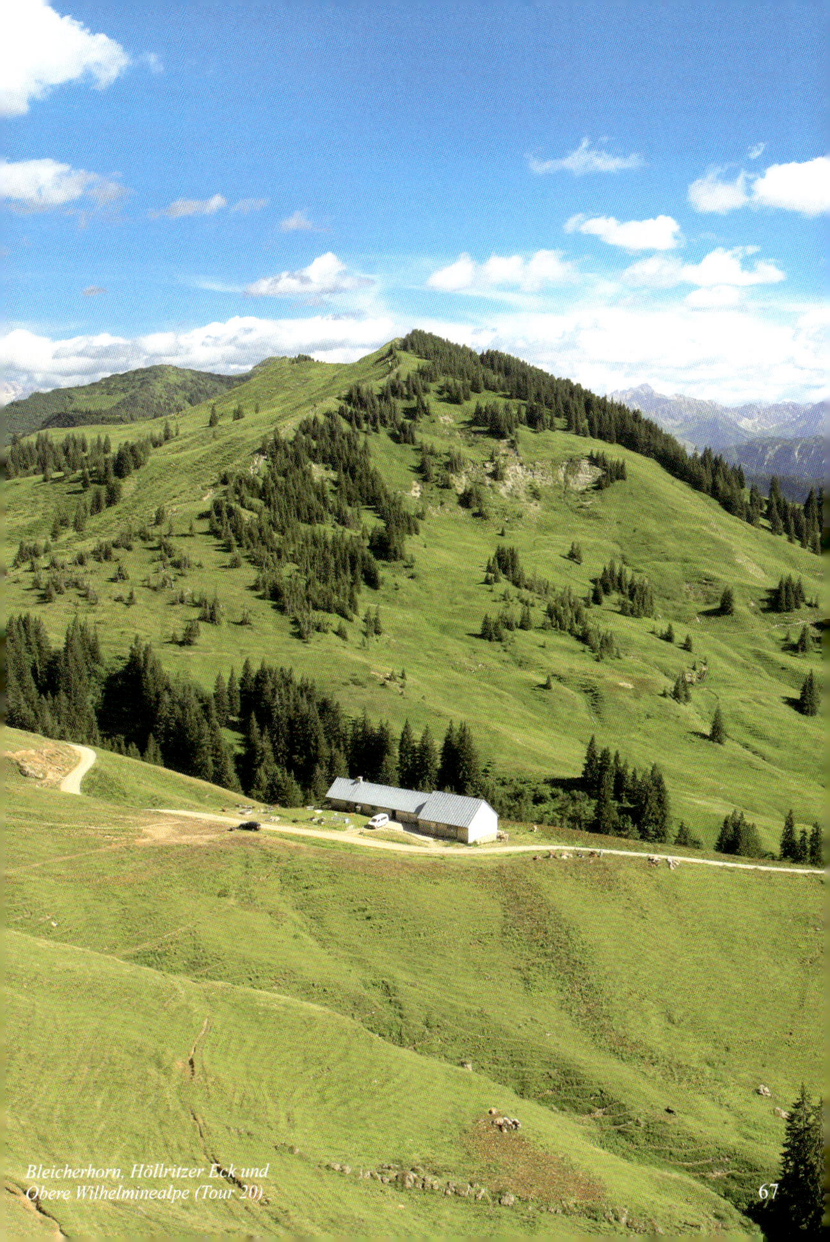

*Bleicherhorn, Höllritzer Eck und Obere Wilhelminealpe (Tour 20)*

# 20 Auf Bleicherhorn und Höllritzer Eck

1.45 Std. | 250 Hm | 4 km

Gunzesrieder Tal, Höllritzeralpe; über Gunzesried bis nach Gunzesried Säge. Dahinter beginnt die Mautstraße. Einen Kilometer hinter der Schranke bei einer alten Alphütte links und ca. fünf Kilometer ziemlich steil bergauf bis zur Höllritzer Alpe, 1450 m
*(**Navi**: 87544 Blaichach-Gunzesried Säge, Höllritzer Alpe).*

Teils breite Wirtschaftswege, teils recht steile und etwas holprige Pfade.

Höllritzer Alpe ①

## Aussichtsreiche Wiesengipfel im Gunzesrieder Tal

*Das Gunzesrieder Tal ist eines der am stärksten von der Almwirtschaft geprägten Regionen im Allgäu. Statt schroffer, felsiger Gipfel erheben sich hier zahllose steile, bis in große Höhen mit Gras überzogene Berge im weiten Rund. Auf einer Mautstraße gelangen wir hoch hinauf zur Höllritzer Alpe inmitten dieser grünen Landschaft und steigen über offene Wiesen auf zwei aussichtsreiche Gipfel hinauf.*

Die **Höllritzer Alpe** ①, 1450 m, liegt auf einem Sattel mit weitem Rundblick auf die schöne Almlandschaft mit ihren zahlreichen Grasbergen. Wir lassen die Hütte hinter uns und folgen der Zufahrtstraße für ca. 200 m, um dann in der ersten Kehre links abzubiegen. Auf einer breiten Schotterstraße, die sich mit gemächlicher Steigung durch die von einzelnen Fichten gesäumten Wiesen zieht, wan-

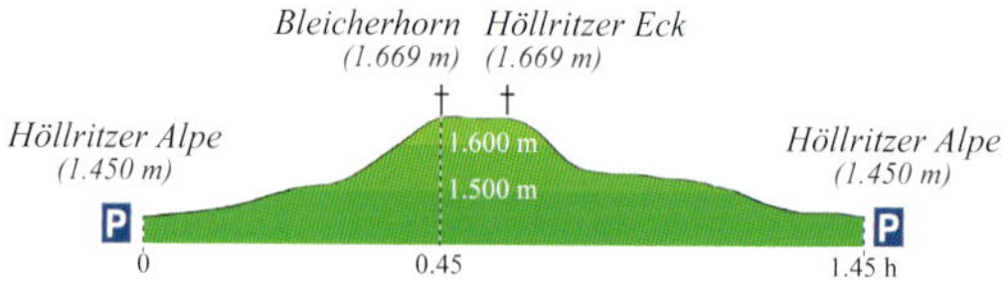


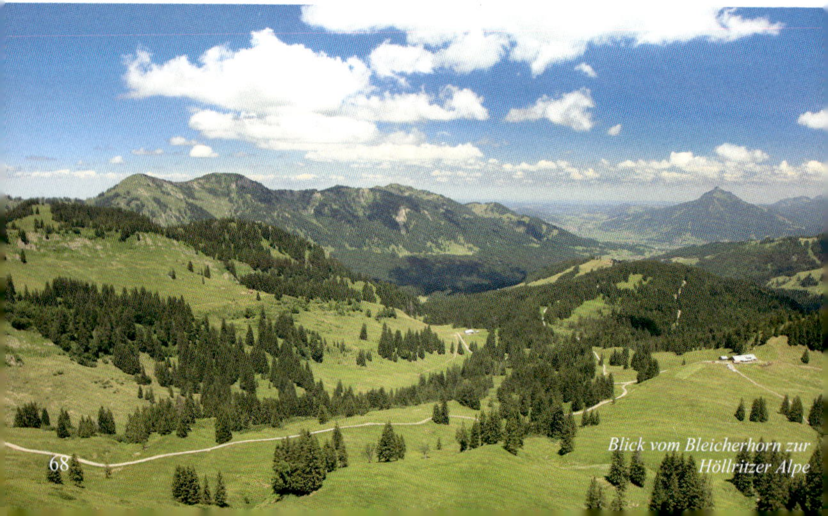

Blick vom Bleicherhorn zur Höllritzer Alpe

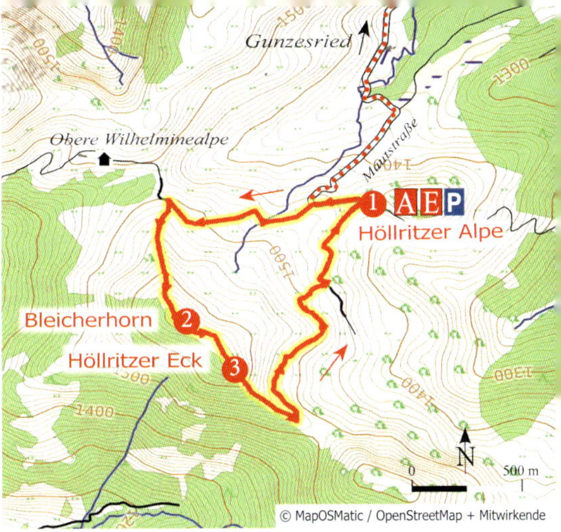


dern wir hinauf zu einem Grat, der den Übergang ins Balderschwanger Tal bildet. Die Almstraße führt geradeaus und wieder bergab zur Oberen Wilhelminealpe, die im Hintergrund vom Siplingerkopf überragt wird. Wir halten uns hier am Sattel allerdings links und steigen bergwärts. Auf einem schmalen, mitunter etwas matschigen Pfad geht es direkt auf dem schmalen Kamm aufwärts, während sich zur Linken ein prächtiges Panorama öffnet: im Vordergrund weite Almwiesen und ganz in der Ferne eine lange Kette unzähliger Alpengipfel. Schließlich haben wir den Gipfel des **Bleicherhorn** ②, 1669 m, erreicht, einen etwas behäbigen Grasberg mit wunderschöner Aussicht. Ein kurzer Wiesen-Gratweg führt hinüber zum benachbarten **Höllritzer Eck** ③, 1669 m. Der Abstieg erfolgt anfangs über die bewaldete Südflanke des Berges, dann recht steil direkt auf dem Kamm hinab in einen Sattel. An einem dortigen Abzweig halten wir uns links und queren die steilen, wiesenbedeckten Osthänge des Höllritzer Ecks. In zwei weiten Bögen gelangen wir mit leichtem Auf und Ab zu einer Schotterstraße und auf dieser links in wenigen Minuten zurück zur Höllritzer Alpe.

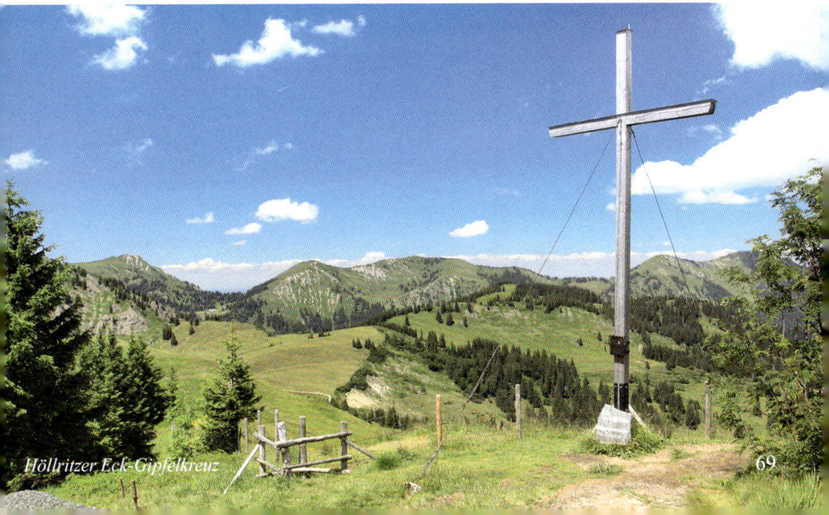

*Höllritzer Eck-Gipfelkreuz*

# 21 Zwischen Ostrach und Hinterstein

2.20 Std. | 100 Hm | 7 km

Hinterstein im Hintersteiner Tal südlich von Bad Hindelang, großer Wanderparkplatz am südlichen Ortsende, 880 m *(**Navi**: 87541 Bad Hindelang, Rauhornweg 13)*; Bus Oberstdorf/Sonthofen–Bad Hindelang mit direktem Anschluss nach Hinterstein, ca. stündlich.

Breite, einfache Wege durch Almwiesen und entlang der Ostrach, überwiegend geschottert, kurze Teilstücke auf Teer.

Diverse Möglichkeiten im Ort Hinterstein.

## Gemütlicher Spaziergang im Hintersteiner Tal

*Bei Bad Hindelang mündet das Hintersteiner Tal ins Ostrachtal. Wenige Kilometer flussaufwärts weitet sich das sonst recht enge Tal zu einer offenen Landschaft mit dem kleinen Dorf Hinterstein. Auf dieser gemütlichen Runde durchstreifen wir die weiten Wiesen rund um das Dorf, genießen den schönen Uferweg entlang der glasklaren Ostrach und können unterwegs dem etwas kurios-verrückten Kutschenmuseum einen Besuch abstatten.*

Der Parkplatz am hinteren Ortsende von **Hinterstein** ①, 880 m, wirkt für ein solches Tal etwas überdimensioniert, unterstreicht aber nur die Beliebtheit des Hintersteiner Tales und sein riesiges Angebot an Wandermöglichkeiten. Einen Großteil der Besucher zieht es – mittels Pendelbus – tiefer ins Tal hinein, im Umfeld von Hinterstein verläuft es sich insgesamt etwas. Wir lassen den Parkplatz

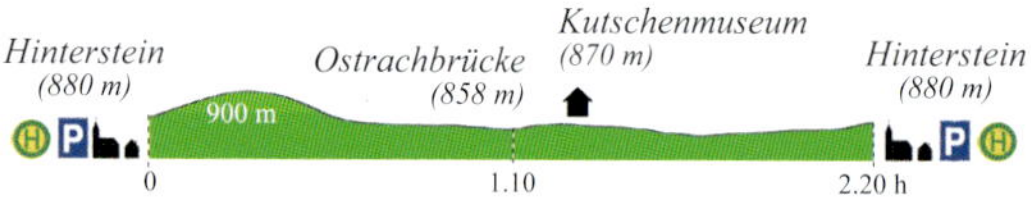


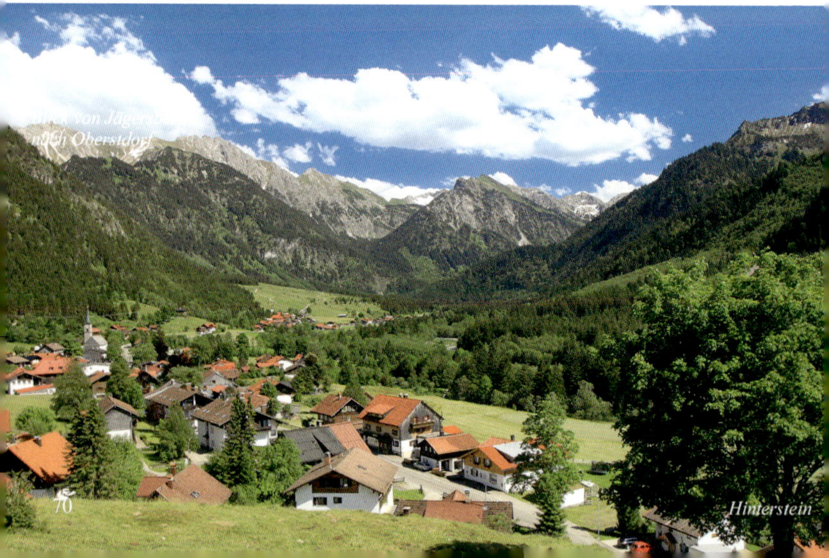

Hinterstein

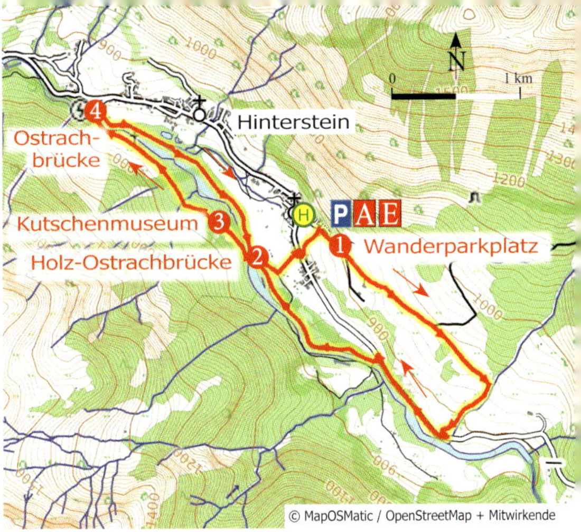


hinter uns und wandern eine schmale Schotterstraße taleinwärts, die sich allmählich ansteigend durch die offene Weidelandschaft zieht. Das im Umfeld von Hinterstein recht weite Tal wird ringsherum von markanten Gipfeln flankiert: rechts hoch über uns im Südwesten die felsigen Dolomitgipfel des Großen Daumen, vor uns der Älpelekopf, in dessen Flanken sich der – von hier nicht sichtbare – Schrecksee versteckt, und links über uns die Gipfelkette mit Bschießer, Ponten und Rauhhorn. Es geht knapp 1,5 Kilometer schnurgerade durch die Wiesen, erst bergauf (bis zum höchsten Punkt der Tour bei ca. 945 m), dann wieder leicht bergab, bis vor dem breiten Schotterbett eines kleinen Baches rechts ein Weg abbiegt. Diesen wandern wir abwärts bis zur Teerstraße, dort rechts und einen halben Kilometer zurück Richtung Hinterstein. An einer Brücke über die Ostrach halten wir uns links, überqueren aber nicht den Fluss sondern biegen vor der Brücke rechts in einen schmalen Weg ein. Uns erwartet ein hübscher Auwald, der uns für etwa 15 Minuten

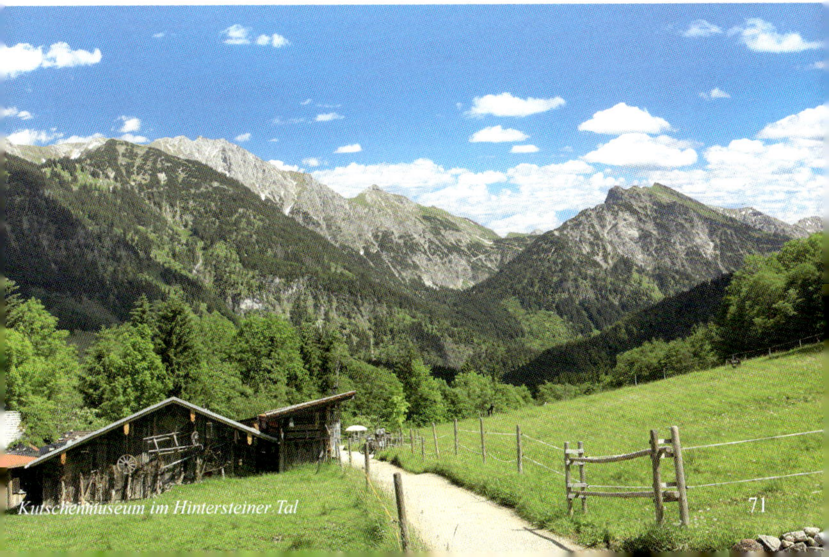

*Kutschenmuseum im Hintersteiner Tal*

begleitet, während links neben uns die Ostrach rauscht. Schließlich öffnet sich der Blick und wir stoßen auf eine schöne, **überdachte Holzbrücke** ②, 858 m. Vor der Brücke laden weite Kiesbänke und das flache Ufer zu einer ausgedehnten Rast am glasklaren Wasser ein, und für mitwandernde Kinder gibt es schöne Spielmöglichkeiten am Ufer. Danach über die Brücke und auf der andere Seite rechts in wenigen Minuten zum **Kutschenmuseum** ③, 873 m. Vom etwas nüchternen Name sollte man sich nicht täuschen lassen, denn – ohne zu viel zu verraten – ein Besuch ist auf jeden Fall ein sehr beeindruckendes Erlebnis! Ein paar Kutschen gibt es u.a. auch zu sehen. Hinter dem Museum führt der Weg durch Wald und Wiesen weiter talauswärts, bis wir erneut die Ostrach auf einer weiteren **Holzbrücke** ④, 850 m, überqueren. Auf der anderen Seite wenden wir uns nach rechts und wandern auf dem schönen Uferweg flussaufwärts (wer mit Kindern unterwegs ist: Nach etwa 500 Metern erreicht man links wenige Schritte an einem kleinen Bach entlang einen schönen Spielplatz). Schließlich treffen wir wieder auf die erste Brücke bei den breiten Kiesbänken, halten uns dort schräg links, nach wenigen Minuten erneut links und auf die Häuser zu. An der Dorfstraße rechts, und sofort nach 50 Metern wieder links auf einem schmalen Pfad hinauf zum Ausgangspunkt.

Tipp: Wer seinen Aufenthalt im Hintersteiner Tal noch etwas ausdehnen möchte, findet im Ort Hinterstein noch zwei schöne Ziele. Für beide parkt man am besten kurz vor der Kirche am Schützenhaus. Vor dem dortigen Bach liegt rechts oben das sehr schöne, kleine Naturbad Prinzengumpe (Eintritt frei). Und links vom Bach führt ein kurzer, aber steiler Serpentinenweg hinauf zu den beeindruckenden Zipfelbachfällen.

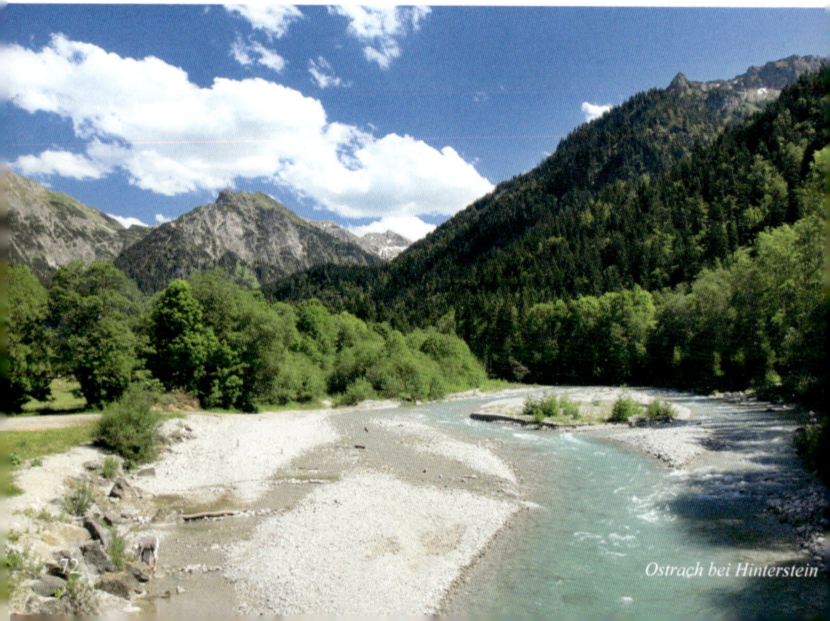

*Ostrach bei Hinterstein*

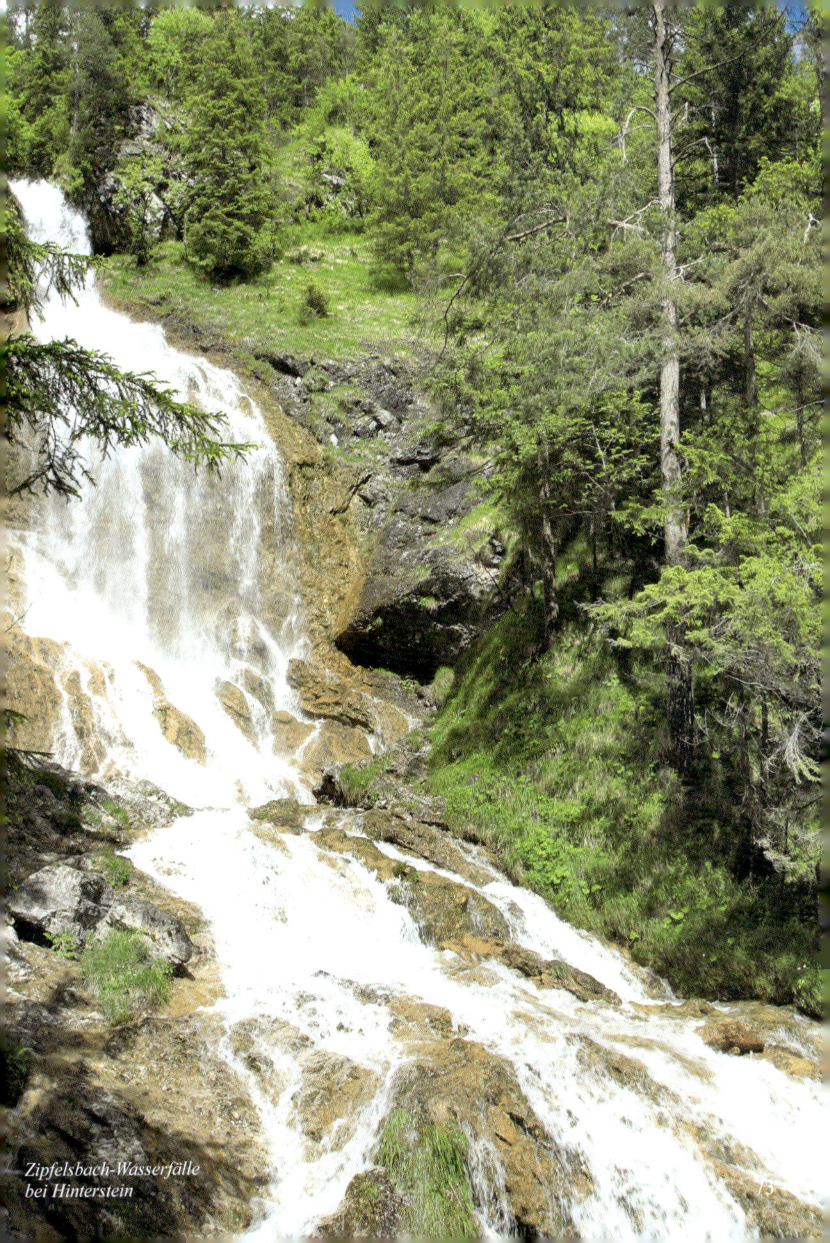

*Zipfelsbach-Wasserfälle bei Hinterstein*

# 22 Vom Giebelhaus ins Obertal

3.15 Std. | 250 Hm | 8 km

Hinterstein im Hintersteiner Tal südlich von Bad Hindelang, großer Wanderparkplatz am südlichen Ortsende, 880 m *(**Navi**: 87541 Bad Hindelang, Rauhornweg 13);* Bus Oberstdorf/Sonthofen–Bad Hindelang mit direktem Anschluss nach Hinterstein, ca. stündlich.

Pendelbus ab Parkplatz Hinterstein ca. stündlich ins Hintersteiner Tal bis Endhaltestelle »Giebelhaus«, 1065 m; Businfo- und Fahrplan: www.wechs.net, Tel. +49 8324 932 30

Breite, geteerte Almsträßchen, mäßige Steigungen

Giebelhaus ①; Engeratsgundalpe ②; Laufbichelalpe ③; Plättele-Alpe ④

## Unterhalb steiler Grasberge im Hintersteiner Tal

*Das Hintersteiner Tal schlängelt sich tief in die Bergwelt hinein, um sich schließlich beim Giebelhaus in zwei Täler aufzuzweigen, von denen wir auf dieser Wanderung eines erkunden werden: das Obertal. Mit gemächlicher Steigung geht es hinein in eine stark almwirtschaftlich geprägte Landschaft mit ausgedehnten Almwiesen, gemütlichen Alphütten und steilen grasbedeckten Hängen, die himmelwärts streben und in messerscharfen Graten enden.*

Das **Giebelhaus** ①, 1065, liegt ganz am Ende des Hintersteiner Tales unterhalb des namengebenden Giebel, dessen spitzer Gipfel hoch über dem Gasthaus aufragt. Hier verzweigt sich das Tal wie eine Stimmgabel, mit dem Bärgündeletal links des Giebels und dem Obertal rechts davon, in welches wir nun aufsteigen. Wir folgen einer – autofreien – Teerstraße, die sich den engen Taleinschnitt mit gemächlicher Steigung durch einen lichten Wald hinaufzieht. Nach gut 20 Minuten erreichen wir die **Engeratsgundalpe** ②, 1154 m, lassen hier auch den Wald hinter uns und können einen ersten Blick in das herrliche Obertal werfen mit

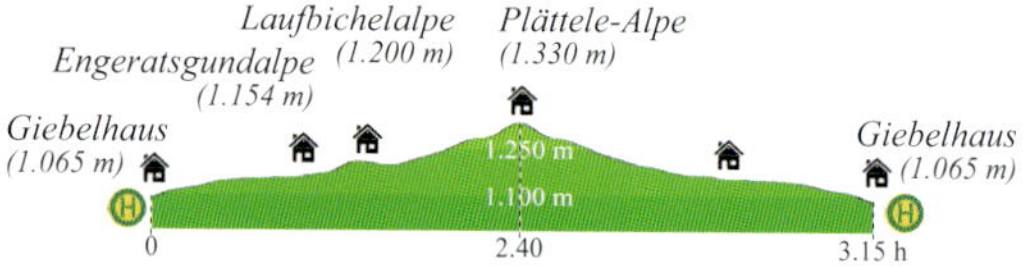


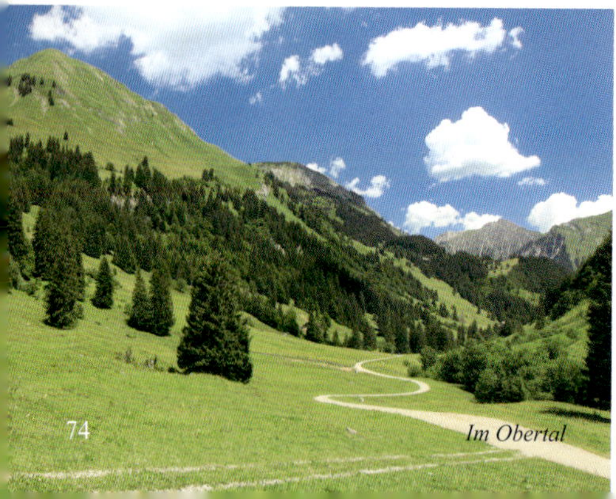

Im Obertal

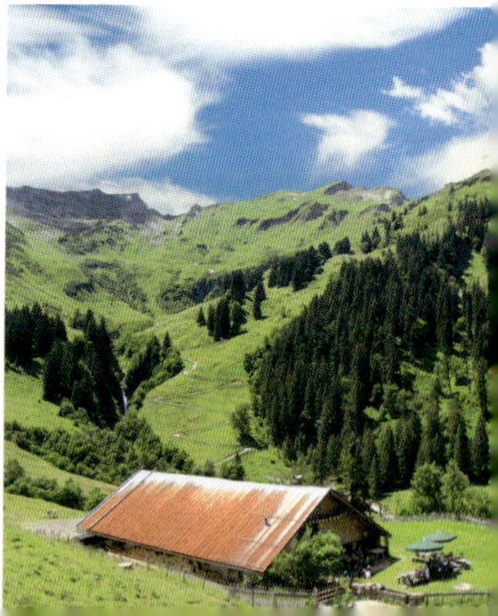

seinen weiten, offenen Wiesen und den hohen, einrahmenden Bergkämmen mit ihren teils extrem steilen Grashängen. Mit leichtem Anstieg wandern wir gemütlich auf der Teerstraße weiter taleinwärts, um nach ca. 750 Meter rechts zur nahegelegenen **Laufbichelalpe** ③, 1200 m, hinaufzusteigen. Hinter der Hütte gelangen wir wieder auf den Hauptweg, es geht weiter stetig leicht bergan. Nach ca. 15 Minuten halten wir uns an einer Weggabelung links, queren den Obertalbach und steigen in wenigen – sehr steilen – Kehren zur malerisch gelegenen **Plättele-Alpe** ④, 1330 m, hinauf; und genießen den schönen Blick in den stillen Talschluss mit seinen steilen Grasflanken. Der Rückweg zum Giebelhaus erfolgt auf dem gleichen Weg (ohne Abstecher zur Laufbichelalpe).

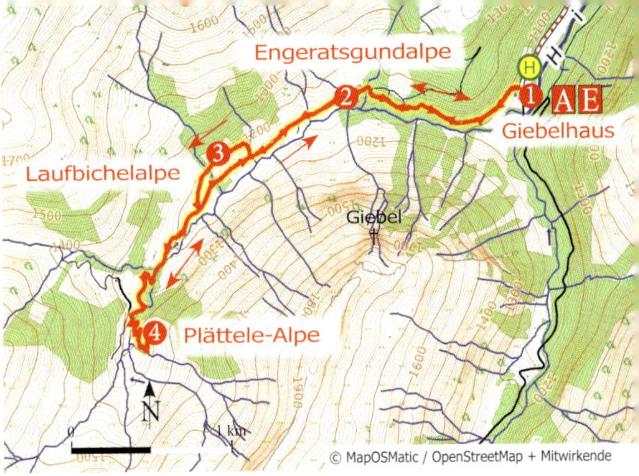


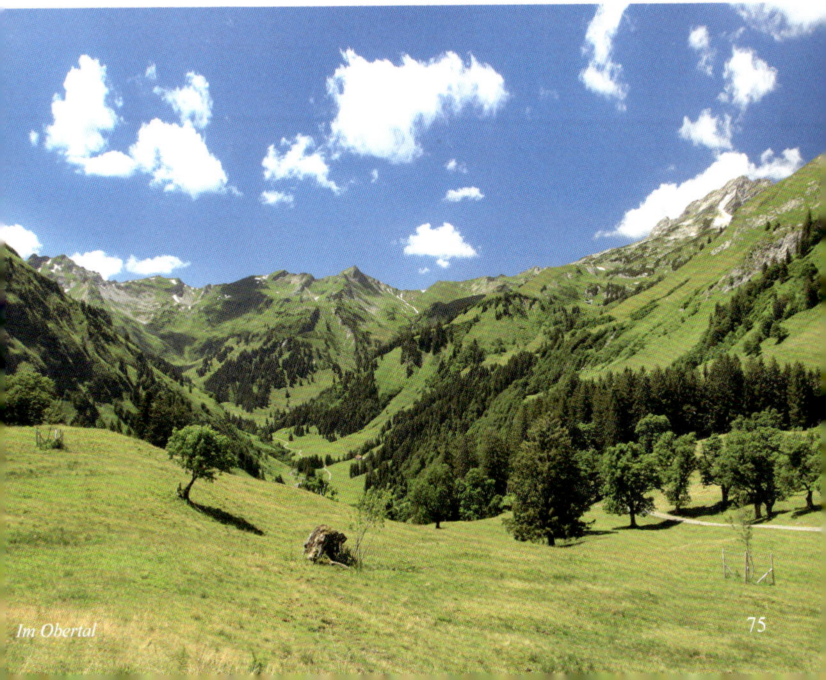

# 23 Höhenwege unterm Imberger Horn

2.45 Std. | 300 Hm | 7,2 km

Bad Hindelang, Hornbahn, südlich des Ortes an der Straße Richtung Hinterstein, 800 m *(**Navi**: 87541 Bad Hindelang, Ostrachstraße 20)*; <u>Bus</u>: Vom Busbahnhof Bad Hindelang ca. 10 min. Fußweg.

*Hornbahn*: Umlauf-Kabinenbahn, Betriebszeiten Anfang Mai–Anfang November, 9–16:30 h, www.hornbahn-hindelang.de, Talstation 800 m, Bergstation 1320 m.

Überwiegend breite, gute Wege, ein kurzer, knackiger Anstieg.

Ghs. Zum Oberen Horn ②; Strausberghütte ④; Strausbergalpe ⑤

## Aussichtsreiche Tour im Ostrachtal

*Die Seilbahn bringt uns schnell hinauf zu den Hängen des Imberger Hornes. Auf schönen Höhenwegen wandern wir oberhalb des Ostrachtales hinüber zu den weiten, sich bereits in Richtung Illertal orientierenden Wiesen rund um die Strausberghütte. Auf dem Rückweg erkunden wir das hübsche Hochtal des Löwenbaches auf der Südseite des Imberger Horns mit seinen Feuchtwiesen und Mooren und besuchen die gemütliche Strausbergalpe.*

Die Seilbahn befördert uns entspannt aus dem **Ostrachtal** ①, 800 m, hinauf zur **Bergstation** ②, 1320 m, unterhalb der Nordflanke des Imberger Horns. Im Norden breitet sich unter uns das Ostrachtal mit Bad Hindelang aus, im Hintergrund eingerahmt von den Gipfeln des Kleinen Hirschbergs und des Spiesers. Wir halten uns westwärts und wandern auf dem »Unteren Panoramaweg« gemütlich hinüber zum **Burgschrofen** ③, 1334 m, einer kleinen, felsigen

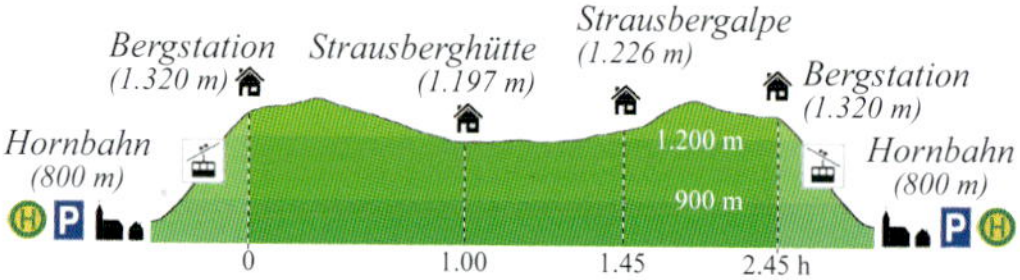


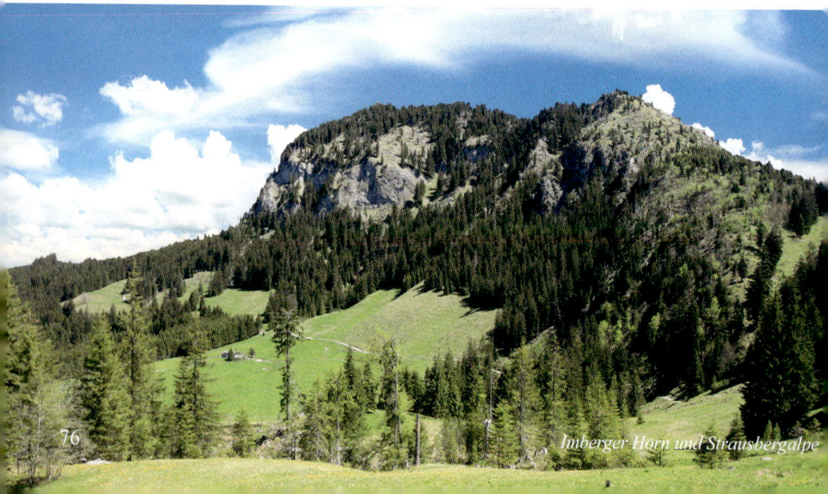

Imberger Horn und Strausbergalpe

Erhebung mit hübschem Blick über das Tal. Danach geht es in einigen steileren Serpentinen einige Minuten bergwärts bis zu einem breiten Querweg. Dort rechts und noch einige Meter leicht bergan bis zum höchsten Punkt unserer Tour (hier zweigt links ein Pfad ab hinauf zum Imberger Horn-Gipfel). Wir halten uns allerdings geradeaus und folgen dem breiten Schotterweg abwärts. Kurze Zeit später passieren wir einen Abzweig, wo von links unser späterer Rückweg zu uns stößt. Wir bleiben auf dem Schotterweg, wandern ein Stückchen durch dichten Wald und erreichen schließlich wieder freie Wiesen und die **Strausberghütte** ④, 1197 m. Vor uns öffnet sich das Gelände zu einer hübschen Alm-Wiesen-Landschaft mit dem Illertal dahinter. Gut 150 m unterhalb der Hütte biegen wir scharf links in eine Almstraße ein, passieren einen kleinen Parkplatz und wandern wieder südostwärts. Uns erwartet ein hübsches Hochtal mit bunten Feuchtwiesen und kleinen Mooren, eingerahmt vom Sonthofener Hörnle zur Rechten und dem Imberger Horn schräg links vor uns. Schließlich erreichen wir den Talschluss mit der gemütlichen **Strausbergalpe** ⑤, 1226 m. Hinter der Hütte halten wir uns links und folgen einem Weg, der – die unteren Ausläufer des Imberger Horns querend – zunehmend steil bergan führt. Ein letzter, steiler Anstieg durch dichten Wald, dann haben wir den vom Hinweg bekannten Schotterweg erreicht. Dort rechts, erneut über den höchsten Punkt unserer Tour und anschließend auf dem »Oberen Panoramaweg« auf der Nordseite des Imberger Horns und mit Blick über das Ostrachtal gemütlich zurück zur Bergstation der Hornbahn.

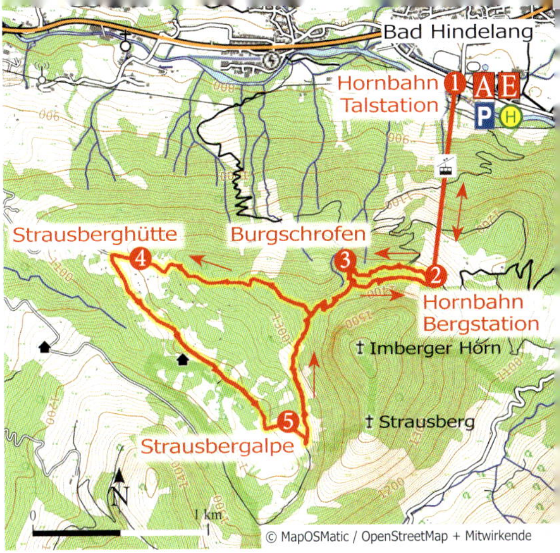

© MapOSMatic / OpenStreetMap + Mitwirkende

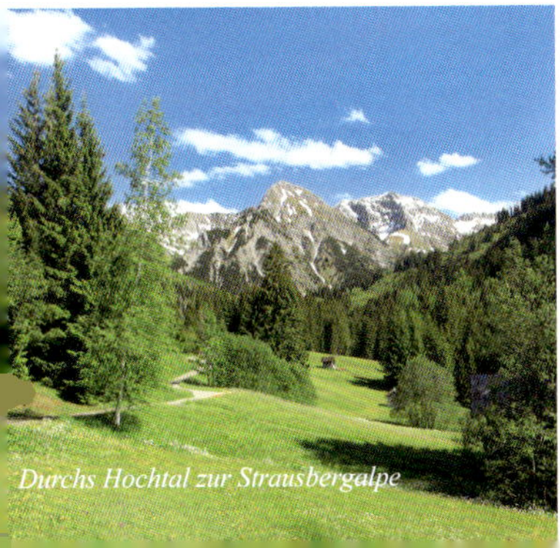
*Durchs Hochtal zur Strausbergalpe*

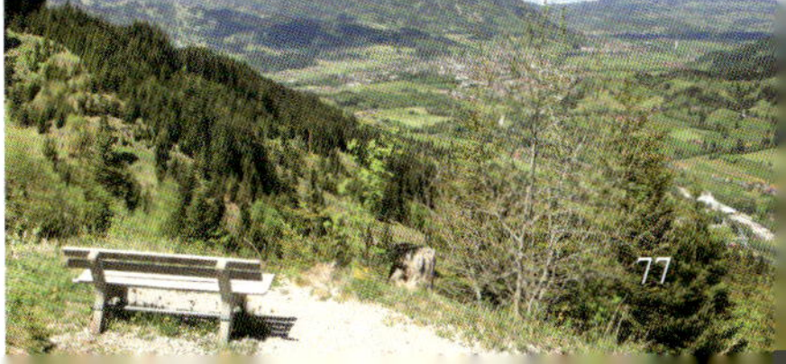
*Blick vom Panorama… Richtung Illertal*

# 24 Sonthofener Hof und Strausbergalpe

2.30 Std. | 280 Hm | 6,5 km

Altstädten, Sonthofener Hof, 1142 m; von Altstädten (ca. zwei km südlich von Sonthofen) auf schmaler Mautstraße ca. vier Kilometer teils recht steil hinauf zum Sonthofener Hof (an einer Verzweigung nach zwei Kilometern links). Die Mautstraße beginnt am südöstlichen Ortsrand von Altstädten (Richtung Hinang), kurz hinter einer kleinen Kapelle *(**Navi**: 87527 Sonthofen-Altstädten, Am Anger 8).*

Einige mäßige Steigungen. Teils autofreie Alpstraßen und breite Forstschotterwege, Teilstück schmaler Wiesenpfad.

Sonthofener Hof ①; Strausbergalpe ②; Altstädter Hof ③

## Zwischen Imberger Horn und Sonthofener Hörnle

*Zwischen Sonthofen und Fischen wird das Illertal auf seiner östlichen Seite vom Sonnenkopfgrat flankiert, einem steilen Kamm, der sich bis über 1800 m aufschwingt. Auf dieser Tour bewegen wir uns etwa auf halber Höhe dieses Grates, besuchen drei hübsch gelegene Alphütten und genießen immer wieder weite Ausblicke über das tief unter uns liegende Illertal, die Hörnerkette auf der gegenüberliegenden Talseite sowie die Allgäuer Alpen in der Ferne.*

Der **Sonthofener Hof** ①, 1142 m, mit seiner gemütlichen Terrasse liegt herrlich gelegen auf einem offenen Wiesenhang und bietet einen schönen Blick über das Illertal mit der Hörnerkette im Hintergrund. Wir folgen einer – ab hier autofreien – Alpstraße weiter den Hang hinauf, anfangs noch steil, dann allmählich flacher werdend in einen weiten Taleinschnitt hinein, den der Löwenbach zwischen Sonthofener Hörnle und Imberger Horn geschaffen hat. Bald zweigt links ein Pfad ab, der uns einige Höhenmeter steil hinab in diesen Einschnitt zum kleinen Löwenbach führt und auf der anderen Seite wieder hinauf und – vorbei

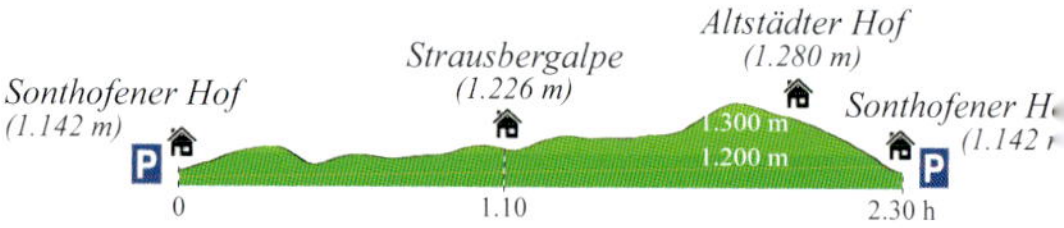


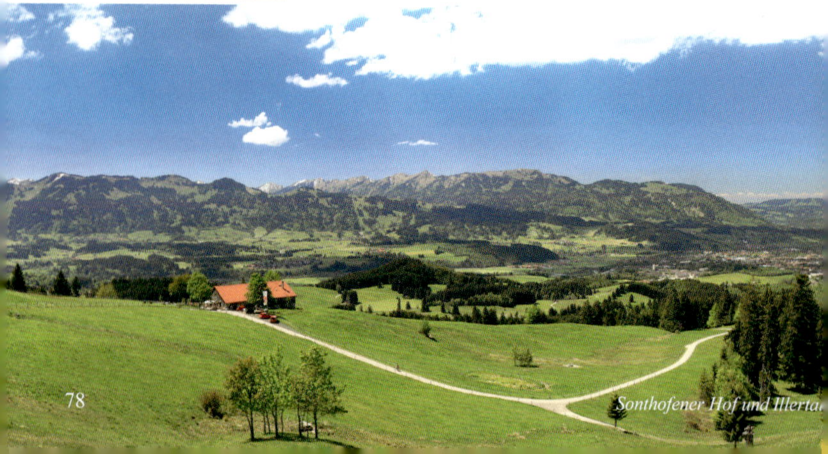



Sonthofener Hof und Illerta

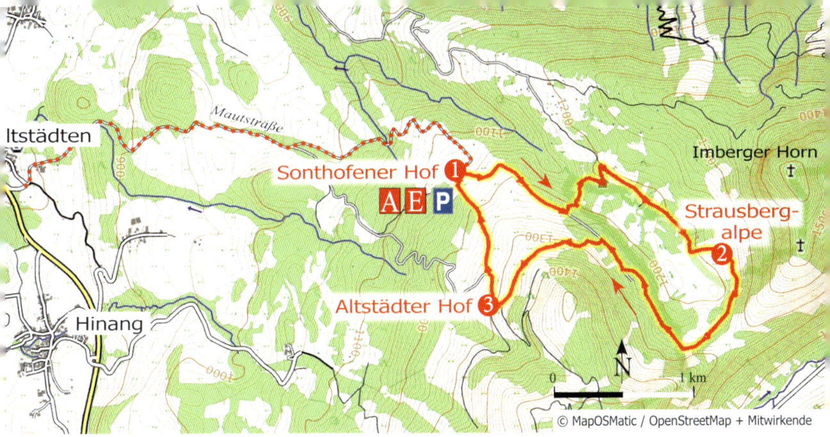


am Naturfreundehaus – bis zu einer nahen Alpstraße. Auf dieser wenden wir uns nach rechts und wandern gemütlich durch die schönen Almwiesen hinüber zur **Strausbergalpe** ②, 1226 m, hinter der sich das Imberger Horn erhebt. Rechts breitet sich ein idyllisches Hochmoor aus. Hinter der Alphütte halten wir uns rechts und wandern im weiten Bogen im Talschluss auf die gegenüberliegende Talseite und dort – meist durch Wald – wieder talauswärts. Auf einer Kuppe zweigt links ein Trampelpfad ab, der sich kurz aber steil einen Weidehang hinaufzieht. Bald lassen wir die letzten Bäume hinter uns, wir steigen weiter über einen Wiesenbuckel an, wobei wir rückblickend einen schönen Blick zum Imberger Horn genießen. Dann haben wir den höchsten Punkt des Weges erreicht und vor uns öffnet sich ein prächtiges Panorama über das Illertal. Kurze Zeit später rückt auch unser nächstes Etappenziel ins Auge, zu dem wir in wenigen Minuten hinabsteigen: der **Altstädter Hof** ③, 1280 m. Von der Alphütte folgen wir für wenige Meter der Zufahrtstraße abwärts, verlassen diese in der ersten Kehre und wandern über den schrägen Wiesenhang quer hinab zum Sonthofener Hof.

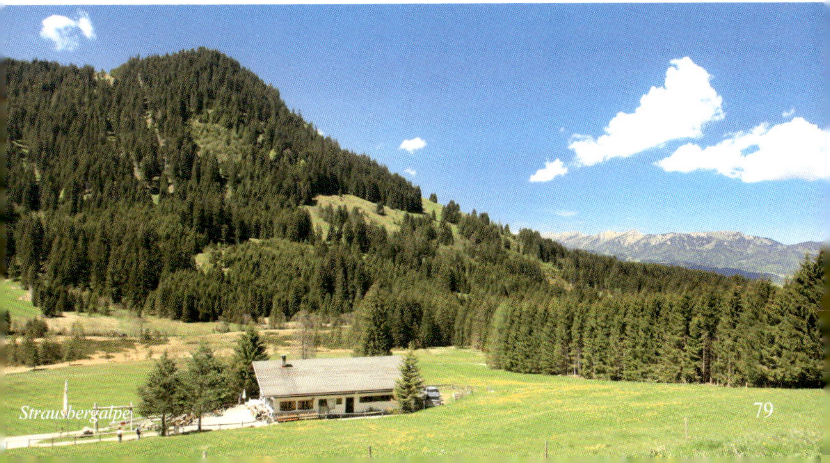

*Strausbergalpe*

# 25 Leybachtobel und Hinanger Wasserfall

1.45 Std. | 200 Hm | 5,4 km

Altstädten, kleiner Ort ca. zwei Kilometer südlich von Sonthofen. Parkplatz beim Freibad am östlichen Ortsrand, 775 m *(**Navi**: 87527 Sonthofen-Altstädten, Freibadweg 12)*; Bus zwischen Oberstdorf und Sonthofen ca. stündlich (Haltestelle »Touristinfo«, ca. 250 m zum Start), außerdem Züge der Linie Immenstadt–Oberstdorf mit Halt in Altstädten 1-2x/Std. (vom Bhf. ca. 500 m zum Start).

In den Tobeln teils schmale, holprige Pfade, einige steilere Passagen; unbedingt festes Schuhwerk.

keine unterwegs (nur in Altstädten)

## Malerische Tobel im östlichen Illertal

*Das Oberallgäu ist gespickt mit zahllosen Tobeln, und auf dieser Wanderung erkunden wir gleich zwei davon. Von Altstädten steigen wir den stillen Leybachtobel auf der Ostseite des Illertales hinauf, und auf dem Rückweg besuchen wir den Hinanger Tobel mit seinem hübschen Wasserfall, sicherlich einen der malerischsten Orte in der Region. Eine über weite Strecken recht einsame Tour mit viel Wasser und schönen Ausblicken.*

Vom **Parkplatz** ①, 775 m, folgen wir einem breiten Schotterweg am Bachufer entlang in den nahen Wald. Schon bald wird der anfangs noch mit Mauerwerk gezähmte Bach natürlicher, der Tobel uriger und der Pfad schmaler. Allmählich ansteigend geht es vorbei an einem schönen Wasserfall, dann stoßen wir auf eine Teerstraße. Dort weiter bergauf, und nach knapp 100 Metern rechts in einen schmalen Waldweg, auf dem wir weiter leicht bergan steigen, begleitet vom Plätschern des Baches rechts

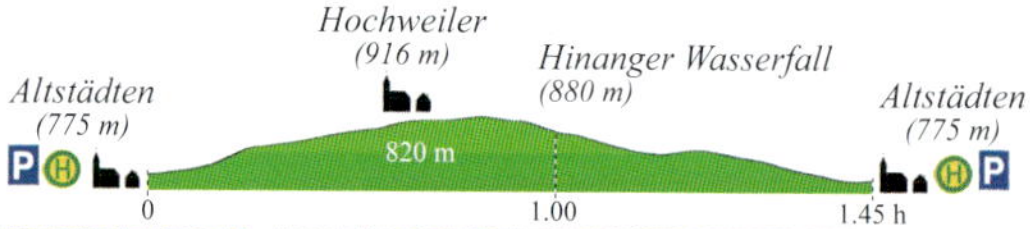


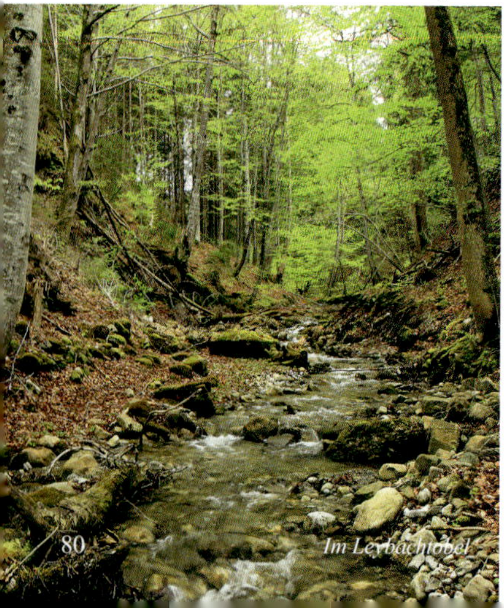
Im Leybachtobel

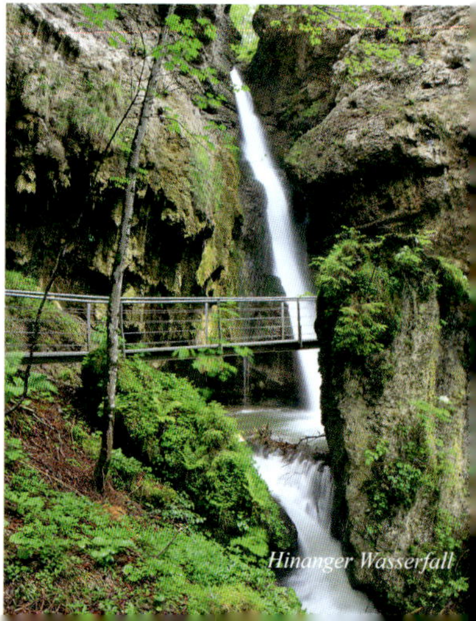
Hinanger Wasserfall

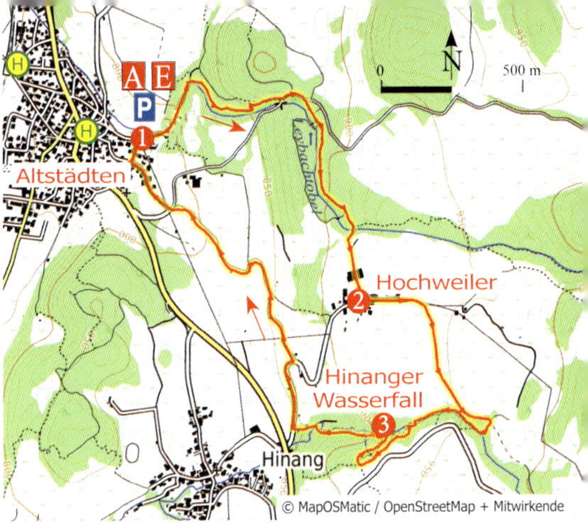


von uns. Wir steigen noch gut 10 Minuten am linken Hang des Taleinschnitts weiter an und folgen dann rechts einem Wegweiser Richtung Hochweiler, überqueren den Leybach und lassen den Tobel hinter uns. Es sind nur wenige Schritte bis zum kleinen, verschlafenen Dorf **Hochweiler** ②, 916 m. Bei der Kapelle im Ort links, nach rund 200 Metern rechts und durch die offenen Wiesen in südlicher Richtung weiter bis zu einem kleinen, bewaldeten Tälchen, in das wir hinabsteigen. Unten am Bach halten wir uns rechts und wandern am munter dahinplätschernden Wasser abwärts. Durch einen Minitobel gelangen wir zum oberen Rand eines jähen Felsabbruches, wo sich das Wasser den Hinanger Wasserfall hinunterstürzt. Wobei von hier oben wenig davon zu sehen ist, wir müssen noch einen kleinen Umweg in Kauf nehmen, um den Wasserfall in voller Pracht von unten sehen zu können. Dazu folgen wir dem Weg links hinauf, bis wir am Rand einer großen, sonnigen Wiese stehen. Direkt am Waldrand wandern wir leicht abwärts, um keine 200 Meter weiter rechts wieder in den Wald einzubiegen. Unterhalb einer hohen und etwas instabil wirkenden Felswand aus bröseligem Nagelfluhgestein nähern wir uns langsam dem Wasserfall. Nach längeren Regenfällen rieselt und tropft es bereits an diesem Wegabschnitt aus allen Poren. Dann stehen wir vor dem **Hinanger Wasserfall** ③, 880 m. Wie man oben am Bach bereits bemerken konnte, ist es gar nicht so viel Wasser, das die Felswand herunterstürzt. Es ist vielmehr die Gesamtatmosphäre inmitten des Waldes, die diesen Ort so idyllisch macht mit seinen moosüberzogenen Felswänden und dem rauschenden Wasser. Unterhalb des Falls schließt sich noch ein Tobel an mit wild herumliegenden Felsbrocken, durch die sich der Weg mithilfe von Treppen und Stegen hindurchwindet. Am unteren Ausgangs des Tobels stoßen wir schließlich auf eine Straße, der wir rechts bergauf für ca. 250 Meter folgen, um in der ersten Kehre links abzubiegen. Nun folgt ein längerer Abstieg – vorbei an einer auffallenden Marienstatue zur Rechten – auf einer autofreien Teerstraße durch Wiesen und Weiden hinunter nach Altstädten. Im Ort führt – etwa 150 Meter nach den ersten Häusern – rechts ein schmaler Pfad direkt am Freibad entlang zu unserem Ausgangspunkt.

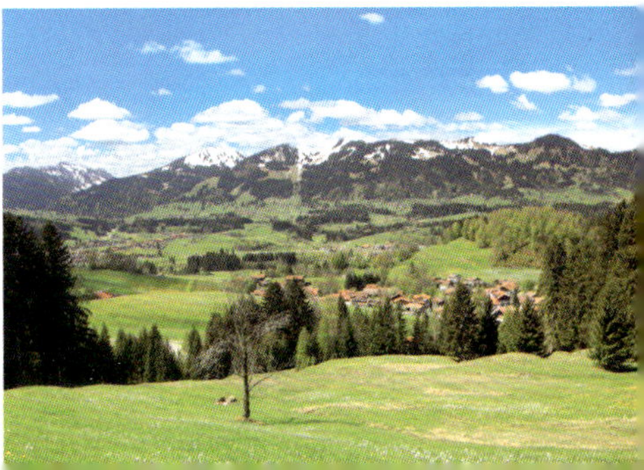

*Blick ins Illertal bei Hinang*

# 26 Illertalwanderung zwischen Fischen und Rubi

3 Std. | 150 Hm | 9,1 km

Fischen, Parkplatz an der Illerbrücke (Straße Fischen–Schöllang), 760 m *(**Navi**: 87538 Fischen, Illerstraße 5)*; Vom (Bus-)Bahnhof ca. 500 m quer durch den Kurpark und Auwald direkt zum Iller-Uferweg. Busse und Züge Linie Immenstadt–Oberstdorf ca. halbstündlich.

Breite, gute Wege mit mäßigen Steigungen

Moorstüble (5-min. Abstecher vor Reichenbach ③); Gasthäuser in Reichenbach ③ und Rubi ④

## Gemütliche Wiesenwege und schöne Uferpfade

*Eine hübsche, abwechslungsreiche und sehr gemütliche Wanderung im unteren Stockwerk des Illertales. Auf leichten Wegen spazieren wir durch eine offene Wiesenlandschaft, begleitet von freien Ausblicken auf die Allgäuer Alpen im Süden. Den Abschluss bildet ein schöner Uferweg entlang der rauschenden Iller.*

Vom **Parkplatz** ①, 760 m, halten wir uns ostwärts und folgen der Straße hinüber zu den Häusern von Au, wo wir rechts in die zweite Straße einbiegen (»Am Burgstall«). Wir lassen den Weiler hinter uns und steigen durch offene Wiesen hinauf nach Schöllang. In unserem Rücken öffnet sich dabei ein schöner Blick über Fischen bis hin zur Hörnerkette im Hintergrund. In **Schöllang** gehen wir geradeaus bis zur **Kirche** ②, 855 m, dort rechts, ca. 150 Meter auf der Hauptstraße weiter, dann links in den

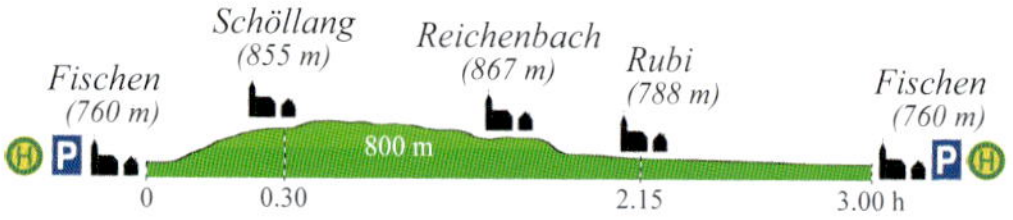


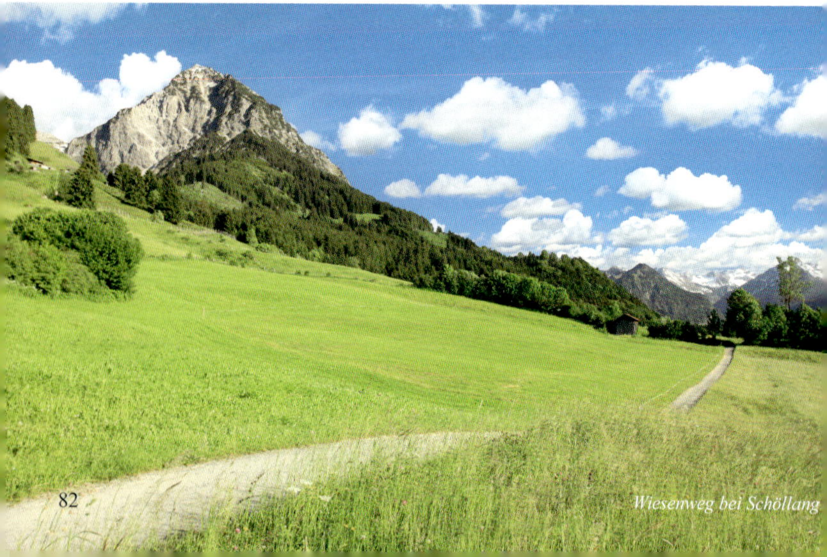

Wiesenweg bei Schöllang

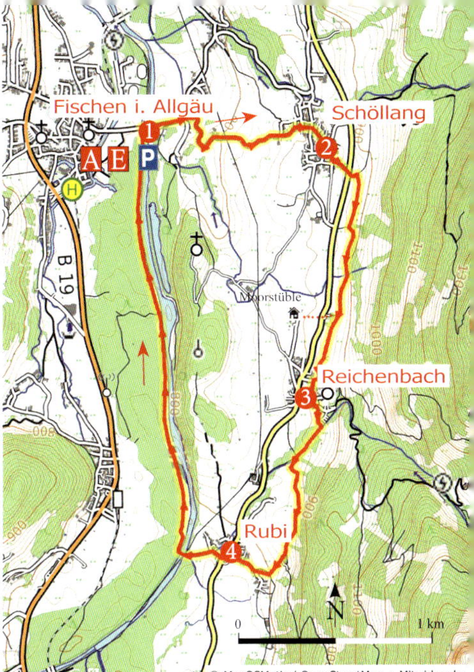

© MapOSMatic / OpenStreetMap + Mitwirkende

»Buchenhainweg« (Wegweiser »Wiesenweg«) und auf diesem hinaus aus dem Ort und unter der Umgehungsstraße hindurch. Ein kurzer Anstieg, dann haben wir den schönen Wiesenweg erreicht, der von hier südwärts bis nach Oberstdorf führt. Mit leichtem Auf und Ab und von freien Ausblicken über das Illertal und die fernen Allgäuer Gipfel begleitet erreichen wir so **Reichenbach** ③, 890 m (kurz vor dem Ort bei einem Parkplatz kann man über einen schmalen Pfad das gemütliche Moorstüble erreichen; ca. 5 min.). In Reichenbach geht es in leichtem Rechts-Links, aber weitestgehend geradeaus Richtung Gaisalp-Parkplatz, allerdings etwas unterhalb davon weiter südwärts bis zum Gaisalpbach. Am Wasser entlang wandern wir gut 250 Meter abwärts, dann über eine Brücke und drüben weiter, anfangs südwärts und dann schließlich rechts hinein in den kleinen Ort **Rubi** ④,798 m, unterhalb des gleichnamigen Horns. Auf der Hauptstraße ca. 100 Meter links, dann – gegenüber vom Gasthof Rubihorn – auf dem »Illerweg« hinüber zum Rubinger Steg (780 m), einer Fußgängerbrücke über die Iller. Auf dieser wechseln wir aufs andere Ufer, halten uns dort rechts und wandern auf dem schönen Uferweg direkt am kristallklaren Wasser entlang flussaufwärts zurück zu unserem Ausgangspunkt.

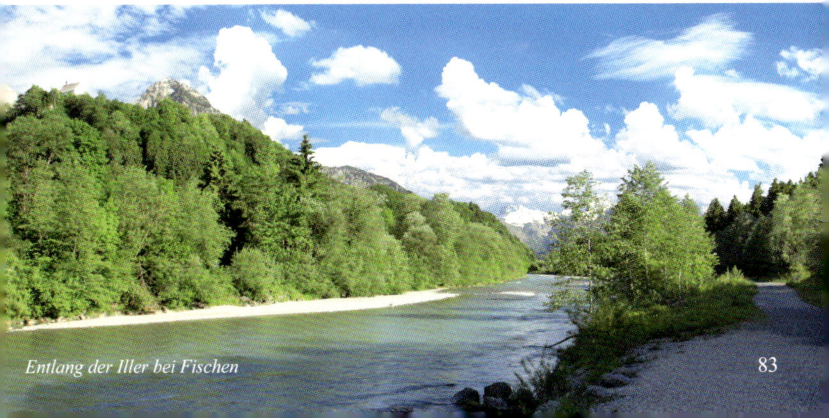

*Entlang der Iller bei Fischen*

# 27 Wittelsbacher Höhe und Tiefenberger Moos

2.30 Std. | 100 Hm | 6,4 km

Straße zwischen Tiefenberg und Muderbolz, Parkplatz, 796 m; B 19 Sonthofen–Oberstdorf, ca. 3 km südlich von Sonthofen (bei einer Ampel auf einer Kuppe) nach Westen, ca. 1,5 km Richtung Ofterschwang, Parkbuchten rechts und links der Straße *(**Navi**: 87527 Ofterschwang, Muderbolz)*.

Breite, leichte Wege, kaum Steigungen, eher Spaziergang-Charakter.

Café Mayr in Schweineberg ③

## Stille Wege im Illertal

*Zwischen der langen Hörnerkette auf der westlichen Illertalseite und dem tischebenen Talboden breitet sich die sogenannte »Westliche Illerterrasse« aus, eine leicht gewellte, etwas abgeschieden wirkende Landschaft mit weiten Wiesen, versteckten Hochmooren, verstreut liegenden Bauernhäusern sowie schönen Ausblicken auf die umliegenden Berggipfel; eine stille Seite des Allgäus, die wir auf dieser gemütlichen Wanderrunde durchstreifen.*

Vom **Parkplatz am Moor** ①, 796 m, gelangen wir in wenigen Schritten zum Rand des Hochmoores, halten uns links, um dann – nach ca. 100 m – rechts auf einem schmalen Pfad ins Moor hineinzuwandern. Es geht durch lichten Wald und später durch eine hübsche Moorlandschaft weiter, wobei wir uns an zwei Abzweigungen jeweils rechts halten. An der dritten Kreuzung – am westlichen Rand des Moores – nehmen wir den Weg geradeaus (Richtung Muderbolz), queren kurz eine Wiese, um dann im Wald leicht bergauf und auf breitem Weg zu einem Reiterhof hinüberzugehen. Dahinter überqueren wir die Straße, kurz 20 m rechts und auf der gegenüberliegenden Seite einen breiten Weg zwischen Weideland leicht bergan bis zu einer (schmalen, kaum befahrenen) Straße.

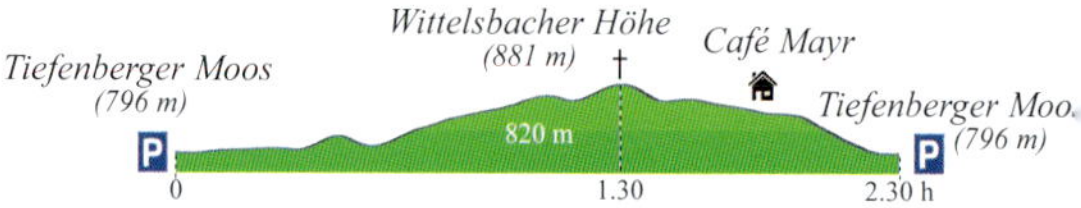


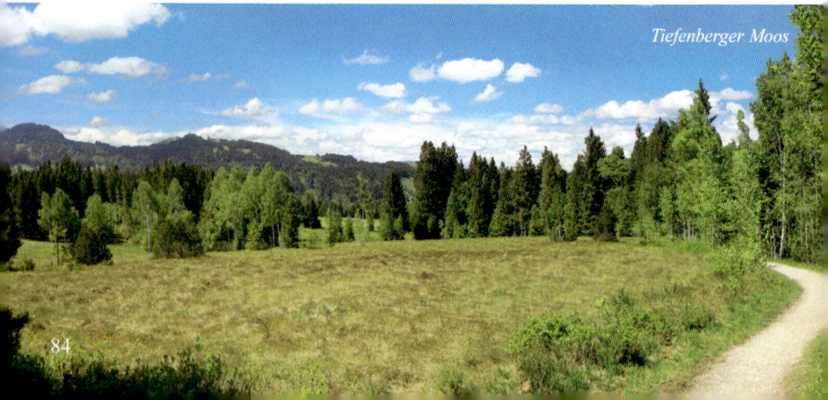

Dieser folgen wir etwa 250 m rechts, dann biegen wir links in einen Wirtschaftsweg ein. Nach weiteren 250 m (in einer Linkskurve) verlassen wir diesen, gehen rechts einen Wiesenweg hinauf und erreichen nach wenigen Metern links einen kleinen Wald. Durch diesen hindurch und schließlich rechts am Waldrand über eine kleine Kuppe. Direkt vor uns thront eine schöne Linde oben auf einer Anhöhe. Auf einem Schotterweg wandern wir im weiten Linksbogen durch Wald und später über Wiese hinauf zur **Wittelsbacher Höhe** ②, 881 m, einem lauschigen Plätzchen mit einer großartigen Aussicht. Anfangs geht es auf gleichem Weg zurück durch den Wald, dann auf dem Schotterweg hinüber zum nahen Ort Schweineberg mit dem **Café Mayr** ③, 841 m. Von dort gehen wir etwa 250 m auf der Autostraße westwärts, wenden uns hinter einem letzten, einzelstehenden Haus links und spazieren über einen aussichtsreichen Wiesenweg an der großen Hotelanlage der Sonnenalp vorbei hinunter zum Parkplatz.

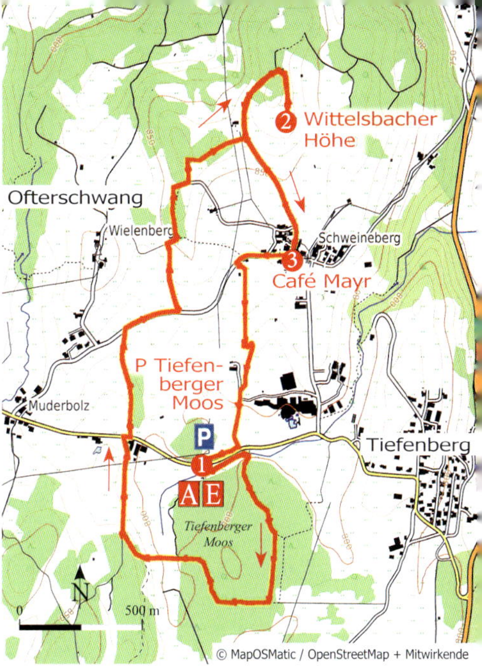


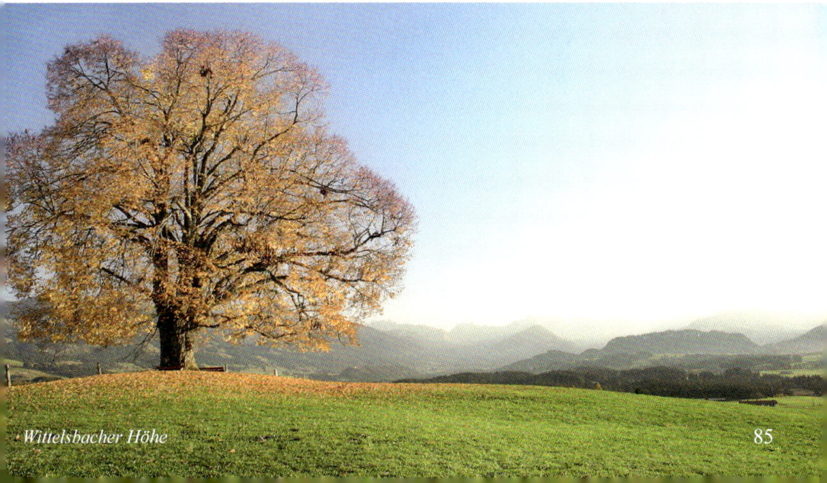
*Wittelsbacher Höhe*

# 28 Über die Hörnerkette

2.15 Std. | 415 / 190 | 5,5 km

Ofterschwang, Weltcupexpress oberhalb des Dorfes, 880 m (*Navi: 87527 Ofterschwang, Panoramaweg 7*); Bus Sonthofen–Bolsterlang ca. alle 1 bis 2 Std.

*Weltcupexpress*: Sessellift, Betriebszeiten ca. Anfang Mai–Anfang November, 9–16:30 h, www.go-ofterschwang.de, Talstation 880 m, Bergstation 1294 m.

**Endpunkt**: Bolsterlang *Hörnerbahn*, Kleinkabinenbahn, Betriebszeiten ca. Anfang Mai–Anfang November, 8:30–16:30 h, www.hoernerbahn.de, Bergstation 1540 m, Talstation 940 m, Rückfahrt zum Ausgangspunkt mit Bus Bolsterlang–Sonthofen (ca. alle 1 bis 2 Std.).

Weitgehend leichte Wanderung auf meist gut begehbaren Wegen, teils Almwiesen, teils Wald, mit kurzen, steileren Passagen (nach Regentagen teils matschig).

Weltcuphütte ②; Fahnengehrenalpe ④; Hörni`s Nest ⑦; Talhütte ⑧

## Beliebte Panoramatour hoch über dem Illertal

*Zwischen Sonthofen und Fischen wird das Illertal von der sogenannten Hörnerkette begleitet, einem mäßig hohen Bergrücken, aus dem einige Gipfel – die »Hörner« – herausragen. Diese Berge machen aus dem Tal einen etwas unscheinbaren Eindruck, gehören aber zu den schönsten Aussichtskanzeln der Region. Nicht ohne Grund führen zwei Seilbahnen hinauf und erschließen einen wunderschönen Höhenweg mit großen Panoramen. Eine herrliche, allerdings auch sehr beliebte Tour.*

Von **Ofterschwang** ①, 880 m geht es gemütlich hinauf zur **Weltcupexpress-Bergstation** ②, 1294 m (mit der Weltcuphütte nebenan), wo wir uns links halten und auf dem breiten Fahrweg gemächlich bergan spazieren. Nach knapp 15 Minuten zweigt rechts – am höchsten Punkt des Fahrweges – ein Trampelpfad ab, der uns steil über eine Wiese hinauf zum nahen Gipfelkreuz des **Ofterschwanger Horn** ③, 1406 m, bringt. Wie auch bei den folgenden Gipfeln dieser Tour handelt es sich nicht wirklich um ein »Horn«, sondern um eine breite Wiesenkuppe. Die Aus-

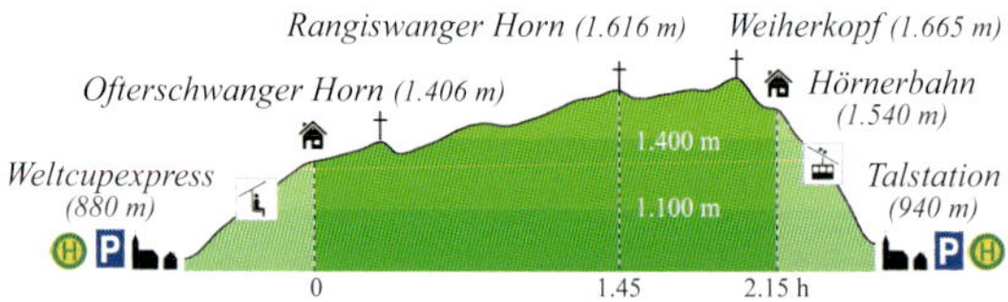


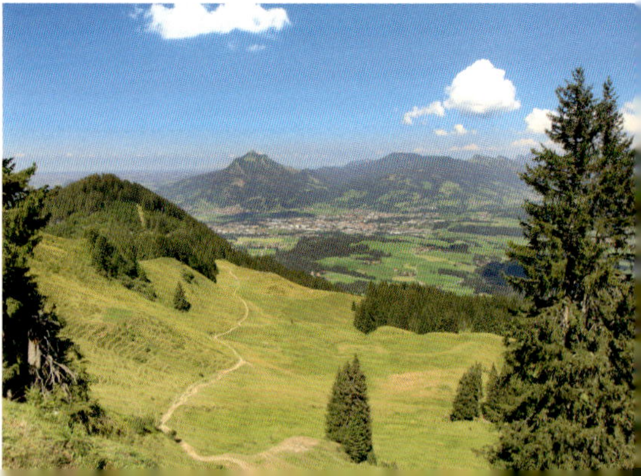

*Hörnerkette-Panoramaweg*

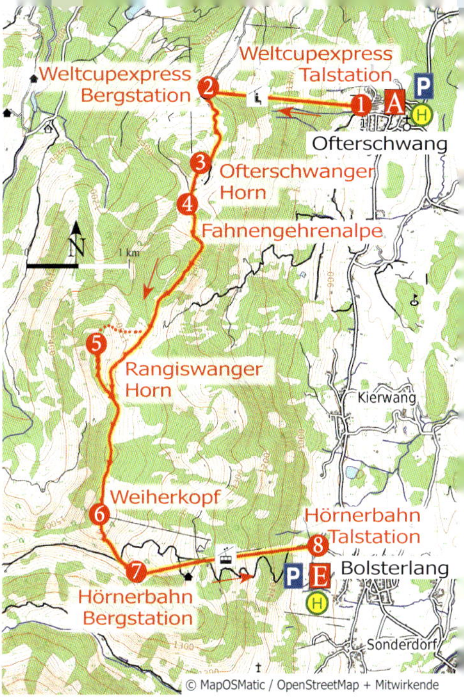


sicht von oben über das weite Illertal zu unseren Füßen mit den Gipfeln der Allgäuer Alpen im Hintergrund ist allerdings sensationell.

Der Abstieg erfolgt über einige enge Kehren den steilen Südhang hinab zur nahegelegenen **Fahnengehrenalpe** ④, 1330 m, bevor der Weg durch einen recht urwüchsigen Wald langsam wieder an Höhe gewinnt. Unterhalb des Rangiswanger Horns gelangen wir wieder in freies Almgelände. Der Anstieg zu dessen Gipfel über die Nordostflanke ist recht steil und zieht sich in vielen Kehren durch ausgewaschene Erosionsrillen hinauf. Nach Regentagen ist es hier oft unangenehm rutschig und der Hang selber trägt die unschönen Spuren der vielen Wanderer, die sich alle einen halbwegs trockenen Weg gesucht haben. Deshalb ist es oft ratsamer, über die Südseite aufzusteigen: dazu dem Hauptweg noch etwas in südlicher Richtung bis zu einem Grat folgen, dann dort scharf rechts und gemütlich in wenigen Minuten hinauf zum Gipfelkreuz. Oben angekommen auf der Kuppe des **Rangiswanger Horns** ⑤, 1616 m, erwarten uns wieder eine ausgedehnte Wiese und ein prächtiger Rundblick, der auch hinüber ins westlich gelegene Gunzesrieder Tal reicht. Der Abstieg vom Gipfel über seine Südflanke trifft nach wenigen Minuten wieder auf den Hauptweg (1563 m). Wir durchqueren ein kleines Waldstück und stehen plötzlich am oberen Rand eines ausgedehnten, hübschen Hochmoores, durchsetzt von einigen knorrigen Fichten und im Hintergrund eingerahmt von den Gipfeln der Allgäuer Alpen. Hinter dem Moor folgt noch ein letzter, recht steiler Anstieg hinauf zum **Weiherkopf** ⑥,1665 m, dem höchsten Punkt auf unserer Tour mit einer ebenso schönen Aussicht wie seine Vorgänger.

Als letzte Etappe erwartet uns ein kurzer, aber sehr steiler Abstieg hinunter zur **Bergstation der Hörnerbahn** ⑦, 1540 m sowie die Seilbahnfahrt hinab zur Talstation oberhalb von **Bolsterlang** ⑧, 940 m.

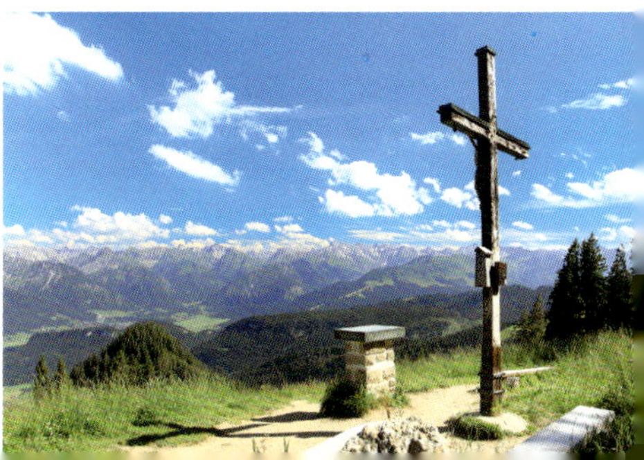

*Weiherkopf-Gipfel*

# 29 Zwischen Hörnerkette und Iller

3.45 Std. | 200 Hm | 12,7 km

Bolsterlang, kleines Dorf unterhalb der Hörnerkette ca. drei Kilometer westlich von Fischen. Parkplatz beim Gasthaus Kitzebichl am nördlichen Ortsrand, 872 m *(**Navi**: 87538 Bolsterlang, Flurstraße 5);*
Bus nach Bolsterlang ab Sonthofen oder Fischen/Obrstdorf ca. stündlich.

Breite, leichte Wege mit mäßigen Steigungen; recht lang, aber insgesamt meist Spaziergang-Charakter.

Keine unterwegs

## Gemütliche Tour über die westliche Illerterrasse

*Der Hörnerkette vorgelagert erstreckt sich im westlichen Illertal eine hübsche Landschaft mit einem abwechslungsreichen Mix aus weiten Wiesen, kleinen Mooren und einsamen Wäldchen. Die Tour startet in Bolsterlang, einem der fünf »Hörnerdörfer«, führt auf leichten Wegen durch das Tiefenberger Moos, entlang der klaren Iller und durch das stille Tal der Weiler Ache.*

Vom **Parkplatz Kitzebichl** ①, 872 m, gehen wir wenige Meter Richtung Dorf, dann gleich rechts und ca. 75 Meter hinüber zu einem breiten Schotterweg, auf dem wir uns erneut rechts halten. Auf diesem Weg wandern wir über offene Wiesen nordwärts, queren dann ein kleines Waldstück mit dem Stuibenbach und stoßen auf eine schmale Teerstraße. Auf dieser nur wenige Meter rechts und gleich wieder links auf eine andere Teerstraße. Über einen weiteren kleinen Bach und bei der gleich darauf folgenden Straßen-

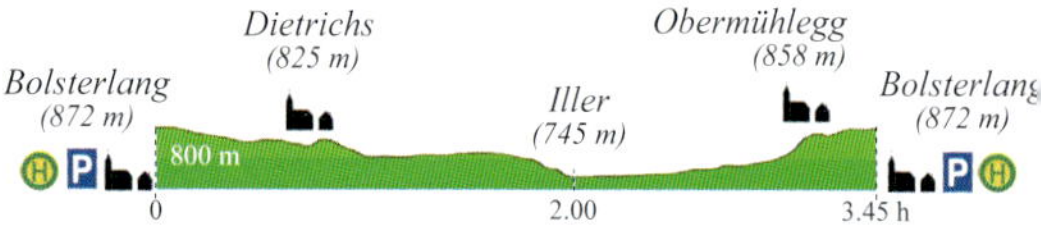


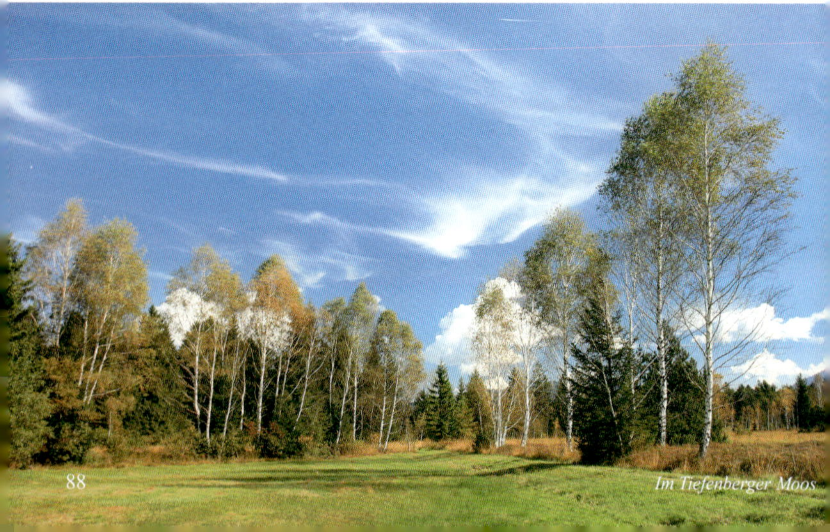

Im Tiefenberger Moos

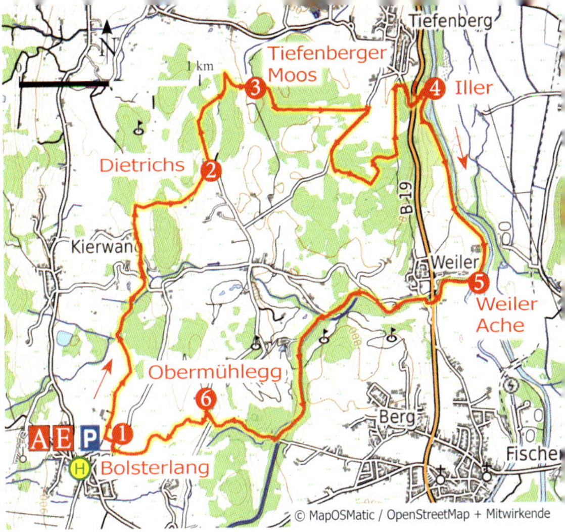


biegung geradeaus in einen Feldweg. Schon nach wenigen Metern biegen wir rechts in einen schmalen Pfad ein und wandern hinüber zu einem nahen Wäldchen. Dort hindurch und auf der anderen Seite hinüber zum kleinen Dorf **Dietrichs** ②, 825 m. Es geht schräg links durch das Dorf hindurch und leicht bergan auf breitem Schotterweg erneut in einen Wald. Zwischendurch passieren wir immer wieder rechts und links des Weges die Rasenflächen eines Golfplatzes, der sich weiträumig durch das Areal zieht. Im Wald halten wir uns an der ersten Verzweigung rechts, wandern leicht bergab, um nach ca. 500 Metern scharf rechts in einen Weg abzubiegen und noch einige Schritte weiter bergab zu steigen. Wir queren eine kleine Feuchtwiese und tauchen in das idyllische **Tiefenberger Moos** ③, 800 m, ein. Der schöne Weg schlängelt sich durch die urige Landschaft, wobei wir uns immer grob in östlicher Richtung halten. Ca. 400 Meter hinter dem Moos treffen wir auf eine – kaum befahrene, schmale – Straße und folgen dieser rechts für ca. 400 Meter. Dann biegen

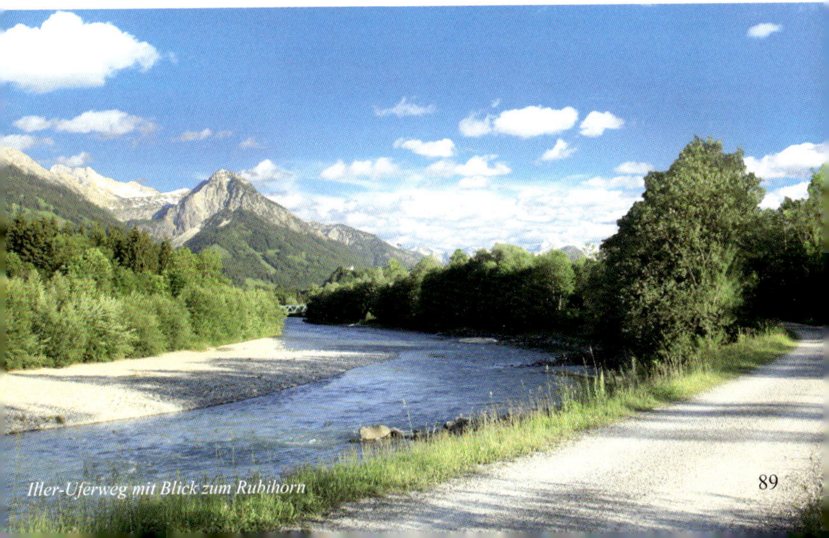
*Iller-Uferweg mit Blick zum Rubihorn*

wir links in einen schmalen Pfad ein und 100 Meter weiter erneut links. Der Weg zieht sich mit einigem Hin und Her durch eine sehr stille Landschaft, lässt sich aber nicht verfehlen und trifft nach ca. 10 Minuten auf einen breiten Schotterweg. Auf diesem erreichen wir links kurz darauf einen Wanderparkplatz. Dort rechts und wenige Minuten an der Straße entlang hinab zur B19. Genau gegenüber führt ein Wanderweg in einigen steilen Kehren hinab zur **Iller** ④, 745 m. Von der Fußgängerbrücke hat man einen schönen Blick über den Fluß Richtung Rubihorn, wobei wir auf dem diesseitigen Ufer bleiben und rechts flussaufwärts wandern. Nach gut 1,5 Kilometern auf dem leichten Uferdammweg entlang der klaren Iller queren wir die von rechts einmündende **Weiler Ache** ⑤, 747 m, biegen gleich dahinter rechts ab und spazieren an ihrem Ufer westwärts. Wir unterqueren die B19 und wechseln dahinter auf das nördliche Ufer der Weiler Ache. Dort gleich links und am Wasser entlang weiter bachaufwärts. Wir bleiben nun für insgesamt knapp zwei Kilometer am Bach, anfangs noch begleitet von einer Straße, dann auf einem breiten Schotterweg durch einen stillen, bewaldeten Taleinschnitt. Bei einer Straßenbrücke über die Ache lassen wir den Bach hinter uns und steigen rechts auf einem schmalen Pfad aus dem Taleinschnitt hinaus und zum kleinen Weiler **Obermühlegg** ⑥, 858 m. Gleich bei den ersten Häusern beginnt links ein schmaler Weg, der entlang einer Hecke über eine Erhebung und dahinter durch ein stilles Wiesentälchen hindurchführt. Dahinter treffen wir auf einen breiten Schotterweg, der uns in wenigen Minuten zurück zum Ausgangspunkt bringt.

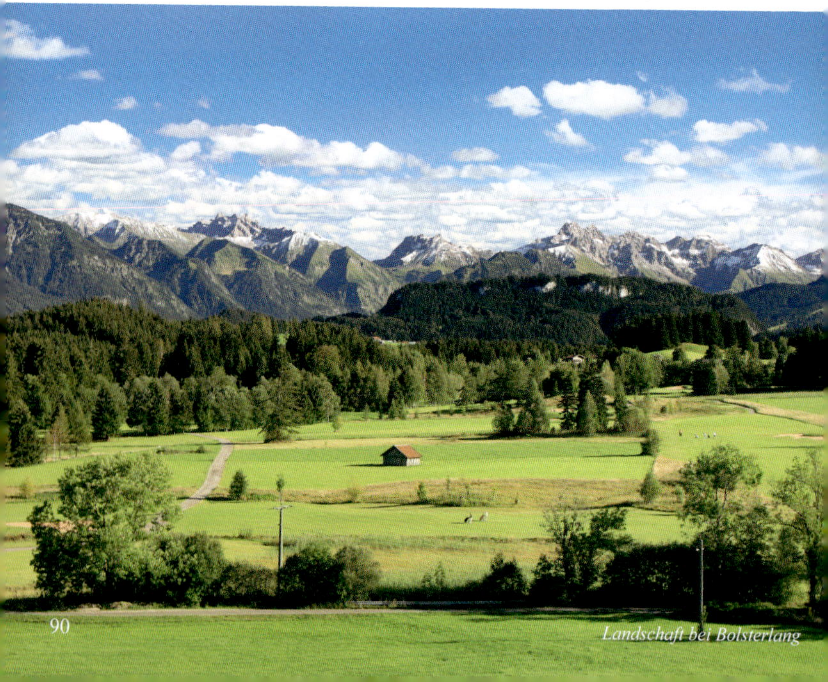

*Landschaft bei Bolsterlang*

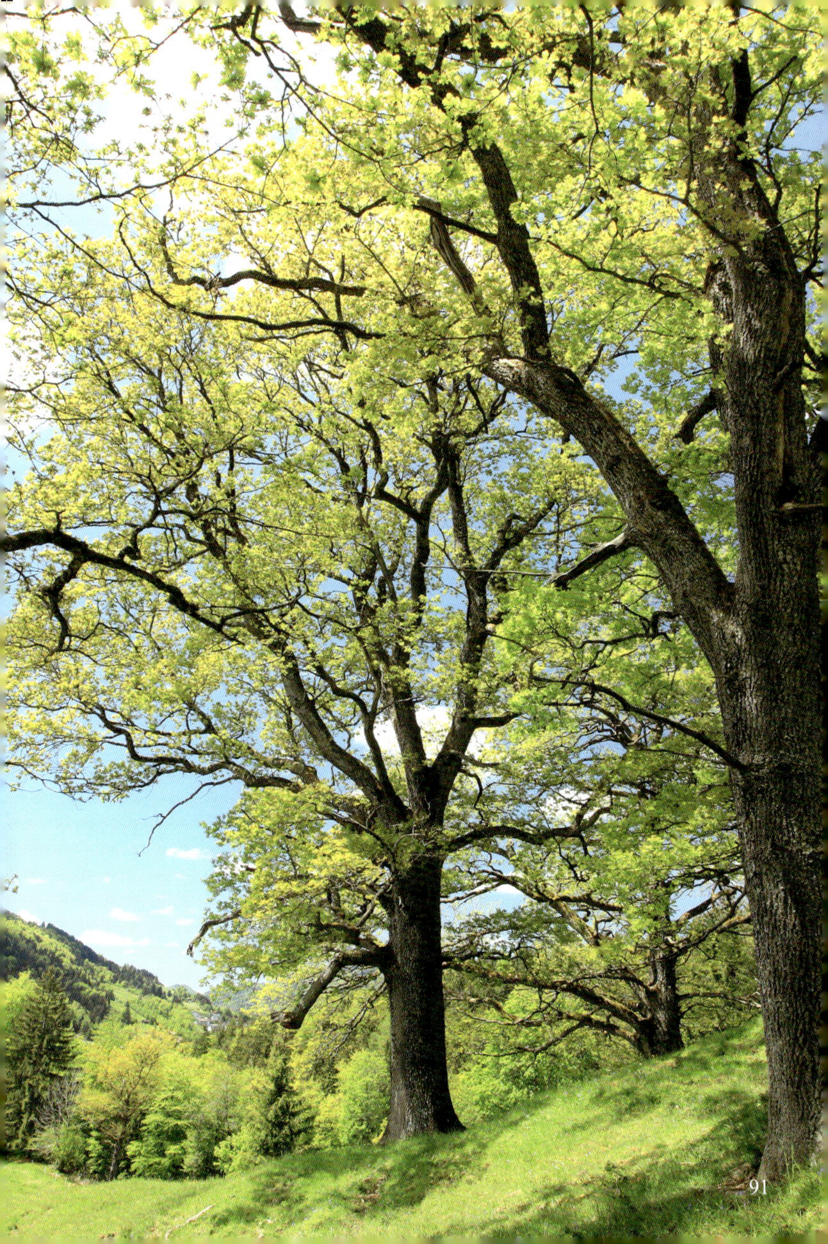

# 30 Höhenwege im Bolgental

2.45 Std. | 300 Hm | 8 km

Bolsterlang, Hörnerbahn. Die Zufahrt zur Talstation liegt oberhalb des Ortes an der Straße Richtung Ofterschwang, 940 m (*Navi*: *87538 Bolsterlang, Hörnerstraße*); Bus Oberstdorf–Fischen–Bolsterlang–Ofterschwang ca. stündlich.

*Hörnerbahn*, Kleinkabinenbahn, Betriebszeiten ca. Anfang Mai bis Anfang November, 8:30–16:30 h, www.hoerner-bahn.de, Talstation 940 m, Bergstation 1540 m.

Leichte Wanderung auf breiten Wegen, einige etwas steilere Passagen bergauf und bergab.

Hörni`s Nest ②; Berghaus Schwaben ③; Bolgenalpe ④; Hintereggalpe ⑤

## Sanfte Grasberge und gemütliche Alphütten

*Auf dieser Tour erkunden wir das schöne Bolgental oberhalb von Bolsterlang. Es geht gemütlich hinauf auf die Hörnerkette mittels Seilbahn, ehe wir auf leichten Höhenwegen weit ins Tal hineinspazieren bis zum idyllischen, von sanften Grasbergen eingerahmten Talschluss. Auf dem Rückweg passieren wir zwei gemütliche Alphütten.*

Die Hörnerbahn bringt uns entspannt von **Bolsterlang** ①, 940 m, hinauf zur **Bergstation** ②, 1540 m, die auf einem kleinen Plateau zwischen Weiherkopf und Bolsterlanger Horn thront. Von hier haben wir einen schönen Blick über das gesamte Bolgental bis hin zum Riedbergerhorn, welches das Tal in der Ferne abschließt. Wer sich zu Beginn der Wanderung einen schönen Aussichtsgipfel gönnen möchte und nichts gegen einen zwar kurzen, aber sehr knackigen Anstieg hat, kann von hier zum Weiherkopf hinaufsteigen. 125 Höhenmeter höher erwartet uns ein großartiges Panorama über das Illertal und die Allgäuer Alpen. Wieder zurück, dürfen wir uns nun ganz auf die heutige, recht gemütliche

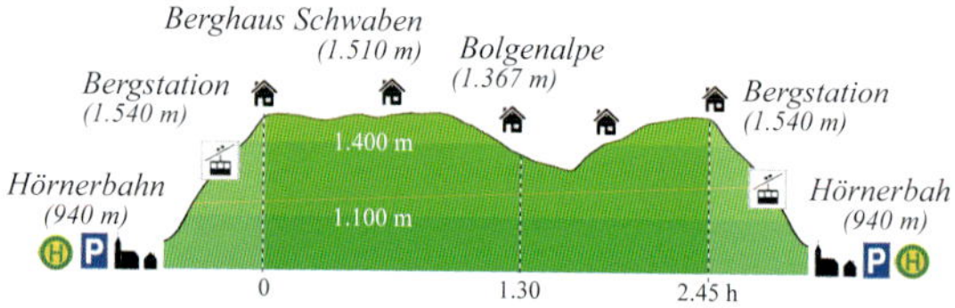


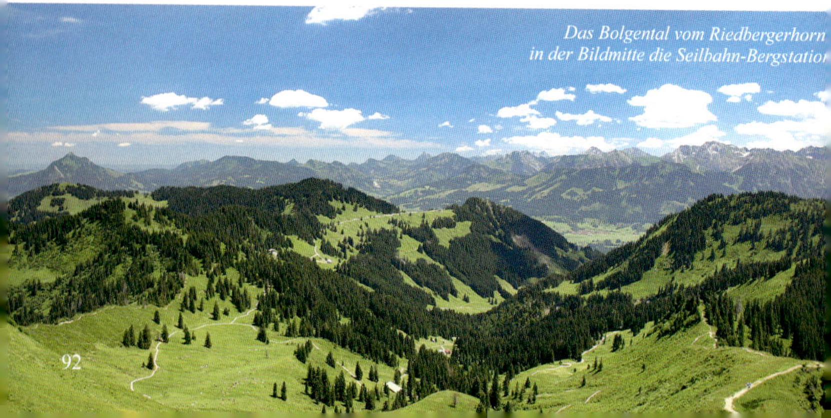

*Das Bolgental vom Riedbergerhorn, in der Bildmitte die Seilbahn-Bergstatio*

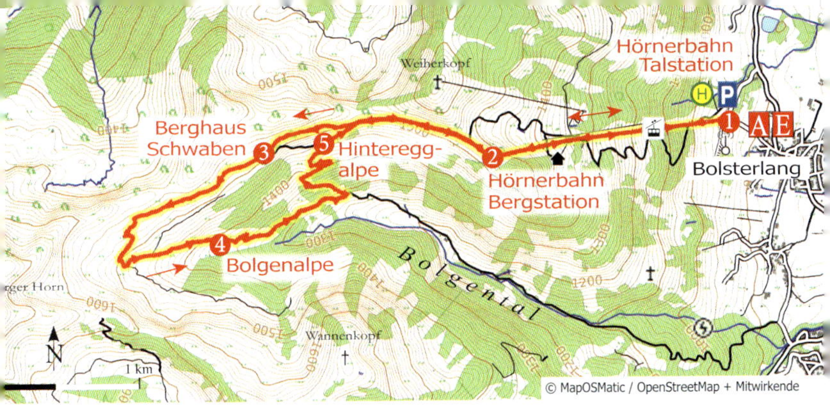


Tour konzentrieren. Dazu wandern wir auf dem breiten Weg westwärts, bis nach etwa einem Kilometer – wo der Hauptweg etwas an Höhe verliert – rechts ein Pfad abzweigt, auf dem wir zum **Berghaus Schwaben** ③ , 1510 m, hinüberspazieren. Und auch der weitere Weg bleibt leicht und angenehm zu gehen, gewinnt fast unmerklich an Höhe, während wir immer weiter ins Bolgental eindringen. An dessen Ende erwartet uns eine sehr idyllische Hochebene mit offenen Wiesen, hier und da eine kleine Baumgruppe, und im weiten Rund die grünen, grasbewachsenen Hänge der sanften Flyschberge. Bevor der Weg im weiten Linksbogen durch diese Wiesen hinüber zu einer Passhöhe (Richtung Grasgehren) zieht, biegen wir an einem Abzweig links ab und beginnen unseren Abstieg. Nach wenigen Minuten gelangen wir zur (Oberen) Bolgenalpe, biegen scharf links ab und wandern auf einer Almstraße hinunter zur **(Unteren) Bolgenalpe** ④, 1368 m. Es geht weiter abwärts durch den recht engen Taleinschnitt, bis nach gut 15 Minuten links ein Pfad abzweigt. In einigen weiten Kehren wandern wir durch die steilen Nordhänge des Tales hinauf zur gemütlichen **Hintereggalpe** ⑤, 1440 m. Von dort gelangen wir auf einer breiten Schotterstraße mit nur noch geringer Steigung zurück zur Bergstation.

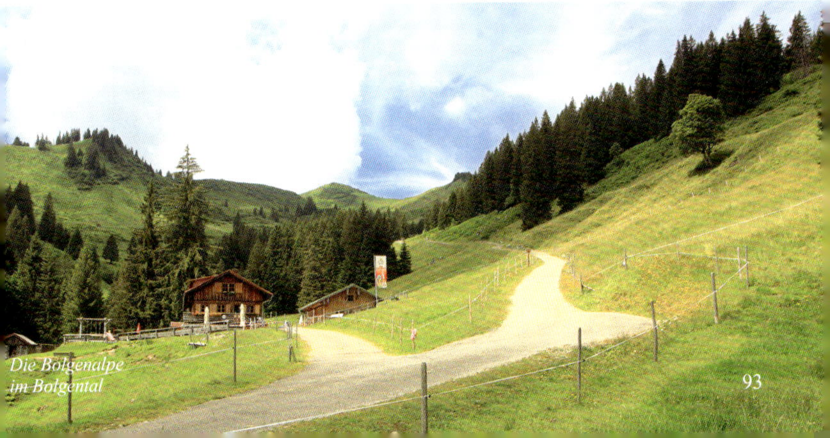

*Die Bolgenalpe im Bolgental*

# 31 Durchs idyllische Oytal

3.15 Std. | 190 Hm | 10,3 km

Oberstdorf, Parkplatz bei der Talstation der Nebelhornbahn, 827 m (***Navi**: 87561 Oberstdorf, Rossbichlstraße*); Busse und Bahn nach Oberstdorf aus Richtung Immenstadt ca. halbstündlich; vom Bahnhof ca. 20 Minuten zu Fuß.

Breite Wege mit geringen Anstiegen, teils Schotter, teils Teerstraße. Oft Spaziergang-Charakter.

Café Jägerstand ②; Oytalhaus ④

## Leichte Talwanderung entlang klarer Bergbäche

*Das Oytal ist eines der vielen schönen Täler, die es im direkten Umfeld Oberstdorfs zu entdecken gibt. Wer über die weiten Wiesen im Süden des Ortes wandert, hat einen freien Blick auf die eindrucksvollen Gipfel von Schneck und Großem Wilden, die den Talschluss des Oytals überragen. Die hier vorgestellte leichte – allerdings auch gut besuchte – Wanderung führt uns an den Ufern der rauschenden Trettach und des kristallklaren Oybachs hinein in das enge Tal und zur weiten Ebene am Oytalhaus, überragt von den hohen Seewänden und den Dolomitgipfeln des Großen Wilden.*

Wir starten unsere Wanderung an der **Trettachbrücke** ①, 827 m, in Sichtweite der Nebelhornbahn-Talstation, und laufen am rechten – oder linken – Ufer flussaufwärts. Schon bald erreichen wir unterhalb des **Cafés Jä-**

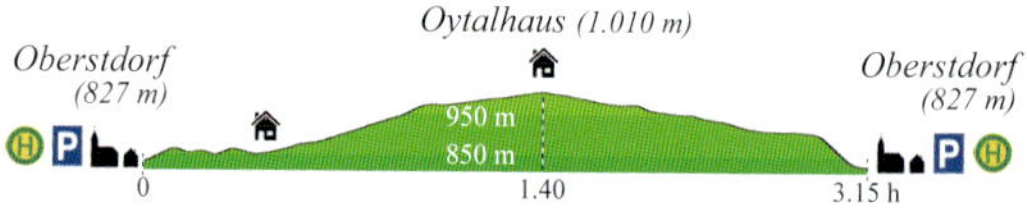


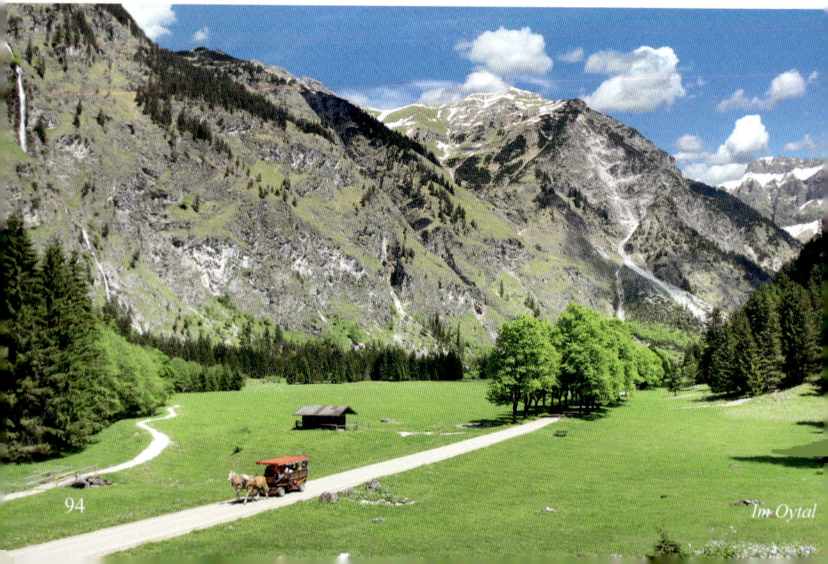

*Im Oytal*

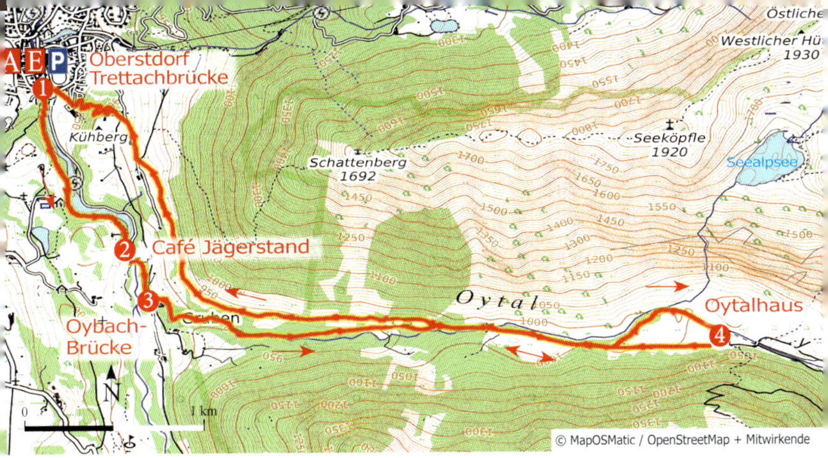


**gerstand** eine weitere **Brücke** ②, 860 m. Hier öffnet sich das bisher recht enge Tal und breite, flache Kiesbänke bieten Kindern schöne Spielmöglichkeiten am Wasser. Ein kurzes Stück bleiben wir auf der autofreien Straße, bis von links der **Oybach** zur Trettach stößt ③, 862 m. Vor der Brücke biegen wir links ab und wandern auf dem schönen »Dr.-Hohenadel-Weg« am Bach mit seinem kristallklaren Wasser entlang. Ein hübscher Mischwald umgibt uns, rechts rauscht der Bach, meist harmlos, manchmal aber auch durch wilde Felspassagen hindurch. Bald steigt der Weg etwas an und lässt das Bachufer schließlich hinter sich. Am Ende eines kurzen Anstiegs trifft der Weg auf die (autofreie) Teerstraße, die alternativ von Oberstdorf ins Oytal führt. Kurz darauf öffnet sich das Tal und macht Platz für eine weite Almwiese. Es geht durch eine schöne Platanenallee, ehe sich vor uns die weiten Au-Ebenen, die dem Tal den Namen gegeben haben, ausbreiten. Anstatt auf der Straße geradeaus zu gehen, biegen wir gleich am Beginn der Ebene links in einen schmalen Kiesweg ein, der am linken Talrand parallel zum – hier meist trockenen Oybach – verläuft. Links recken sich die steilen Seewände in den Himmel – von ihnen stürzt manchmal nach Regentagen ein dünner, hoher Wasserfall hinab – und vor uns erhebt sich der markante Gipfel der Schneck. Rechts davon rücken allmählich die Dolomitgipfel des Großen Wilden ins Bild. Ein beeindruckendes Panorama! Am Ende der Wiese haben wir schließlich das **Oytalhaus** ④, 1010 m, erreicht.
(Wer noch etwas weiterwandern möchte: Hinter dem Oytalhaus wird das Tal wilder, der Weg wird holpriger, aber bis zum »Prinzenkreuz«, wo die steilen Serpentinen hinauf zur Käseralpe beginnen, gibt es kaum Anstiege. Einkehr bietet die etwa zwei Kilometer entfernte Untere Gutenalpe.)
Der Rückweg vom Oytalhaus erfolgt ausschließlich auf der autofreien Teerstraße. Fast immer leicht bergab wandern wir durch die über einen Kilometer lange, schöne Platanenallee, dann durch ein Stück Wald, ehe sich das Tal öffnet und wir auf einem sonnendurchfluteten Wiesenhang die letzten Meter nach Oberstdorf zurücklegen. Kurz vor dem Ort – beim Gasthof Kühberg – verlassen wir die Straße und steigen in vielen Kehren einen schmalen Waldweg hinunter zur Oybelehalle und zur Trettachbrücke.

# 32 Durchs Trettachtal nach Spielmannsau

4.15 Std. | 230 Hm | 14,4 km

Oberstdorf, Parkplatz bei der Talstation der Nebelhornbahn, 827 m *(**Navi**: 87561 Oberstdorf, Rossbichlstraße)*; Busse und Bahn nach Oberstdorf aus Richtung Immenstadt ca. halbstündlich; vom Bahnhof ca. 20 Minuten zu Fuß.

Breite, leichte Wege mit kaum merkbaren Anstiegen, teils Schotter, teils Teerstraße. Eher Spaziergang-Charakter. Wer die Tour etwas abkürzen möchte, kann beim Christlessee umkehren (minus 1 Std.).

Gaststätte Riefenkopf; Mumme Stüble; Gasthof Spielmannsau ③; Café Christlessee ④ u.a.

## Talwanderung nach Spielmannsau

*Von Oberstdorf führen zahlreiche Täler in alle Richtungen weiter in die Bergwelt hinein. Eines davon ist das Trettachtal, das direkt am Ortsrand beginnt und rund 10 Kilometer fast schnurgerade Richtung Süden verläuft: ein wunderschönes Tal, durch die Nähe Oberstdorfs gut besucht, aber doch voller stiller Ecken und herrlicher Plätze. Auf dieser Wanderung genießen wir die klare Trettach, die weiten Wiesen von Dietersberg und ganz im Süden des Tales die Ebene der Spielmannsau; auf dem Rückweg besuchen wir den malerischen Christlessee und den hübschen Moorteich. Eine abwechslungsreiche Tour ohne größere Herausforderungen.*

Wir starten die Wanderung in Oberstdorf an der **Trettachbrücke** ①, 827 m, in der Nähe der Nebelhornbahn-Talstation, wählen die rechte Seite des Flusses und folgen dem schönen Waldweg entlang der kristallklaren Trettach. Der Fluss windet sich hier durch eine Schlucht hindurch, die sich nach etwa einem Kilometer öffnet und den Blick auf die Gipfel von Kratzer und Trettachspitze weit im Süden

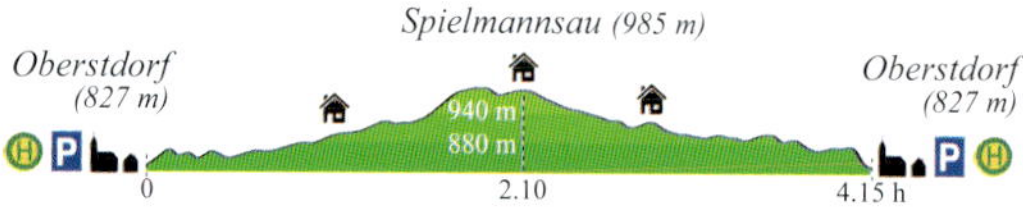


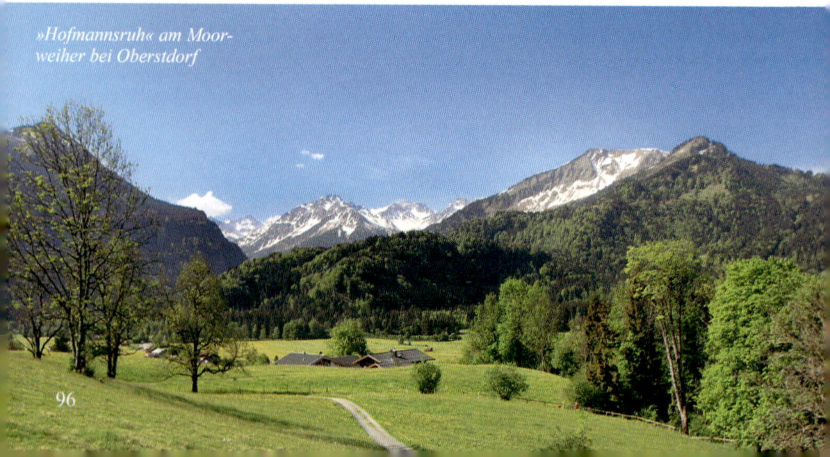

*»Hofmannsruh« am Moorweiher bei Oberstdorf*

freigibt. Über eine Brücke (beim Café Jägerstand) gelangen wir auf die östliche Flussseite und folgen dem breiten Fahrweg flussaufwärts. Kurze Zeit später queren wir auf einer weiteren Brücke den von links aus dem gleichnamigen Tal herabrauschenden Oybach. Durch eine lange Platanenallee hindurch gelangen wir schließlich an einer kleinen **Staumauer** ② auf eine Teerstraße, auf der wir taleinwärts weiterwandern. Hier öffnet sich vor uns eine wunderschöne, sonnige Tallandschaft voller schönster Postkartenmotive: Almwiesen, vereinzelte Bauernhäuser und im Talschluss die markanten Gipfel von Trettachspitze und Kratzer.
Gemütlich geht es weiter entlang der offenen Wiesen, bis wir an deren südlichem Ende einen kleinen Bach überqueren. Gleich dahinter halten wir uns schräg links, queren eine kleine Lichtung mit zwei Gehöften und steigen ganz gemächlich auf einem angenehmen Waldweg bergan. Wir passieren einen von links – von Gerstruben – kommenden Abzweig und wandern geradeaus taleinwärts, bis wir schließlich in Sichtweite der Häuser von **Spielmannsau** ③, 985 m, wieder auf die Fahrstraße stoßen. Hinter dem kleinen Weiler breitet sich unterhalb des spektakulären Talschlusses eine weite Ebene aus, auf der man noch etwa einen Kilometer auf leichten Wegen weiter ins Tal

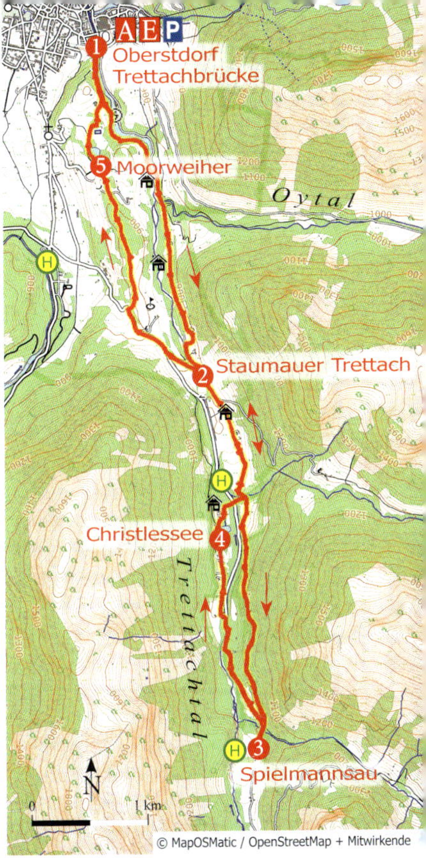


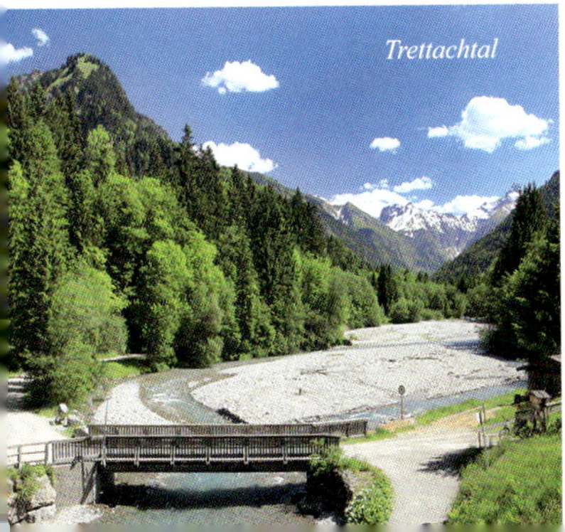
Trettachtal

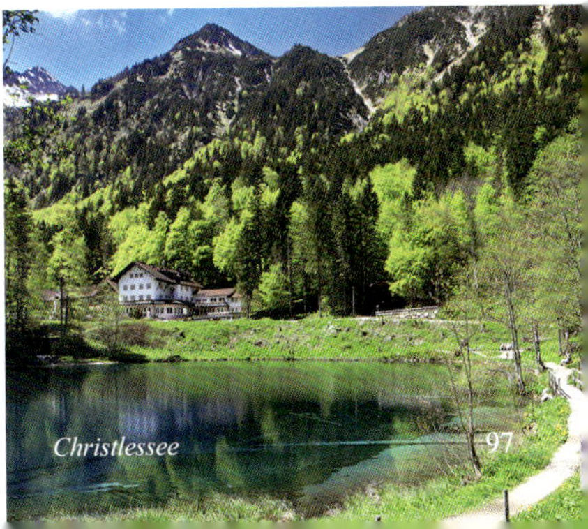
Christlessee

hineinspazieren kann, beispielsweise zur Alpe Oberau. Dahinter wird es allmählich steiler und geht schließlich sehr viel anspruchsvoller hinauf in Richtung Kemptner Hütte.

Für den Rückweg folgen wir für etwa 20 Min. der (fast autofreien) Teerstraße, biegen hinter der ersten Brücke über die Trettach links ab und wandern parallel zur Straße auf einem breiten Schotterweg zum **Christlessee** ④, 926 m, einem wunderschönen Quellteich mit unglaublich klarem Wasser und zahlreichen versunkenen Baumstämmen.

Vom See sind es nur wenige Meter bis zur Teerstraße, die wir – ebenso wie die Trettach – überqueren. Kurze Zeit später schließt sich ein erster Kreis, und wir haben die weiten Wiesen von Dietersbach mit seinen diversen Einkehrmöglichkeiten erreicht.

Am nördlichen Ende dieser Wiesen überqueren wir bei dem kleinen Stauwehr ② die Trettach, 900 m, bleiben rund einen Kilometer auf der Teerstraße und biegen dann, kurz bevor die Straße steil abfällt, rechts ab. Anfangs an einem Golfplatz entlang, gelangen wir auf einem schönen Waldweg zum stillen **Moorweiher** ⑤, 864 m. Auf einer der vielen aussichtsreichen und sonnigen Bänke kann man den Tag noch einmal Revue passieren lassen, bevor die letzten Meter bewältigt werden müssen: hinter dem Weiher schräg rechts, vorbei am Moorbad und dann durch Wald knapp oberhalb der Trettach hinunter zu unserem Ausgangspunkt an der Trettachbrücke.

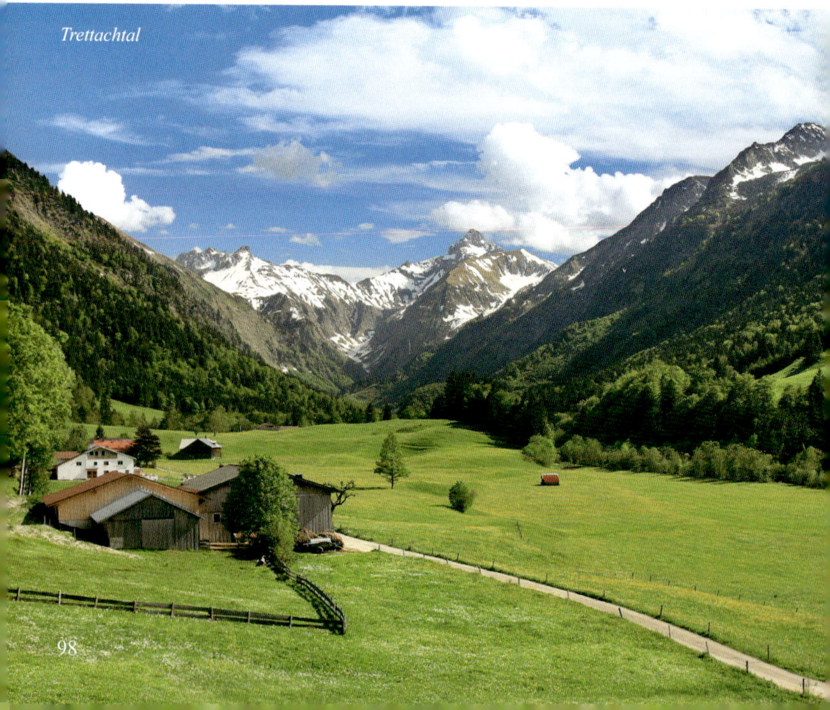

*Trettachtal*

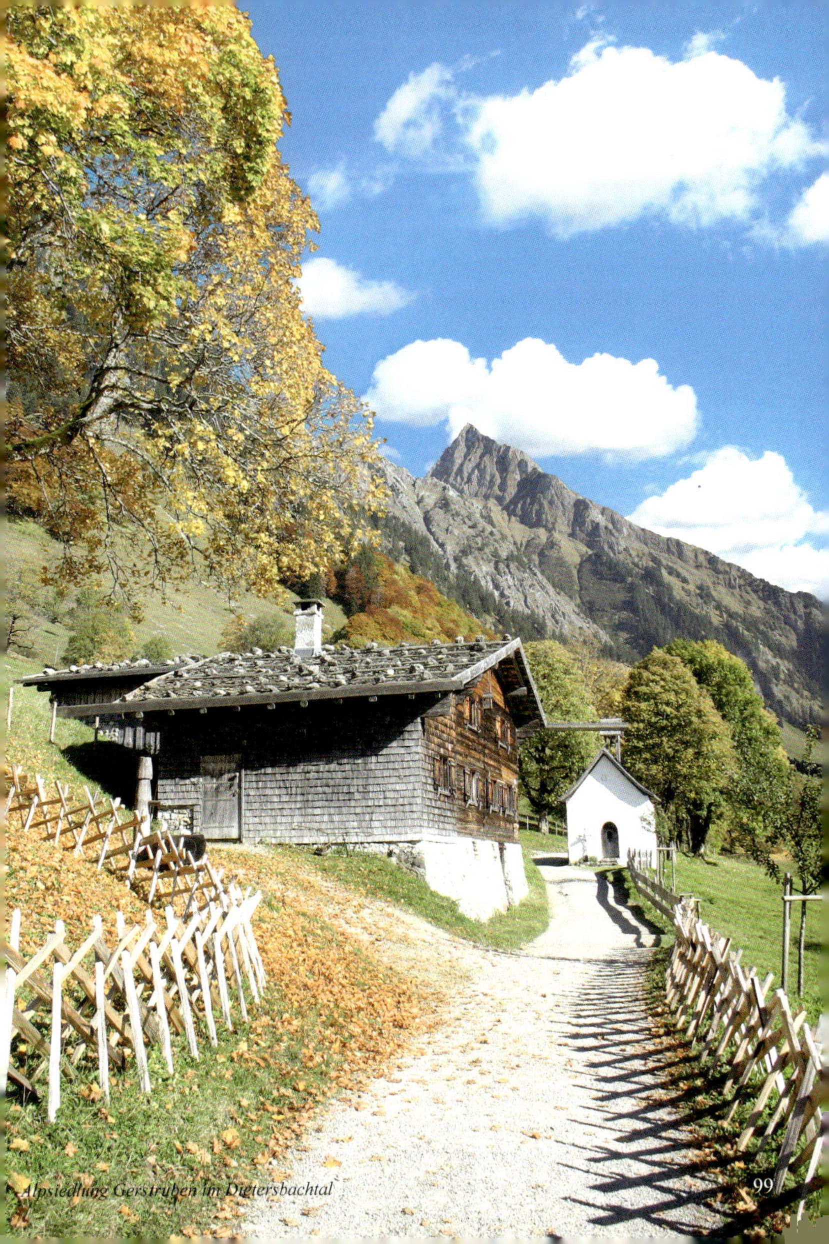

*Alpsiedlung Gerstruben im Dietersbachtal*

# 33 Zum Freibergsee im Stillachtal

2.45 Std. | 200 Hm | 7 km

Stillachtal, Parkplatz »Renksteg« rechts der Straße, 826 m. Von Oberstdorf 4 km ins Stillachtal *(**Navi**: 87561 Oberstdorf, Birgsauer Straße)*; Bus Oberstdorf (Bhf.)–Fellhornbahn/Birgsau ca. halbstündlich mit Halt direkt am Parkplatz (alternativ etwa drei Kilometer ab Bahnhof Oberstdorf zu Fuß durch den Ort und die sich südlich ausbreitenden Wiesen bis zum Parkplatz Renksteg).

Leichte Wanderung, angenehme Waldwege bzw. direkt am Ufer der Stillach entlang; mäßige An- und Abstiege.

Schanzenwirt; Kiosk an der Skiflugschanze ②; Gasthof Freibergsee ③

## Stiller See und rauschende Stillach

*Gleich am Ausgang des Stillachtales wartet diese schöne Tour auf Entdecker. Wir wandern über weite Strecken entlang der rauschenden Stillach, kommen vorbei an der Skiflugschanze mit der Möglichkeit, vom Absprungturm einen herrlichen Rundblick zu genießen, durchstreifen hübsche Mischwälder und umrunden den stillen Freibergsee, der sich inmitten dieser Wälder versteckt. Eine schöne Tour, insbesondere im Frühling oder Herbst.*

Der **Parkplatz Renksteg** ①, 826 m, liegt direkt an der Stillach, die wir auf einer überdachten Holzbrücke überqueren, um uns auf der anderen Seite nach links zu wenden. Die Stillach ist einer der drei Quellflüsse der Iller und kommt – wie die meisten Oberallgäuer Bergflüsse – meistens glasklar daher, so dass es eine wahre Freude ist, neben dem rauschenden Wasser entlangzuwandern. Der schöne Weg führt direkt am bewaldeten Ufer entlang und bringt uns nach etwa einem Kilometer zu einer offenen Wiese, die wir auf einer hübschen Platanenallee durchqueren; um schließlich zum unteren Stadionbereich der Skiflugschanze zu gelangen, deren Absprungschanze hoch oben auf dem Hang thront. Da der Wanderweg hinauf leider nicht mehr gepflegt wird/gesperrt ist, bleiben für die gut 100 Höhenmeter zwei Alternativen: bequem, aber recht

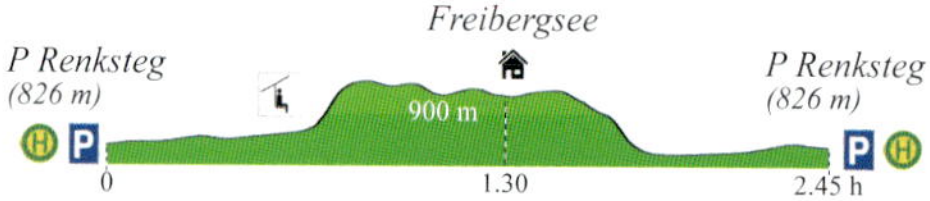


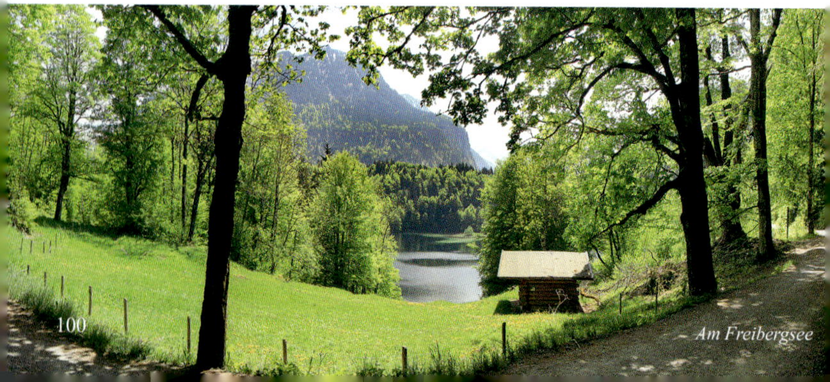

Am Freibergsee

teuer für die kurze Strecke per Lift oder der etwas längere Umweg in südwestlicher Richtung über eine Teerstraße hinauf nach Schwand und von dort auf einem breiten Schotterweg durch Wald zum Turm (+ 2,5 km).

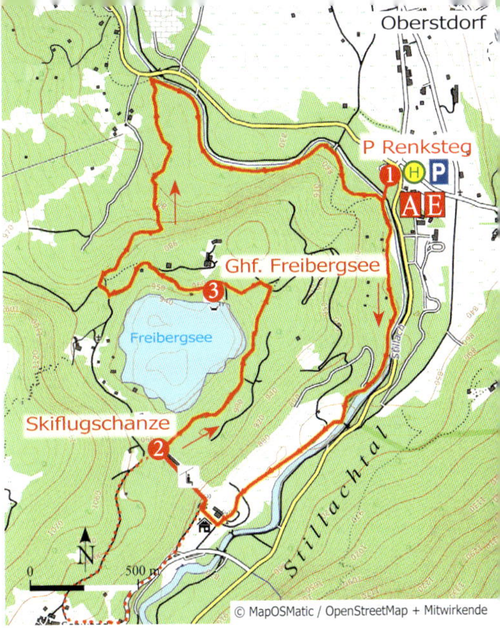


Oben angekommen am **Skisprungturm** ②, 980 m, bietet sich der Besuch der Aussichtsplattform der Schanze an (Eintritt) mit einem großartigen Blick sowohl über den Freibergsee tief unter uns als auch nach Süden weit ins Stillachtal hinein. Und wer einen Blick die Absprungschanze hinunterwirft, um weit unten die Landezone zu erkennen, kann vor dem Mut der Skispringer nur den Hut ziehen.

Dann beginnen wir unsere halbe Umrundung des Freibergsees, wählen dazu den rechten Weg und wandern genüsslich auf dem schönen Waldweg entlang. Der Rundweg verläuft fast die gesamte Strecke hoch über dem See, dessen Wasserfläche manchmal links unter uns durch das Laub glitzert. An einer Kreuzung halten wir uns links und steigen dann zum **Gasthof Freibergsee** ③, 938 m, hinunter, der direkten Zugang zum Seeufer, Bademöglichkeit und Bootsverleih bietet. Dahinter geht es wieder leicht bergauf und noch gut 200 Meter weiter bis zu einem Abzweig etwa bei der Nordwestecke des Sees. Dort halten wir uns zwei Mal rechts und steigen dann auf breitem Weg den steilen, bewaldeten Nordhang abwärts. Am Ende des Abstiegs stoßen wir in der Nähe einer Straßenbrücke wieder auf die Stillach. Wir bleiben auf dem diesseitigen Ufer und wandern auf dem schönen Uferweg flussaufwärts. Nach etwa einem Kilometer treffen wir auf den Unteren Renksteg, eine weitere überdachte Holzbrücke. Von hier sind es – links oder rechts des Ufers – nur noch wenige Minuten zurück zum Parkplatz.

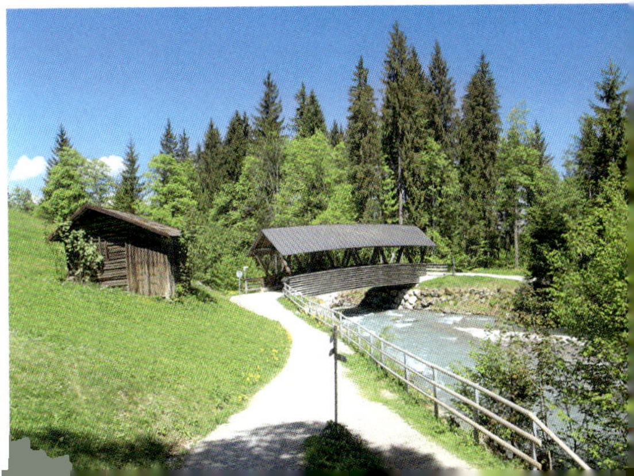

*Stillach-Uferweg*

# 34 Stillachufer und Birgsauer Wiesen

2.45 Std. | 225 / 100 | 8 km

Stillachtal, Parkplatz »Renksteg« rechts der Straße, 826 m. Von Oberstdorf 4 km ins Stillachtal (**Navi**: *87561 Oberstdorf, Birgsauer Straße*); Bus Oberstdorf (Bhf.)–Fellhornbahn/Birgsau ca. halbstündlich mit Halt direkt am Parkplatz (alternativ etwa drei Kilometer ab Bahnhof zu Fuß durch den Ort und die sich südlich ausbreitenden Wiesen zum P).

**Endpunkt**: Birgsau im Stillachtal. Bushaltestelle »Eschbachalpe« (halbstündlich zurück zum Ausgangspunkt oder Oberstdorf).

Leichte Wanderung, angenehme, breite Wege (Wald, Wiese, Stillach-Uferweg).

Alpengasthof Schwand ③; Gaststätte Faistenoy ④; Birgsauer Hof ⑤; Eschbachalpe ⑤

## Gemütliche Ufer- und Wiesenwanderung

*Wegen der Fellhornbahn-Talstation sowie der vereinzelten Bauernhäuser führt eine Buslinie von Oberstdorf bis weit in das langgestreckte Tal hinein. Was uns die Chance bietet, die Landschaft auf einer abwechslungsreichen Streckenwanderung zu durchstreifen, um gegen Ende mit dem Bus wieder zurückzukehren. Wir wandern auf stillen Wegen entlang der klaren Stillach, durchstreifen offene Wiesen und genießen die herrliche Bergszenerie ringsum.*

Vom direkt an der Stillach gelegenen **Parkplatz Renksteg** ①, 826 m, wechseln wir auf einer überdachten Holzbrücke aufs gegenüberliegende Ufer, wenden uns dort nach links und wandern auf dem schönen, bewaldeten Uferweg flussaufwärts, während neben uns das kristallklare Wasser entlangströmt. Nach gut einem Kilometer geht der Wald in eine weite Wiese über mit einer hübschen Platanenallee, durch die wir zum Stadion der Skiflugschanze hinüberspazieren; rechts hoch oben auf dem Hang ragt die dazugehörige Absprungschanze in den Himmel. Parallel zum Flughang fährt ein Lift hinauf, der uns in wenigen Minuten zum **Skisprungturm** ②, 980 m, hinaufbefördert (die einzige Alternative zum recht teuren Lift ist die Teerstraße nach Schwand). Von der Aussichtsplatt-

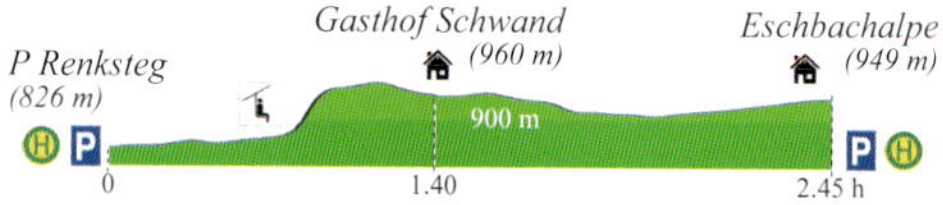


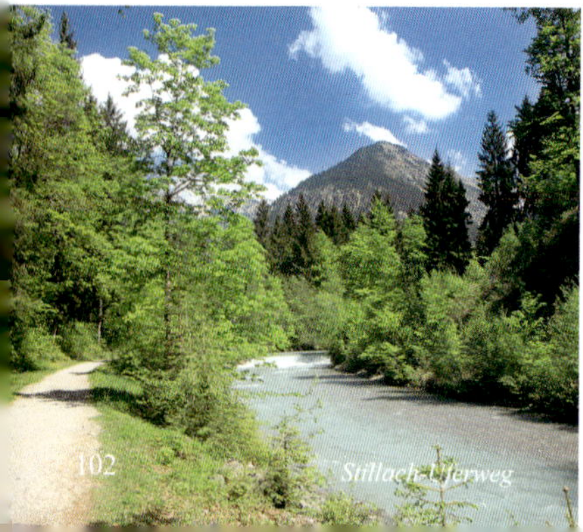
Stillach-Uferweg

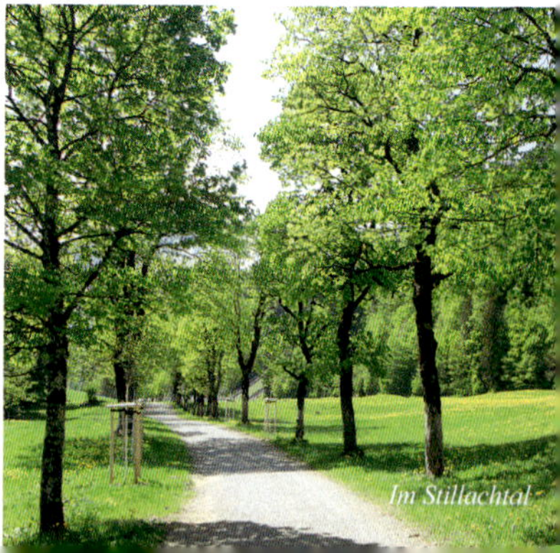
Im Stillachtal

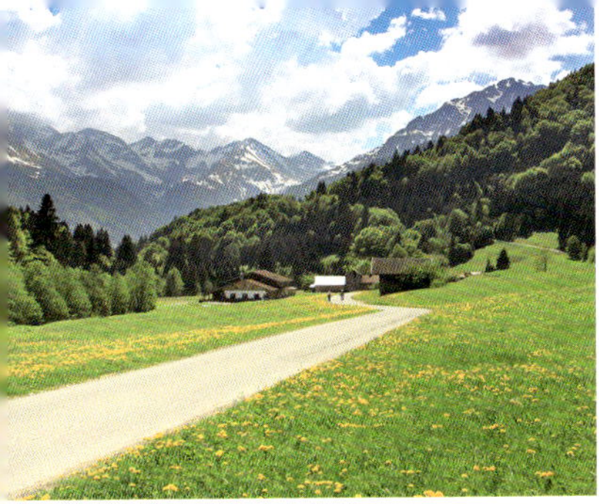

form oben auf dem Turm (kostenpflichtig) genießt man einen schönen Überblick über das Stillachtal und den Freibergsee. Wir verlassen den Turm in südlicher Richtung und schlendern gemütlich auf einem breiten Forststräßchen durch den schönen Wald hinüber zu der kleinen Häuseransammlung von **Schwand** ③, 960 m (mit Gasthof). Vor uns breitet sich ein kleines, von bewaldeten Hängen eingerahmtes Hochtal mit Wiesen und vereinzelten Häusern aus. Wir spazieren auf einem breiten Schotterweg durch die offenen Wiesen südwärts, bis sich nach etwa 1,5 Kilometern das Gelände öffnet und dieses Nebental wieder aufs Haupttal der Stillach trifft. Direkt vor uns in der Ferne recken sich die hohen Felsgipfel von Trettachspitze und Mädelegabel in den Himmel. Über offene Wiesen gelangen wir nun recht zügig zum gewaltigen Parkplatz der Fellhornbahn. Immer weitgehend geradeaus passieren wir das **Talstation-Gebäude** ④, 920 m, und gehen dann schräg links hinab zur Stillach, die wir – ebenso wie die Straße – überqueren. Wenige Schritte später erreichen wir einen Schotter-Wanderweg, halten uns rechts und steuern erneut auf den markanten Talschluss zu. Gelegentlich passieren wir einen einzelnen Bauernhof, dann gelangen wir zum Birgsauer Hof und etwas später zur **Eschbachalpe** ⑤, 949 m. Von dort führt ein kurzer Stichweg rechts zur Straße und zur Bushaltestelle.

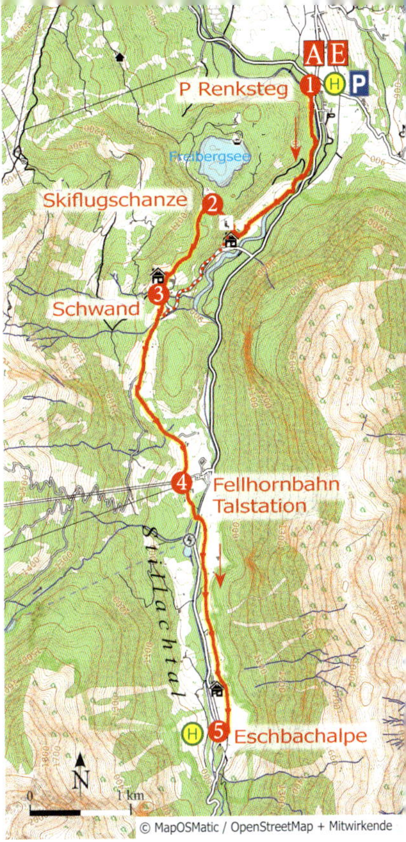

© MapOSMatic / OpenStreetMap + Mitwirkende

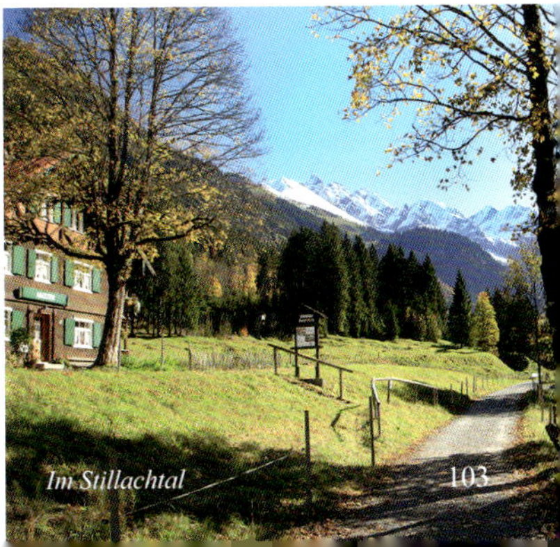

Im Stillachtal

# 35 Fellhorngrat und Kanzelwand

3 Std. | 375 / 575 | 7,1 km

Stillachtal, Talstation der Fellhornbahn, 927 m. Von Oberstdorf 9 km ins Stillachtal (*Navi: 87561 Oberstdorf, Faistenoy 10*); Bus Oberstdorf (Bhf.)–Fellhornbahn bzw. Birgsau ca. halbstündlich.

*Fellhornbahn*: Großkabinenbahn, Betriebszeiten ca. Ende Mai–Ende Oktober, 8:30–16:50 h, www.ok-bergbahnen.com, Talstation 927 m, Station Schlappoltsee 1785 m, Gipfelstation 1975 m.

Die Wege zwischen Kanzelwand und Fellhorn sind breit und einfach. Am Kanzelwand-Gipfel etwas schrofig.

Gipfelrestaurant ②; Panoramarestaurant Kanzelwand ④; Obere Bierenwangalpe ⑤

## Gratwanderung hoch über dem Stillachtal

*Das Fellhorn ist sicherlich einer der meistbesuchten Gipfel im gesamten Allgäu, was zum einen an den beiden Seilbahnen (Fellhorn und Kanzelwand) liegt, zum anderen natürlich an der großartigen Aussicht, die man dort oben auf einem der vielen schönen Wegen genießen kann. Auf dieser Tour wandern wir auf dem herrlichen Gratweg hinüber zur Kanzelwand, genießen freie Blicke ins Stillach- und Kleinwalsertal, gemütliche Alphütten und den malerischen Schlappoltsee sowie die kleinen Besonderheiten am Wegesrand.*

Von der **Talstation** ①, 927 m, geht es hinauf bis zur **Fellhorn-Gipfelstation** ②, 1967 m, die oben auf dem Grat thront und gleich bei der Ankunft schönste Ausblicke sowohl ins Stillachtal als auch hinüber ins Kleinwalsertal bietet. Zum **Fellhorn-Gipfel** ③, 2038 m, mit seinem noch umfassenderen 360-Grad-Panorama sind es von hier nur wenige Minuten und gut 100 Höhenmeter auf einem breiten Weg. Angesichts der recht kurzen Tour

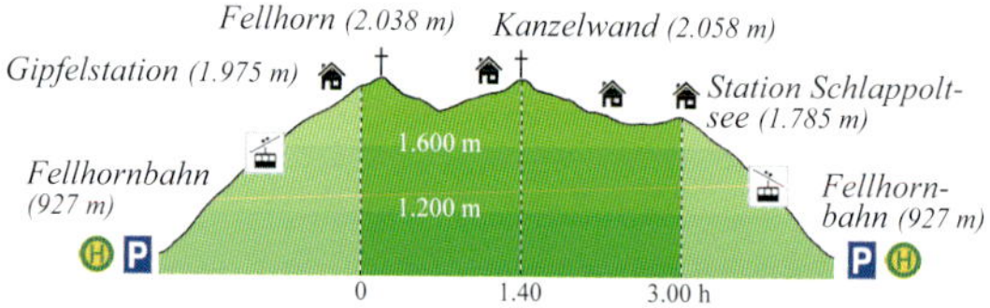


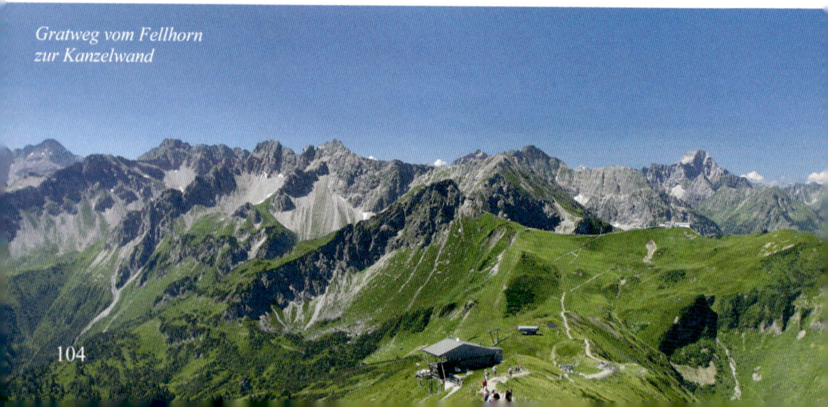

*Gratweg vom Fellhorn zur Kanzelwand*

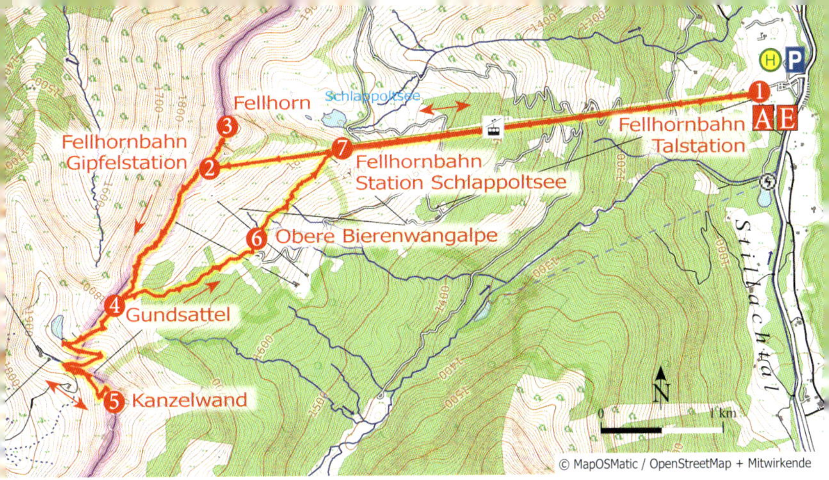


kann man also durchaus noch den zusätzlichen Gipfel mitnehmen. Die eigentliche Wanderung startet in die entgegengesetzte Richtung: vor uns liegt ein herrlicher, allerdings auch sehr gut besuchter Kammweg hinüber zur Kanzelwand-Bergstation. Begleitet von weiten Ausblicken nach links und rechts geht es gemütlich auf dem breiten Weg südwärts, wobei wir ganz allmählich an Höhe verlieren bis zum tiefsten Punkt des Grates, dem **Gundsattel** ④, 1810 m. Dahinter wandern wir – entlang eines hübsch gestalteten, kindgerechten Wasser-Erlebnispfades – in weiten Kehren hinauf zu einem breiten, quer verlaufenden Rücken mit der Seilbahn-Bergstation an einem Ende und dem Kanzelwand-Gipfel am anderen. Auf diesem Rücken halten wir uns links und steigen in einigen Kehren zu einer kleinen Scharte hinauf und weiter – durch etwas schrofiges Gelände – links zum nahen **Kanzelwand-Gipfel** ⑤, 2058 m, mit seinem eindrucksvollen Rundumblick.

Für den Rückweg folgen wir anfangs dem Hinweg: es geht zurück auf den breiten Rücken vor der Kanzelwandbahn-Bergstation, dann rechts hinab zum **Gundsattel** ④, wo wir den Gratweg verlassen. Auf dem anschließenden, schönen Höhenweg wandern wir durch alpine Matten hinüber zur **Oberen Bierenwangalpe** ⑥, 1735 m, und weiter zur **Seilbahnstation Schlappoltsee** ⑦, 1780 m, von wo wir uns bequem ins Tal befördern lassen. (Wer Zeit und Lust hat, kann noch zum knapp unterhalb der Station gelegenen, schönen Schlappoltsee hinabsteigen).

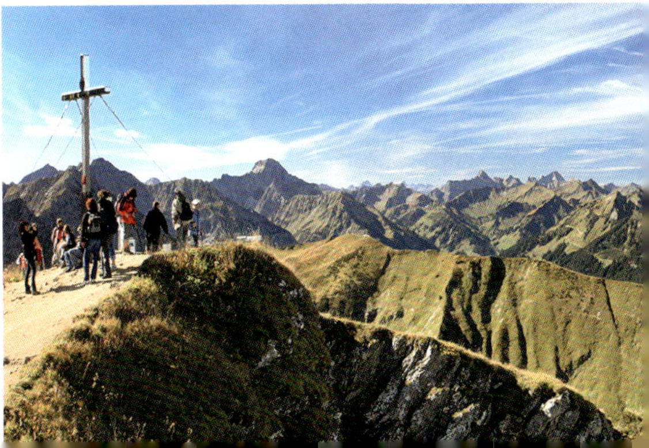

*Fellhorn-Gipfel*

# 36 Zum malerischen Weiler Einödsbach

3 Std. | 220 Hm | 10,1 km

Stillachtal, Parkplatz »Faistenoy« an der Stillachbrücke bei der Talstation der Fellhornbahn, 900 m. Von Oberstdorf 9 km ins Stillachtal (***Navi***: *87561 Oberstdorf, Faistenoy 10)*; Bus Oberstdorf (Bhf.)–Fellhornbahn bzw. Birgsau ca. halbstündlich.

Meist breite, leichte Wege mit mäßigen Steigungen, teils Spaziergang-Charakter.

Birgsauer Hof ②; Eschbachalpe ②; Berggasthof Einödsbach ③; Buchenrainalpe ④

## Gemütliche Tour mit herrlicher Szenerie

*Neben Breitach und Trettach ist die Stillach der dritte Quellfluss der Iller, welche schließlich in Oberstdorf ihren Ursprung hat. Das Stillachtal beginnt gleich südlich vor den Toren Oberstdorfs und schiebt sich fast fjordartig weit in die Allgäuer Alpen hinein. Auf dieser schönen Wanderung erleben wir den mittleren Teil des Tal mit den weiten Wiesenebenen von Birgsau, und wandern von dort gemütlich hinauf zum Weiler Einödsbach, der sicher zu den meistfotografierten Plätzen im Oberallgäu gehört.*

Nach der Anfahrt durch das recht enge Stillachtal weitet sich bei Faistenoy das Tal und gibt den Blick frei auf die hohen Dolomitgipfel von Trettachspitze und Co. genau vor uns im Süden. Weniger schön ist der riesige Parkplatz, der den Vordergrund bildet – und seine Dimensionen in erster Linie der Fellhornbahn schuldet, deren Talstation sich rechts von uns befindet. Für unsere Wanderung bleiben wir auf dem kleineren **Parkplatz links der Stillach** ①, 900 m. Eine autofreie Straße führt am Fluss entlang; wir wählen hingegen den schmalen Schotterweg, der am linken, hinteren Parkplatzende beginnt und sich durch die Ebene von Birgsau taleinwärts zieht. Wir passieren zahlreiche, vereinzelt auf den Wiesen stehende Bauernhäuser sowie eine

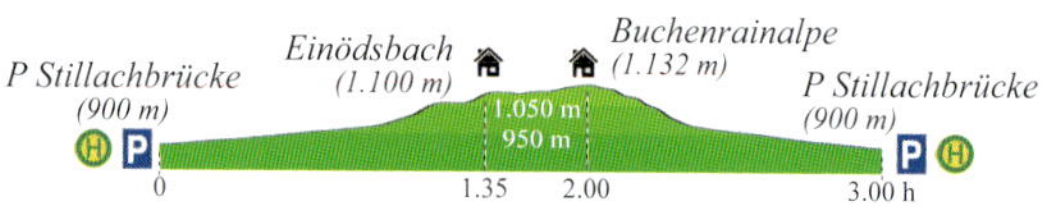


kleine **Kapelle** ②, 960 m, wobei wir immer direkt auf den markanten Gipfel der Trettachspitze zuhalten. Schließlich gelangen wir zum südlichen Ende der Wiesen, wo unser Aufstieg nach Einödsbach beginnt. An einer Weggabelung halten wir uns links und wandern den mäßig ansteigenden Wirtschaftsweg durch Mischwald aufwärts. Rechts, tief unter uns, hören wir den Fluss rauschen, von dem wir uns immer weiter entfernen. Nach knapp 30 Minuten haben wir unser Ziel erreicht: den Weiler **Einödsbach** ③, 1100 m. Das Prädikat »südlichste Dauersiedlung Deutschlands« mag angesichts der gerade mal vier Häuser plus Kapelle etwas übertrieben klingen, aber die malerische Lage und das Panorama

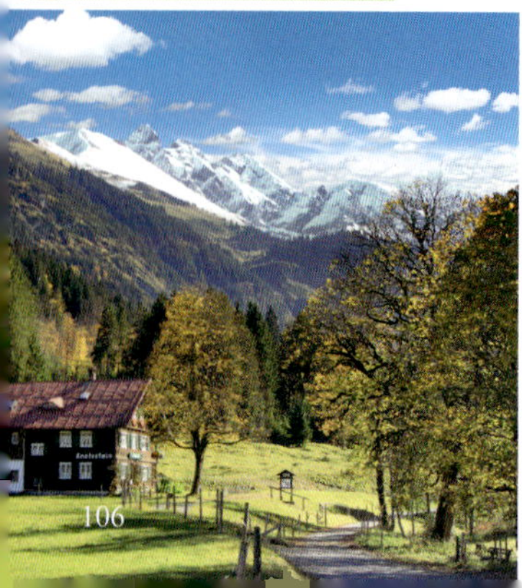

lassen wenig zu wünschen übrig. Auf einem kleinen sonnigen Südhang am Ausgang des Bacherloch-Tales gelegen, bildet das Ensemble einen der schönsten Plätze im Allgäu. Ein hübsch herausgeputztes altes Bauernhaus, eine kleine Kapelle und hoch über allem die beeindruckende Gipfelparade mit Trettachspitze, Mädelegabel und Hochfrottspitze; letztere ist mit 2649 m immerhin der höchste Gipfel im deutschen Teil der Allgäuer Alpen.

Für den Rückweg wechseln wir auf die gegenüberliegende Talseite. Dazu folgen wir einem schmalen, etwas versteckt liegenden Pfad hinter dem Gasthof Einödsbach, der uns in wenigen Schritten hinunter zum Bacherlochbach bringt. Über einen kleinen Steg und auf einem Waldweg weiter taleinwärts gelangen wir zu einer Lichtung, wo ein schmaler Holzsteg über die Stillach führt – beziehungsweise über den Rappenalpbach, wie er hier im hinteren Talabschnitt heißt. Auf der anderen Bachseite treffen wir auf eine (autofreie) Teerstraße, auf der wir – rechts – in wenigen Minuten zur urigen **Buchenrainalpe** ④, 1132 m, hinaufsteigen. Und auf der gegenüberliegenden Talseite können wir nun mit etwas größerem Abstand die eindrucksvollen Felsgipfel des Allgäuer Hauptkamms bestaunen.

Von der Buchenrainalpe wandern wir auf der Teerstraße durch dichten Mischwald in weiten Kehren abwärts Richtung Birgsau. Am Ende des Abstiegs haben wir die Ebene erreicht und bummeln auf dem Herweg zurück zur Stillachbrücke.

Wer sich den drei Kilometer langen Fußmarsch zum Parkplatz sparen möchte oder wer ohnehin »öffentlich« unterwegs ist und nach Oberstdorf zurück will, kann von hier auch mit dem Bus zurückfahren (Haltestelle »Eschbachalpe« ca. 200 m geradeaus; Busse halbstündlich, das verkürzt die Wanderzeit um ca. 45 Min.).

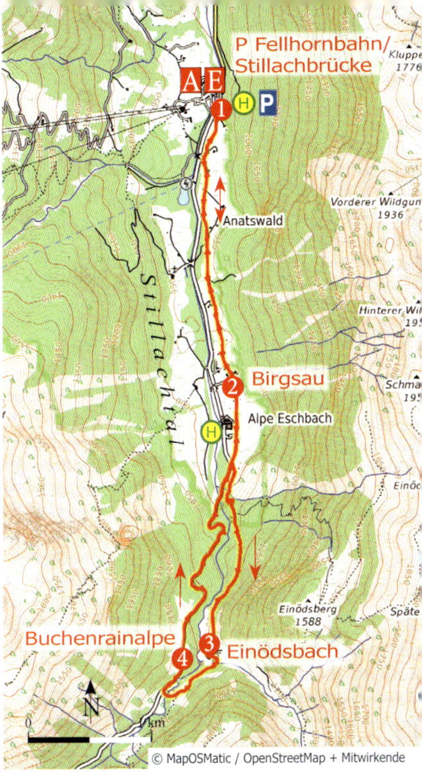


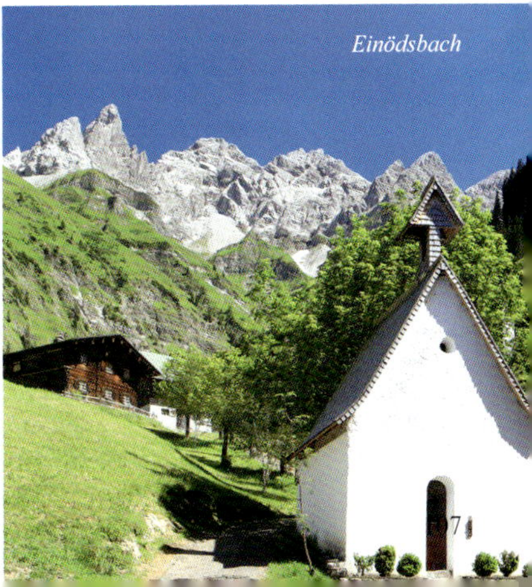
*Einödsbach*

# 37 Vom Söllereck ins Kleinwalsertal

1.45 Std. | 40 / 320 | 5,1 km

Söllereckbahn, von Oberstdorf ca. 4 km Richtung Kleinwalsertal (*Navi*: *87561 Oberstdorf, Kornau Wanne 8*); Walserbus Oberstdorf–Baad im 10- bis 20-Min.-Takt, Haltestelle »Söllereckbahn«.

*Söllereckbahn*: Kleinkabinenbahn, Betrieb ca. Anfang Mai–Anfang November, 9–17 Uhr, www.ok-bergbahnen.com, Talstation 990 m, Bergstation 1360 m.

**Endpunkt**: Riezlern, 1087 m; von dort Walserbus zurück zur Söllereckbahn im 10- bis 20-Min.-Takt.

Der breite, angenehme Weg hat teilweise Spazierwegcharakter. Am Ende der Tour teils sehr steil hinab nach Riezlern. Oft sehr überlaufen.

Diverse in Bergstation-Nähe ②; Schrattenwangalpe ③; Mittelalp ④; Berg-Stüble

## Herrlicher Spazierweg mit perfektem Panorama

*Das Söllereck lockt als beliebtes Familienziel mit einem umfangreichen Angebot mit Kletterwald, Spielplatz, Seilbahn und Sommerrodelbahn. Im Gegensatz zu seinen alpinen, auch per Seilbahn erreichbaren Nachbarn Fellhorn, Nebelhorn und Co. spielt sich hier alles ein Stockwerk tiefer ab. Wanderer finden hier jedoch einen der schönsten – und dabei einfachsten – Panoramawege der Region: Von der Bergstation geht es fast ausschließlich bergab über eine aussichtsreiche, von offenen Wiesen bedeckte Hochebene hinüber nach Riezlern. Eine Wanderung für Genießer – allerdings sehr gut besucht!*

Von der **Talstation** ①, 990 m, schweben wir zunächst mit der Söllereckbahn nach oben. Die **Bergstation** ②, 1360 m, liegt am unteren Rand eines offenen und recht steilen Wiesenhangs, der uns den einzigen Anstieg der heutigen Tour abverlangt. Vorbei an den beiden Gasthäusern Schönblick und Gasthaus am Söller wandern wir auf breitem Weg in wenigen Minuten hinauf zur **Schrattenwangalpe** ③, 1403 m, wo wir den höchsten Punkt der Wanderung erreichen. Der gemütliche Spaziergang nach Riezlern kann beginnen. Auf einem breiten, angenehm zu laufenden Schotterweg tauchen wir in einen kleinen Wald ein, der sich bald darauf – nachdem wir die Grenze nach

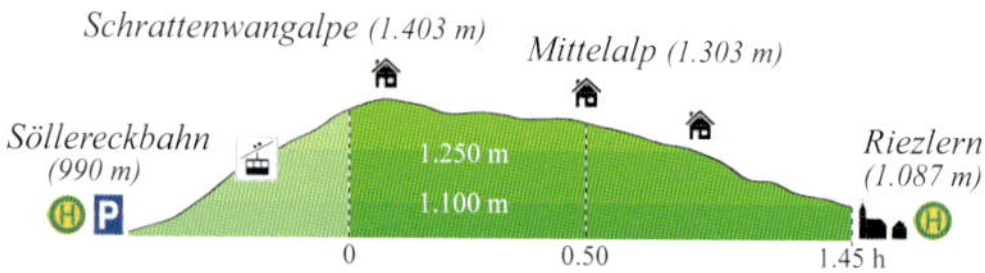


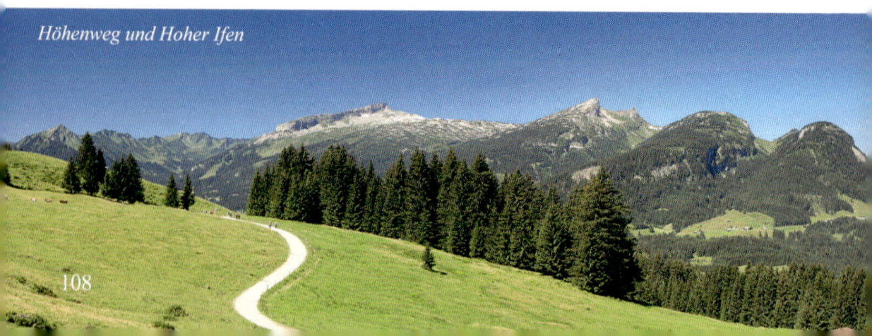
Höhenweg und Hoher Ifen

Vorarlberg überschritten haben – wieder lichtet und einen wunderschönen Blick freigibt auf das vor uns liegende Kleinwalsertal sowie weite, offene Wiesen, durch die sich der Weg hindurchschlängelt. Auf der gegenüberliegenden Talseite zieht der markante Hohe Ifen alle Blicke auf sich, flankiert vom spitzen Walmendinger Horn zur Linken sowie dem buckligen Gottesackerplateau und den hohen Gottesackerwänden zur Rechten. Vorbei an der unbewirtschafteten Amans-Alpe (mit kleiner Kapelle) bummeln wir auf dem leicht abfallenden Weg zur **Mittelalp** ④, 1303 m. Riezlern rückt immer mehr ins Blickfeld, und schließlich beginnt – mit dem prächtigen Panorama vor uns – der Abstieg ins Tal. In weiten Kehren, vorbei am Berg-Stüble, geht es abwärts, mitunter sehr steil und etwas kniebelastend. In einem engen und tief eingeschnittenen Tälchen verlassen wir an einer Spitzkehre den Hauptweg, halten uns links, überqueren einen kleinen Bach und wandern schließlich auf der anderen Seite durch schöne Wiesen hinunter nach **Riezlern** ⑤, 1087 m. Von dort verkehren alle 10 bis 20 Min. Busse zurück zum Startpunkt.

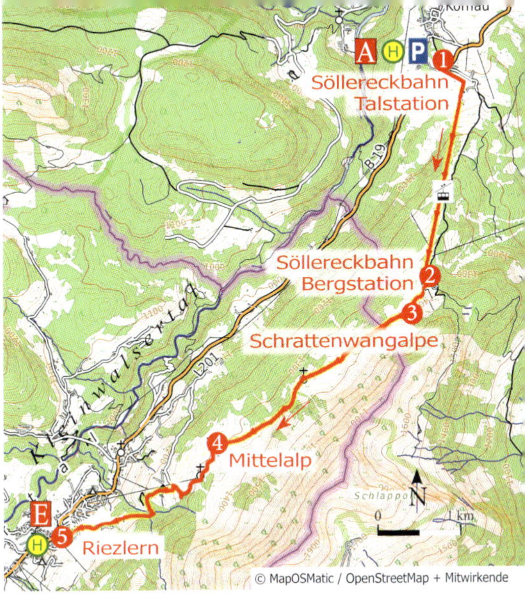



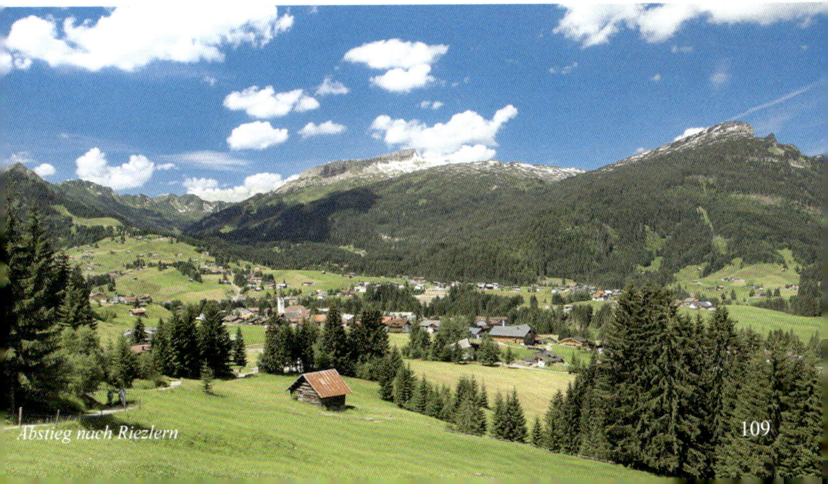
*Abstieg nach Riezlern*

# 38 Durch die Breitachklamm

2.15 Std. | 250 Hm | 5,5 km

Oberstdorf-Tiefenbach, ca. 5 Kilometer westlich von Oberstdorf, großer Parkplatz am unteren Ende der Breitachklamm, 830 m (***Navi**: 87561 Oberstdorf, Klammstraße 47)*; Bus ab Oberstdorf bzw. Fischen ca. 1 bis 2 x / Std.

In der Klamm teils eng und sehr feucht, Rückweg breite Wege; der Blick vom schmalen Steg hinab in die Klamm ist nichts für Leute mit Höhenangst.

Gasthaus Breitachklamm ①; Dornachalpe ⑤

## (Be)rauschendes am Ausgang des Kleinwalsertals

*Millionenfach bestaunt, ist die Breitachklamm eines der Naturwunder des Allgäus und des Kleinwalsertals. Ein beeindruckendes Erlebnis, wie sich die Wassermassen wildschäumend ihren Weg durch die teilweise nur wenige Meter enge und von über 100 Meter hohen Felswänden überragte Schlucht bahnen. Eine spannende Tour, überraschend laut und – selbst an sonnigen Sommertagen – feucht, an deren Ende sich eine gemütliche Wegstrecke entlang der dann wieder sanfteren Breitach anschließt.*

Vom **Klamm-Eingangshäuschen** ①, 830 m, spazieren wir hinüber zur Breitach, die hier noch recht gemächlich durch ihr bewaldetes Tal dahinrauscht. Der Weg verläuft am rechten Ufer flussaufwärts, und allmählich wird der Fluss wilder und das Tal felsiger. Bald erreichen wir die eigentliche Klamm und mit einem Schlag ändert sich die Szenerie, die Felswände rücken eng zusammen und streben gleichzeitig senkrecht nach oben. Der enge Pfad ist streckenweise waghalsig in den Fels hineingeschlagen, an manchen Stellen ist die Klamm nur wenige Meter breit und der Himmel ist nur als schmaler Streifen zu erahnen. Mal links, mal rechts des Wassers geht es flussaufwärts, und je nach

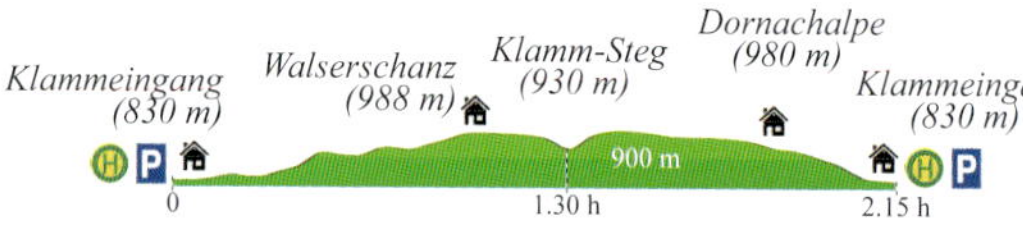


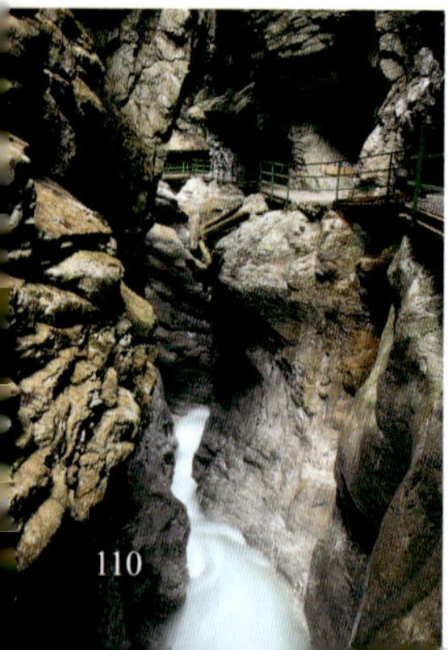

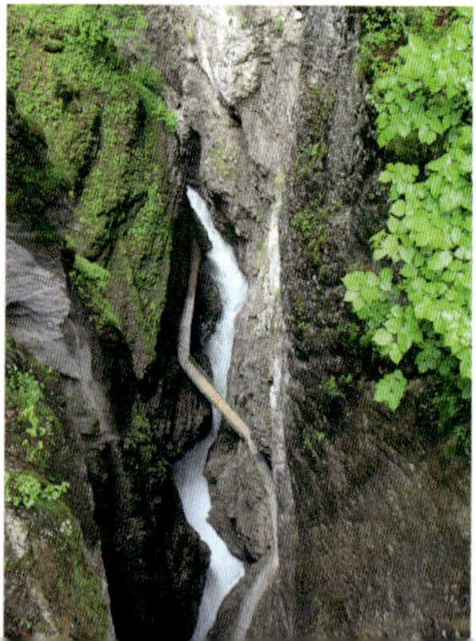

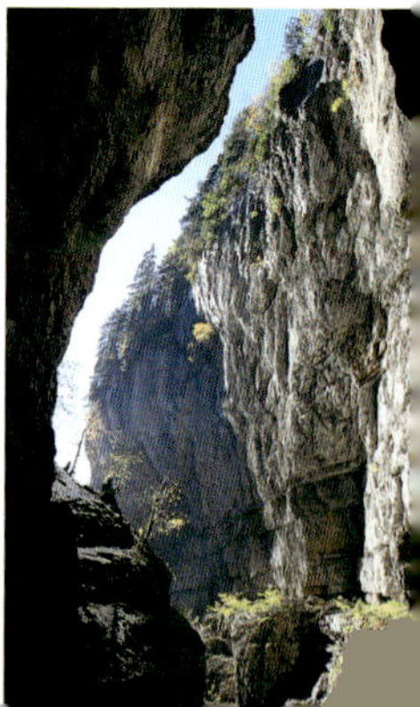

Wasserstand ist der Lärm fast ohrenbetäubend. Dann erreichen wir den oberen **Ausgang der Klamm** ②, 900 m. Und oft wird erst hier richtig deutlich, wie laut es in der Klamm gewesen ist. Obwohl hiermit die Klamm »offiziell« zu Ende ist, erwartet uns noch ein weiterer spannender Abschnitt vor uns: Der Fluss wird zwar breiter, aber die Felswände sind nicht minder beeindruckend, und der Weg ist spektakulär in den Fels gehauen. Dann ist auch dieser Abschnitt vorbei und es wird schlagartig still. Hier lassen wir den Fluss ganz hinter uns und steigen links in einem engen Taleinschnitt recht steil auf einem Schotterweg hinauf zu einem Parkplatz beim ehem. **Ghs. Walserschanz** ③ (988 m, Grenze A/D). Wir wenden uns talauswärts und gehen parallel zur Straße gut 300 m weiter, bis links ein Fußweg abzweigt. Auf diesem nähern wir uns – durch Wiesen und Wald – wieder der Breitachklamm, allerdings ein paar Stockwerke weiter oben. Nach einem kurzen Abstieg erreichen wir eine kleine **Brücke** ④, 930 m, die über einen nur wenige Meter breiten Spalt führt, der fast surreal längs durch den Waldboden verläuft. Ganz tief unten sehen wir die Breitach mit einigen Klammbesuchern in Ameisenformat. Der Tiefblick ist beeindruckend, aber wahrlich nichts für Leute mit Höhenangst. Ein kurzer Gegenanstieg auf der anderen Hangseite bringt uns hinauf zu einem breiten Fahrweg. Dort rechts und über offene Wiesen hinüber zur **Dornachalpe** ⑤, 980 m. Von dort führt rechts ein breiter Weg hinab ins Tal und zum Parkplatz am Klammeingang.

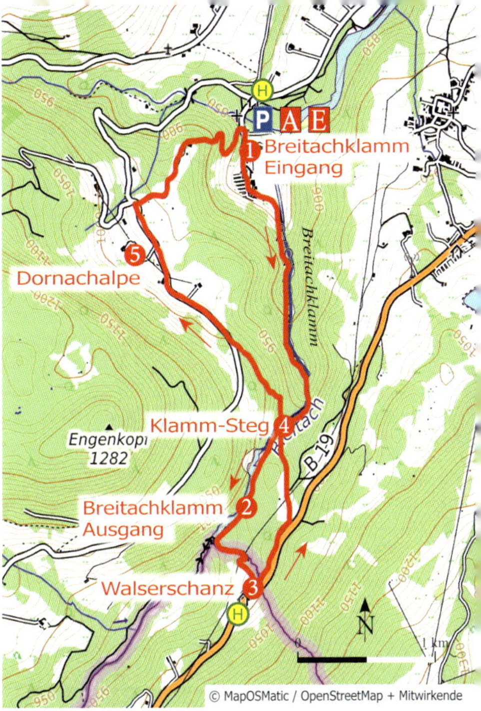


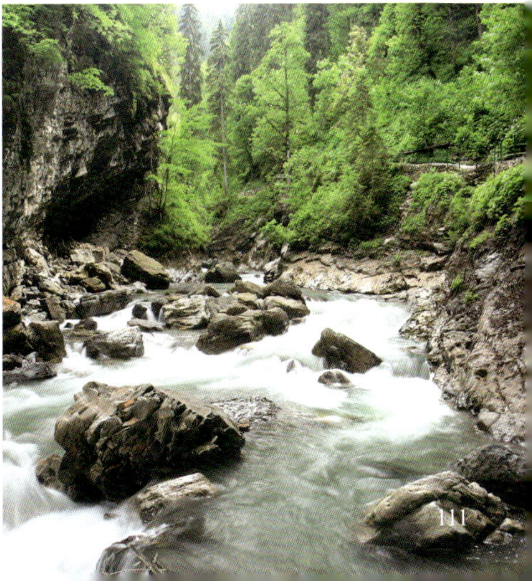

# 39 Durchs Breitachtal zur Müller`s Alpe

3.30 Std. | 250 Hm | 8,9 km

Riezlern, Ortsteil Schwende auf der westlichen Talseite, 1070 m. Vom B19-Kreisel nördlich von Oberstdorf (bei McDonald`s) etwa 10 km ins Kleinwalsertal hinein, kurz vor Riezlern rechts nach Schwende; ca. 500 m hinter der hohen Breitachbrücke wenige Parkplätze bei der kleinen Kirche *(Navi: A-6991 Mittelberg, Innerschwende 6)*; Walserbus Oberstdorf–Baad im 10- bis 20-Min.-Takt bis Haltestelle »Riezlern Post«, dort umsteigen in Linie 2 Richtung Schwende bis Haltestelle »Schwende« (etwas hinter der Kirche / halbstündlich).

Gute Wege ohne Schwierigkeiten.

Waldhaus ③; Müller`s Alpe ④

## Stille Pfade im vorderen Kleinwalsertal

*Die Breitach ist der größte Fluss des Kleinwalsertals und den meisten Wanderern wegen der Breitachklamm am Talausgang ein Begriff. Aber auch abseits der Klamm ist eine Uferwanderung ein schönes Erlebnis. In der Nähe von Riezlern hat sich der Fluss fast 100 m tief in die Landschaft eingeschnitten, wir steigen also auf dieser Tour ein paar Stockwerke hinab und lassen den Trubel des Tales weitgehend hinter uns. Wir folgen dem Wasser auf schönen Uferwegen talauswärts und kehren schließlich über die stillen, aussichtsreichen Wiesen auf der Westseite des Kleinwalsertals zum Ausgangspunkt zurück.*

Vom **Parkplatz** ①, 1070 m, folgen wir gut 100 m der Hauptstraße zurück Richtung Brücke, biegen direkt vor der Brücke rechts ab in den »Schwarzwasserbachweg« und steigen auf diesem hinab ins Tal. Am Talboden angekommen biegen wir kurz vor der **Alten Schwendebrücke** ②, 1000 m, links in einen Fußweg ein, auf dem wir am linken Ufer an der Breitach entlang flussabwärts wandern. Wir unterqueren die gewaltige, über uns aufragende, neue Autobrücke und durchwandern eine kleine Klamm aus festem Kalkgestein, den die Breitach durchfräst hat. Dahinter wird das Tal etwas zahmer, und ein breiter,

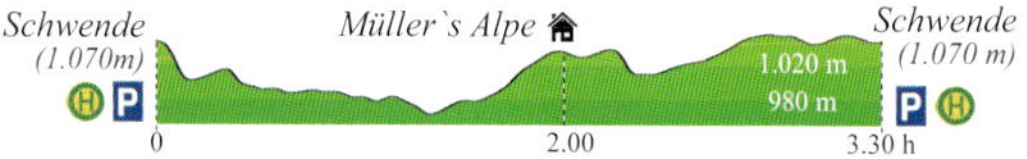


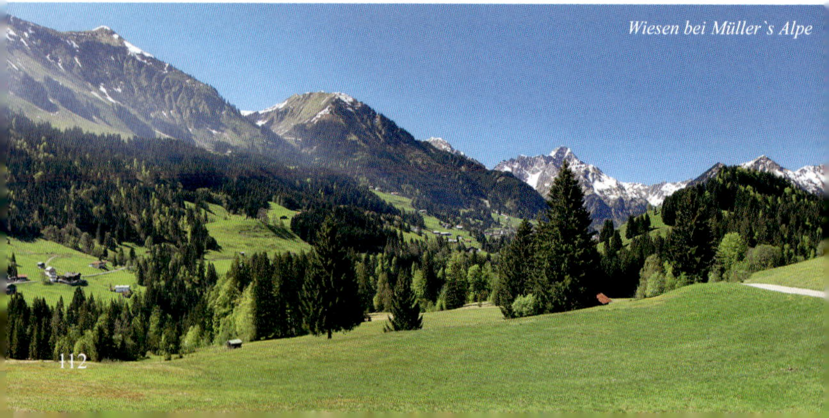

Wiesen bei Müller`s Alpe

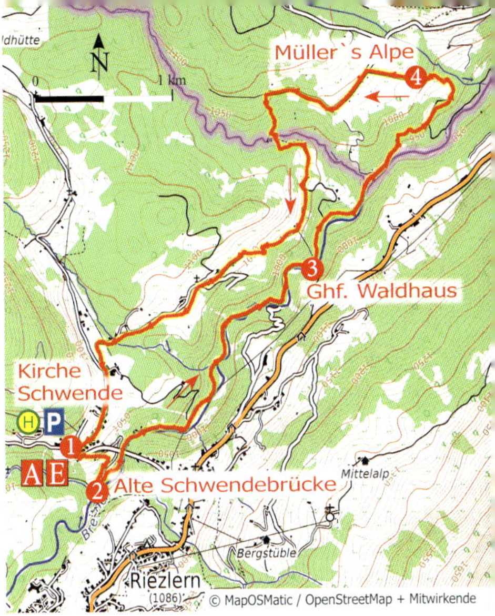


direkt am Ufer entlang führender Schotterweg bringt uns ganz gemütlich flussabwärts. Der gesamte, tiefe, bewaldete Einschnitt, den die Breitach hier geschaffen hat, wirkt erstaunlich abgeschieden, man nimmt im Grunde nur den Fluss und dessen Geräuschkulisse wahr, während das oben liegende Tal mit seinen Straßen, zahllosen Gehöften und Bauernhäusern gefühlt sehr weit entfernt ist. Bald passieren wir das direkt am Fluss gelegene **Waldhaus** ③, 958 m, wandern weiter talauswärts, bis sich der Weg etwas vom Ufer entfernt. Beim nächsten Abzweig verlassen wir den Taleinschnitt endgültig und steigen hinauf zur **Müller`s Alpe** ④, 1017 m, die auf der westlichen Talschulter inmitten einer Wiese liegt. Kurz darauf stoßen wir auf einen breiten Wirtschaftsweg, an dem wir uns links halten und – mit Blick auf den fernen Widderstein – über hübsche, blumenübersäte Feuchtwiesen den Rückweg antreten. Der Wirtschaftsweg endet kurz darauf, wir folgen links einem schmalen Weg, der uns hinunter in den bewaldeten Einschnitt des Hörnlebaches bringt. Auf der anderen Bachseite stoßen wir kurz darauf auf eine breite Schotterstraße (Fuchsloch, 1020 m), der wir Richtung Straußberg folgen. Nach einem kurzen Anstieg geht die Schotterstraße in eine Teerstraße über, auf der wir – vorbei an vereinzelten Gehöften inmitten eines offenen Wiesenhanges, von dem wir erneut einen freien Blick Richtung Widderstein genießen – zurück zu unserem Ausgangspunkt gelangen.

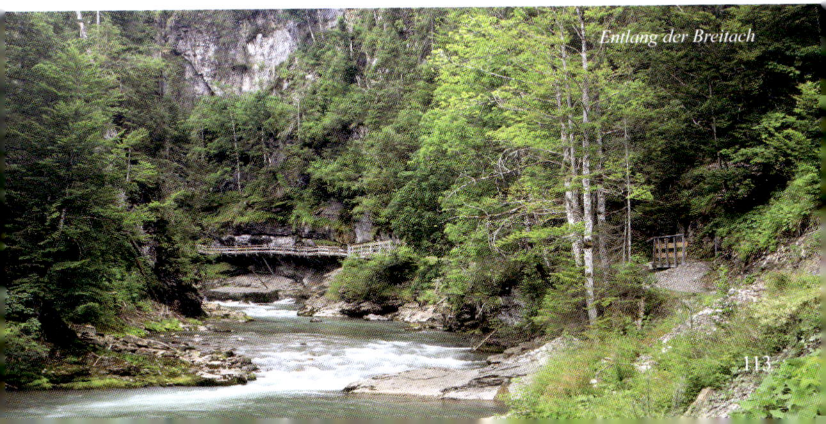

*Entlang der Breitach*

# 40 Zur Schwarzwasserhütte

3.30 Std. | 340 Hm | 9,1 km

Ifenbahn-Talstation, 1279 m. Vom B19-Kreisel nördlich von Oberstdorf (bei McDonald`s) etwa 12 km ins Kleinwalsertal, hinter Riezlern rechts und 4 km bis zur Ifenbahn *(**Navi**: A-6992 Hirschegg, Auenalpe 4)*; Walserbus Oberstdorf–Baad im 10- bis 20-Min.-Takt bis Haltestelle »Riezlern Breitachbrücke«, dort umsteigen Richtung Ifen, (halbstündlich).

Bis zur Melköde breiter Wirtschaftsweg ohne nennenswerte Steigung, dann mäßig steiler Anstieg auf guten Bergwegen zur Schwarzwasserhütte.

Auenhütte ①; Melköde ②; Schwarzwasserhütte DAV ③

## Schöne Talwanderung unterhalb des Hohen Ifen

*Das größte Nebental des Kleinwalsertals ist das Schwarzwassertal, das sich zwischen dem lang gezogenen Kamm der Ochsenhofer Köpfe und dem Hohen Ifen Richtung Westen erstreckt: nur einen Katzensprung vom dicht besiedelten Haupttal entfernt, aber doch sehr viel wilder und ursprünglicher. Hoch über dem Tal thront der mächtige Klotz des Hohen Ifen mit seinen beeindruckenden Felswänden, von denen einige Teile allerdings auch schon den Weg ins Tal gefunden haben, wie wir beim Durchwandern eines gewaltigen Bergsturzgebiets hautnah erleben können. Oben bei der Schwarzwasserhütte erwartet den Wanderer eine wunderschöne Hochfläche.*

Das Schwarzwassertal wird von zwei völlig unterschiedlichen Bergtypen eingerahmt. Im Süden erhebt sich der lang gestreckte, schmale Kamm mit den Ochsenhofer Köpfen und dem Walmendinger Horn – grüne, grasbewachsene Flyschberge, von tiefen Erosionsrinnen durchzogen. Auf der Nordseite ragt hoch die markante Kalkplatte des Hohen Ifen auf, die sich uns erst im weiteren Verlauf der Tour in ihrer ganzen Dimension präsentieren wird. Vom

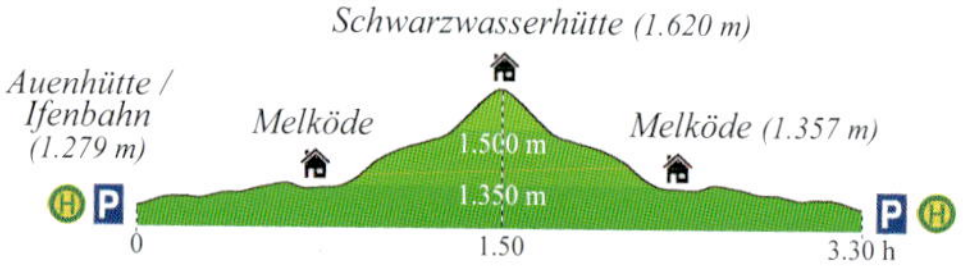


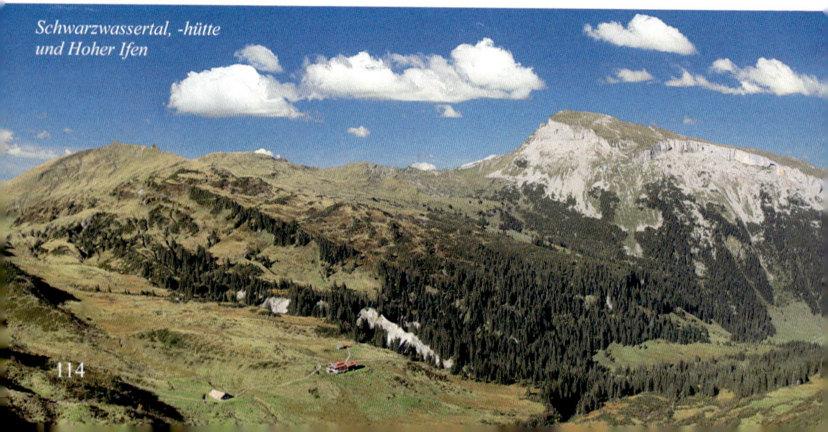

*Schwarzwassertal, -hütte und Hoher Ifen*

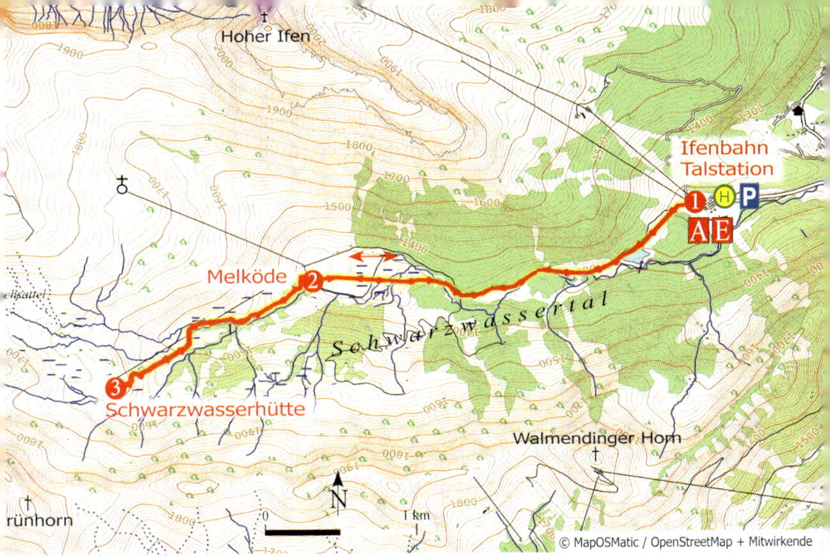


Parkplatz an der **Auenhütte** ①, 1279 m, folgen wir dem breiten Weg über eine kleine Erhebung und vorbei an einem Beschneiungsteich ins Schwarzwassertal hinein. Entlang des Weges verraten uns immer wieder kleine Infotafeln Wissenswertes über die Umgebung. Plötzlich ändert sich das »aufgeräumte« Bild des Talbodens, und wir tauchen in eine wilde Tallandschaft ein: mächtige Felsbrocken, von dichtem Moos und uralten Fichten bedeckt. Das urtümliche Durcheinander, durch das sich der Weg hindurchschlängelt, ist der Überrest eines gewaltigen, prähistorischen Bergsturzes, der einen Teil des Hohen Ifen ins Tal befördert hat. Kurz danach erreichen wir eine tischebene Aue, die aus einem längst verlandeten See hervorgegangen ist; dieser hatte sich damals vermutlich hinter dem Bergsturz-Material aufgestaut. Ein Wirtschaftsweg entlang dieser Ebene führt uns schließlich zur Alphütte der **Melköde** ②, 1357 m, wo unser Aufstieg zur Schwarzwasserhütte beginnt.

Wenige Minuten oberhalb der Melköde liegt – etwas versteckt direkt neben dem Weg – ein hübscher Wasserfall, dahinter verläuft der Weg entlang des Schwarzwasserbaches durch offene Wiesen, kleine Hochmoore und Baumgruppen hindurch, ehe uns einige letzte Serpentinen hinauf zur **Schwarzwasserhütte** ③, 1620 m, bringen. Die Hütte liegt am unteren Rand einer wunderschönen Hochebene, die im Süden und Westen von den grasüberzogenen Gipfeln von Grünhorn und Steinmandl eingerahmt wird. Und im Norden zeigt sich nun auch der Hohe Ifen in seiner ganzen Pracht. Ein herrliches Plätzchen!

Wer seinen Aufenthalt noch etwas ausdehnen möchte, kann in etwa 40 Minuten durch die schönen Wiesen, die die Umgebung der Hütte prägen, hinauf zum Gerachsattel, 1752 m, steigen, der als weich geschwungener Einschnitt zwischen Steinmandl und Hählekopf zu erkennen ist: eine schöne, gemütliche Runde, die uns zudem mit einem freien Blick hinüber zum Diedamskopf belohnt.

Der Rückweg zur Auenhütte erfolgt auf demselben Weg.

# 41 Höhenweg von Mittelberg nach Baad

3.30 Std. | 180 / 400 | 9,8 km

Mittelberg, Zafernalift, 1210 m. Vom B19-Kreisel nördlich von Oberstdorf (bei McDonald`s) etwa 17 km weiter ins Kleinwalsertal bis nach Mittelberg. Parkplatz direkt neben der Talstation *(**Navi**: A-6993 Mittelberg, Walserstraße 376);* Walserbus Oberstdorf–Baad im 10- bis 20-Min.-Takt bis Haltestelle »Mittelberg«

*Zafernalift*: Sessellift, Betrieb ca. Mitte Mai–Anfang November, 9.30–16.30 Uhr, www.sonna-alp.at, Talstation 1210 m, Bergstation 1420 m.

Überwiegend leichte, breite Wege, einige kurze, steile Abstiegspassagen.

Sonna Alp ②; Berggasthof Bühlalpe ③; Stutzalpe ④; Café in Baad ⑤

## Gemütliche Wanderung im hinteren Kleinwalsertal

*Auf dieser leichten Tour, bei der dank des Sesselliftes zu Beginn die Anstiege überschaubar bleiben, durchstreifen wir das hintere Kleinwalsertal. Auf dem schönen Höhenweg wandern wir – vorbei an gemütlichen Alphütten und weiten Ausblicken – hinüber nach Baad. Auf dem Rückweg spazieren wir gemütlich flussabwärts entlang der wild rauschenden Breitach nach Mittelberg.*

Im Sessellift schweben wir entspannt von **Mittelberg** ①, 1200 m, hinauf zur **Bergstation des Zaferna-Liftes** ②, 1420 m. Von der Terrasse der Sonna Alp haben wir einen schönen Blick hinab zum Ort sowie ins Wildental auf der gegenüberliegenden Talseite mit den Felsgipfeln der Schafalpenköpfe im Talschluss. Der vor uns liegende, breite Höhenweg verläuft weitgehend eben am steilen Hang entlang südwärts und gewährt uns immer wieder schöne Ausblicke ins hintere Kleinwalsertal. Bald haben wir die **Bühlalpe** ③, 1422 m, erreicht, wo das Kleinwalsertal allmählich nach Westen biegt und sich auch unser Blickfeld um Bärenkopf, Zwölferkopf, Gemsteltal und Widderstein auf der südlichen Talseite erweitert. Wir bleiben auf dem breiten Schotterweg, der nun leicht ansteigend zur nahen **Stutzalpe** ④, 1496 m, führt. Dort biegen wir in einen

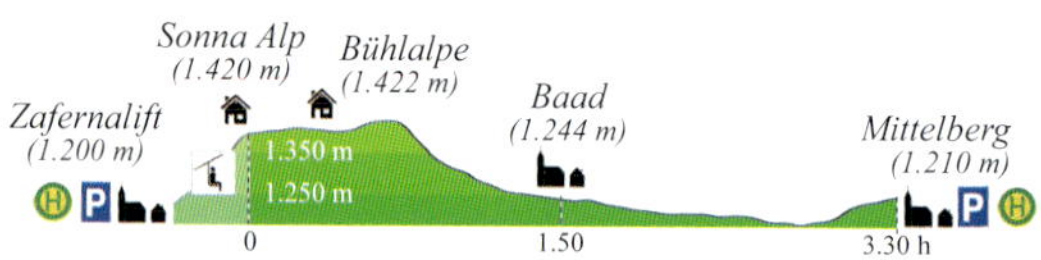


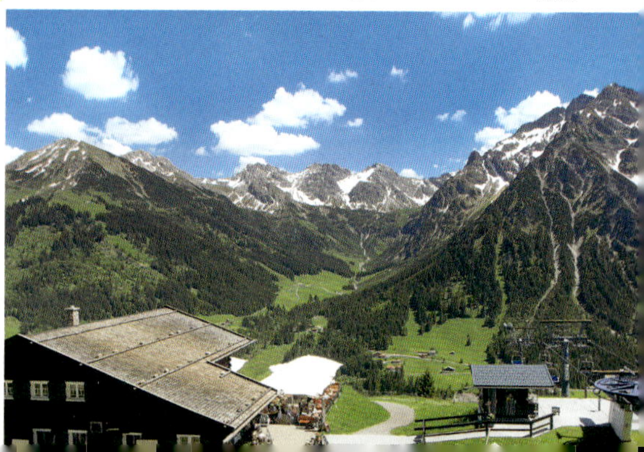

*Zaferna-Bergstation und Sonna Alp*

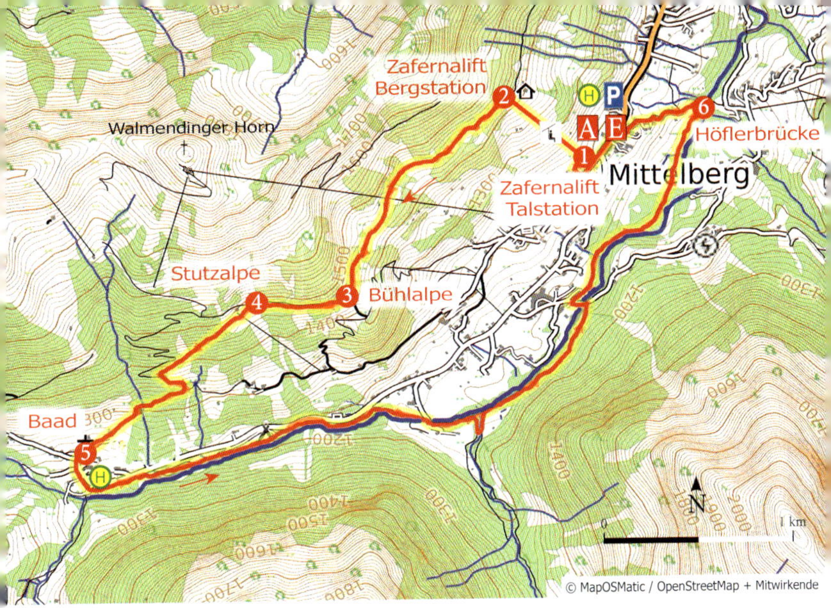


schmalen Wanderweg ein und steigen schräg den steilen, locker bewaldeten Berghang hinab, bis wir erneut auf eine breite Schotterstraße stoßen. Nach einer weiten Kehre ostwärts halten wir uns an einer Kreuzung rechts, bleiben noch kurz im Wald, bis sich vor uns das Gelände zu einem wunderschönen Panorama öffnet: Wir stehen am oberen Rand einer weiten Wiese, unter uns breitet sich das kleine Dorf Baad aus, und im weiten Rund ragen die steilen, grasbedeckten Flanken der Flyschberge des hinteren Kleinwalsertals in die Höhe. Wir wandern hinab nach **Baad** ⑤, 1244 m, und erreichen – vorbei an Kreisel und Parkplatz – die Breitach. Hier beginnt unser gemütlicher Rückweg, fast immer am munter rauschenden Bach entlang mit kaum merklichem Gefälle. Bald weitet sich das Tal ein wenig, und die ersten Häuser von Mittelberg tauchen inmitten freier Wiesen und Weiden auf, während sich rechts der Einschnitt des Gemsteltales öffnet. Wir wechseln ans rechte Breitach-Ufer, queren kurz darauf den von rechts herabrauschenden Gemstelbach, und spazieren weiter –

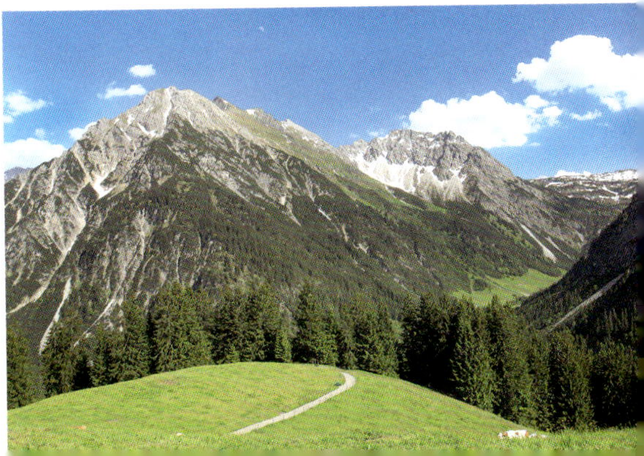

*Höhenweg bei der Bühlalpe*

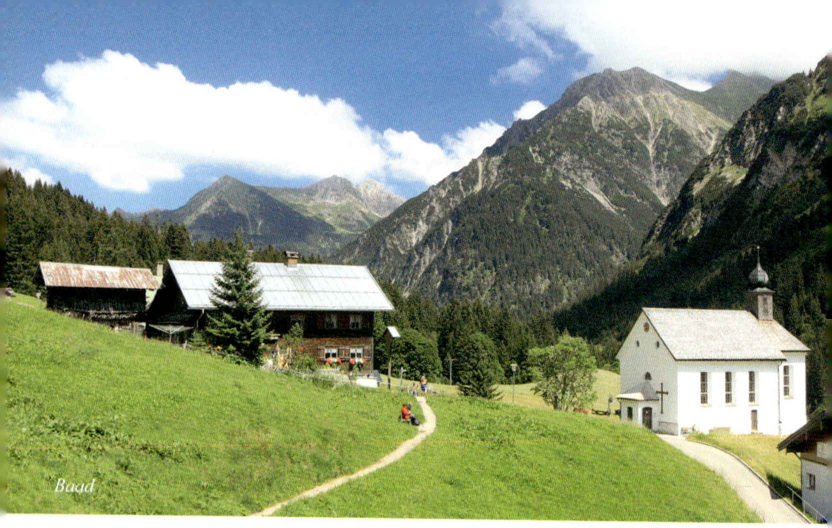

*Baad*

nun im Wald, aber immer noch direkt am Wasser – flussabwärts. Nach gut 10 Minuten wechseln wir auf einer Autobrücke ans linke Ufer. Ein lichter Auwald liegt vor uns, und allmählich schneidet sich die Breitach immer weiter in die Landschaft ein. Schließlich erreichen wir die **Höflerbrücke** ⑥, 1100 m, eine hübsche, überdachte Holzbrücke. Hier verlassen wir den Fluss und steigen links über Wiesen und vorbei an einzelnen Häusern zur Mittelberger Hauptstraße hinauf. Auf dieser halten wir uns links und sind in wenigen Minuten an der Talstation des Zaferna-Liftes.

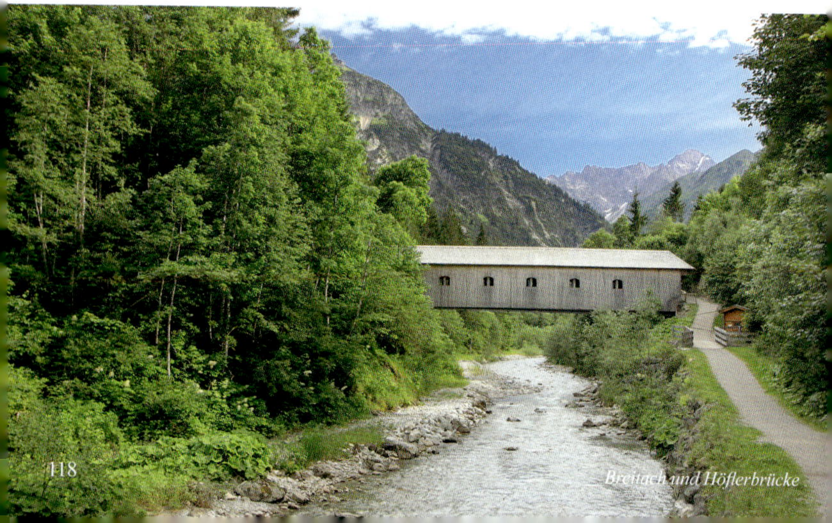

*Breitach und Höflerbrücke*

# Entlang der Breitach von Riezlern nach Baad 42

0 Std. | 225 / 75 | 8,9 km

Riezlern, 1087 m. Vom B19-Kreisel nördlich von Oberstdorf (bei McDonald`s) etwa 11 km ins Kleinwalsertal, Parkplätze am südlichen Ortsende von Riezlern gegenüber der Kanzelwandbahn *(**Navi**: A-6991 Riezlern, Walserstraße 68)*; Walserbus Oberstdorf–Baad im 10- bis 20-Min.-Takt, Haltestelle »Kanzelwandbahn«.

**Endpunkt**: Baad ganz am Talende, 1224 m. Rückfahrt zum Ausgangspunkt mit Walserbus Baad–Oberstdorf im 10- bis 20-Min.-Takt.

Breite Schotterwege entlang der Breitach, teilweise Teersträßchen. Kurze, mäßig steile Streckenabschnitte zwischendurch.

keine unterwegs; Café in Baad

**Variante**: Diese Tour kann fast nach Belieben gekürzt werden, da unterwegs immer wieder kurze Wege zur Tal-Hauptstraße mit einer Bushaltestelle hinaufführen, von wo man zum Ausgangspunkt zurückfahren kann *(z.B. an der Leidtobelbrücke, der Höflerbrücke, der Schwandbrücke oder am Gemsteltal-Ausgang)*.

## Gemütliche Wanderung am rauschenden Fluss

*Das Kleinwalsertal hat eine Vielzahl an schönen Touren ohne Gipfel-Erlebnis im Repertoire. Das Tal wird in seiner ganzen Länge von der glasklaren Breitach durchflossen. Während wir die unteren Abschnitte (inkl. Breitachklamm) auf den Touren 38 und 39 kennenlernen können, führt uns diese Wanderung von Riezlern bis in den Talschluss bei Baad. Es geht auf angenehmen Wegen ohne größere Steigungen fast immer am Wasser entlang, oft begleitet von freien Ausblicken auf die Bergwelt im weiten Rund.*

Unsere heutige Tour beginnt in **Riezlern** ①, 1087 m, gleich gegenüber der Parkplatz-Einfahrt, in Gestalt der »Zwerwaldstraße«, der wir für ca. 300 Meter folgen, bis rechts ein schmaler Kiesweg abzweigt und uns mit dem Torbogen des »«Burmi-Weges« begrüßt. Der Weg führt kurz und recht steil hinab ins tief eingeschnittene Tal der Breitach, die wir auf einer Brücke überqueren. Dahinter halten wir uns links und spazieren auf dem schönen Uferweg direkt am Wasser entlang stromaufwärts. Entlang des knapp 1,5 Kilometer langen »Burmi-Weges« können sich mitwandernde Kinder an hübsch und phantasievoll gestal-

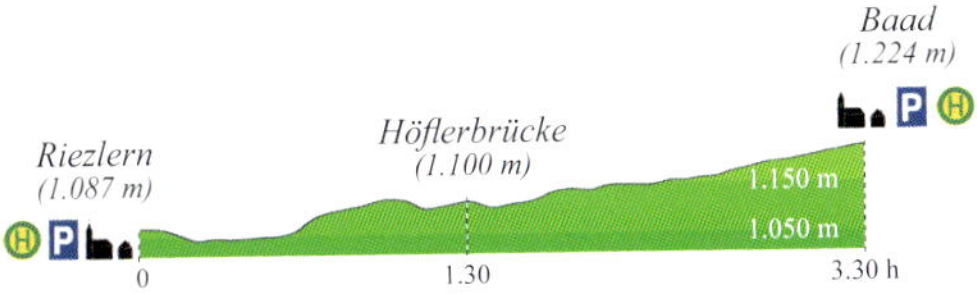


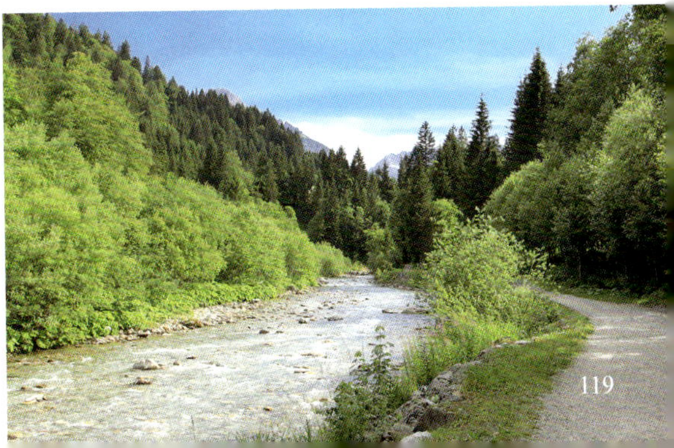

Entlang der Breitach

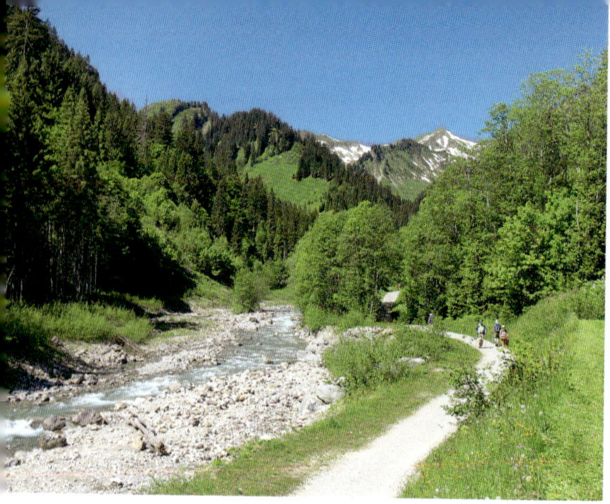

*Breitach bei Baad*

teten Spielplätzen austoben, während die Erwachsenen die schöne Stimmung an der klaren Breitach genießen. Im Verlauf des Weges wechseln wir noch drei Mal die Uferseite, bleiben aber immer direkt am Wasser und erreichen schließlich – kurz hinter dem Ende des Burmi-Weges – ein autofreies Teersträßchen sowie die überdachte **Leidtobel-Holzbrücke** ②, 1060 m. Auf dieser wechseln wir erneut die Flussseite, steigen dann im engen Leidtobel bergan und entfernen uns etwas von der Breitach. Am ersten Abzweig halten wir uns links und erreichen die unteren Ausläufer von Hirschegg. Für ca. einen Kilometer verläuft unser Weg nun auf schmalen, ruhigen Teersträßchen, mal zwischen Häusern hindurch, mal über offene Wiesen mit schönem Blick Richtung Elferkopf. Tief links unter uns im Tal können wir die Breitach verfolgen, der wir uns nun allmählich auch wieder nähern. Unten am Wasser bleiben wir am rechten Flussufer und wandern auf dem hübschen Weg flussaufwärts. Knapp 10 Minuten später erreichen wir die nächste überdachte Holzbrücke, die **Höflerbrücke** ③, 1100 m, bleiben aber weiterhin am rechten Ufer. Der Weg verläuft nun mal direkt am Wasser, mal etwas von diesem entfernt durch lichten Auwald und stößt nach ca. 20 Minuten auf die Schwandbrücke (Autostraße zwischen Mittelberg und Wildental), wo wir auf die linke, bewaldete Flussseite wechseln. Auf dem schönen Uferweg gelangen wir nach knapp einem Kilometer zum Gemstelbach, der – von links aus dem gleichnamigen Tal kommend – hier in die Breitach mündet und den wir – nach einem kleinen Schlenker ins Gemsteltal – queren. Zurück an der Breitach wechseln wir erneut auf die rechte Uferseite. Von hier sind es noch zwei gemütliche Kilometer am Fluss entlang bis nach Baad, begleitet von schönen Ausblicken auf die umgebenden Hänge der steilen Grasberge. Von **Baad** ④, 1224 m, bringt uns der Walserbus zurück zum Ausgangspunkt.

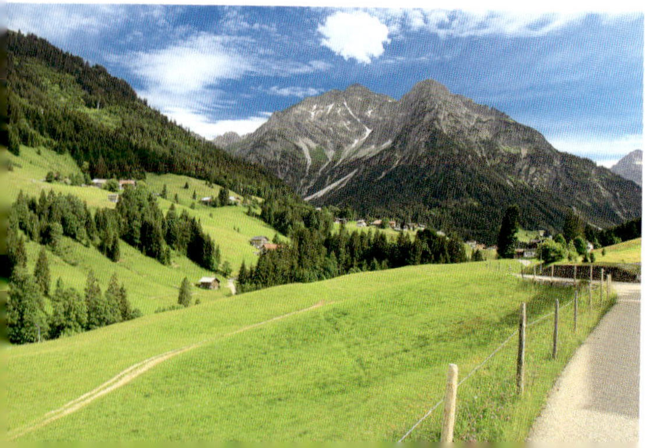

*Bei Hirschegg*

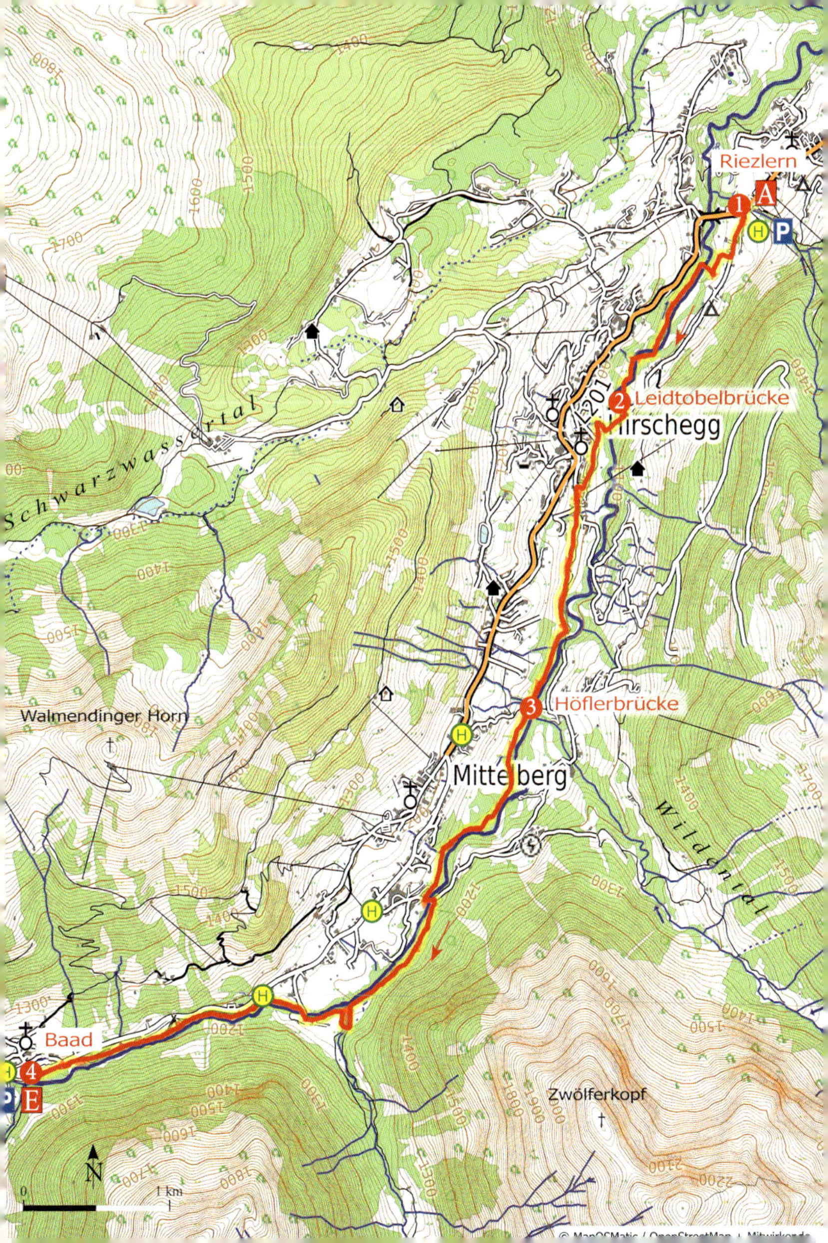

Riezlern
A
1
Leidtobelbrücke
2
Hirschegg
Schwarzwassertal
Höflerbrücke
3
Walmendinger Horn
Mittelberg
Wildental
Baad
4
E
Zwölferkopf
N
0
1 km
© MapOSMatic / OpenStreetMap + Mitwirkende

# 43 Ins schöne Gemsteltal

2 Std. | 180 Hm | 6 km

Mittelberg, Ortsteil Bödmen, 1173 m. Vom B19-Kreisel nördlich von Oberstdorf (bei McDonald`s) etwa 18 km weiter ins Kleinwalsertal bis ca. 2 km hinter Mittelberg; Parkplätze direkt an der Straße *(**Navi**: A-6993 Mittelberg, Bödmerstraße 89)*; Walserbus Oberstdorf–Baad im 10- bis 20-Min.-Takt, Haltestelle »Mittelberg-Weiher«.

Überwiegend breite, angenehm zu gehende Schotterwege, mäßig steiler Aufstieg.

Gemstel-Schönesbodenalpe; Hintere Gemstelalpe ③; Bernhards Gemstelalpe ④

## Herrliches Tal im Schatten des Widdersteins

*Vom Haupttal des Kleinwalsertals, das durch die recht dichte Besiedlung und die unzähligen verstreut liegenden Gehöfte sehr gezähmt wirkt, zweigen einige Nebentäler ab, die tief in die beeindruckende Bergwelt hineinführen und in weiten Teilen einen recht ursprünglichen Charakter aufweisen. Eines davon ist das wunderschöne Gemsteltal, das sich südlich von Mittelberg zwischen die hoch aufragenden Gipfel von Widderstein und Geißhorn schiebt. Gemütliche Almhütten, offene Almwiesen, rauschende Bäche, spektakuläre Felswände und eine leicht hochalpine Note warten auf Besucher dieses Tales.*

Vom **Parkplatz** – bzw. der **Bushaltestelle** – ①, 1173 m, folgen wir einige Minuten dem Breitach-Ufer, queren dann den Fluss und tauchen in den Einschnitt des Gemsteltales ein. Bald darauf erreichen wir eine Weggabelung, wo wir uns links halten (Richtung »Schönesbodenalpe«) und auf der linken Seite des Gemstelbaches allmählich durch lichten Wald ansteigen. Dann lassen wir den Wald hinter uns und erreichen offene Almwiesen, die sich vor uns bis in den Talschluss ausbreiten, eingerahmt von den hoch aufragenden Felsgipfeln von Geißhorn und Widderstein. Wir

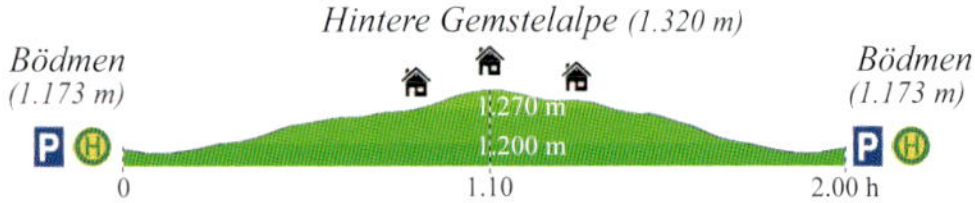


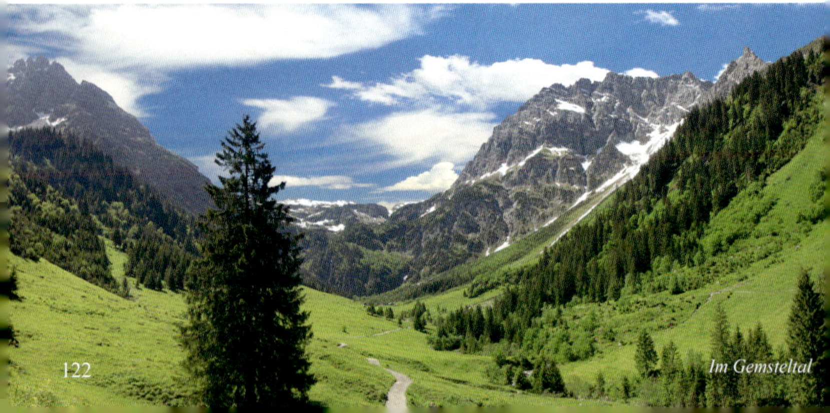

Im Gemsteltal

passieren einen Abzweig zur – links etwas oberhalb gelegenen – urigen Tonisgemstelalpe (1239 m), wandern weiter taleinwärts, queren erneut den Gemstelbach und gelangen zum südlichen Ende des flacheren Talbereichs mit der **Hinteren Gemstelalpe** ②, 1320 m. Ab dort wird das Gelände schlagartig alpiner und ein schmaler Pfad zieht hinauf Richtung Koblat. Da wir uns mit einer leichten Tour begnügen wollen, ist hier unser Umkehrpunkt. Unser Rückweg verläuft auf der westlichen Talseite: Wir passieren die **Bernhards Gemstelalp**e ③, 1298 m, lassen bald die offenen Almwiesen hinter uns und tauchen wieder in den Wald ein. Immer weiter auf der linken Bachseite bleibend erreichen wir so den Talausgang und unseren Ausgangspunkt.

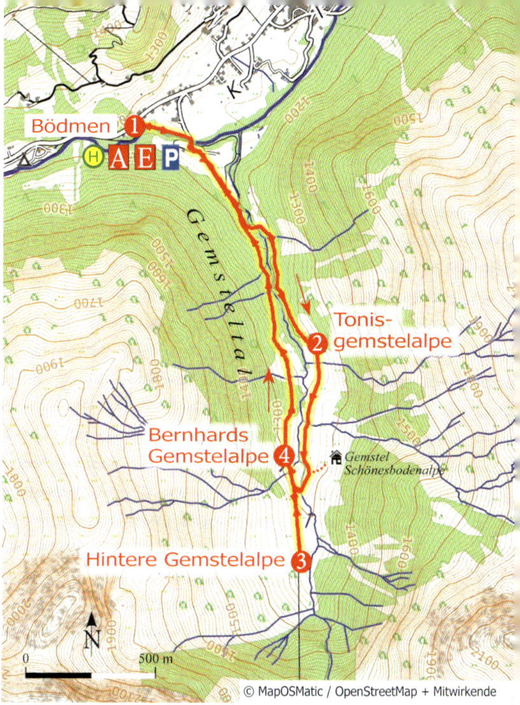


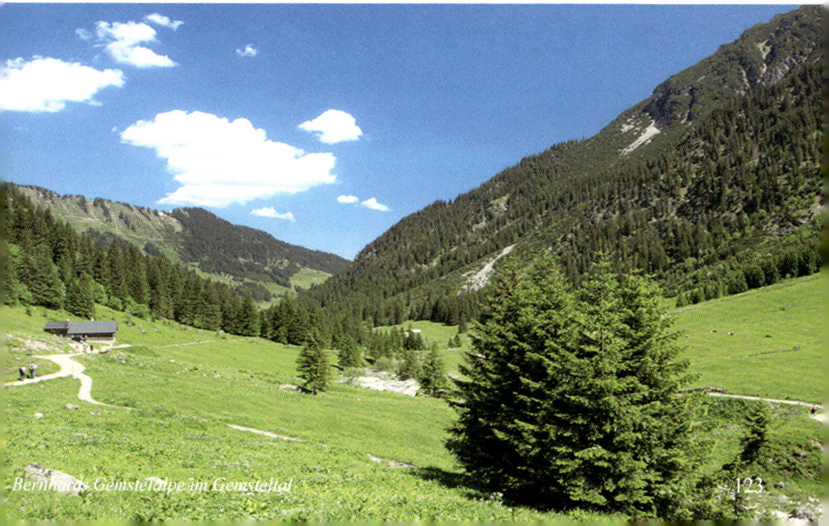

Bernhards Gemstelalpe im Gemsteltal

# 44 Von Rohrmoos zur Aibelealpe

2.20 Std. | 100 Hm | 7,1 km

Rohrmoos im gleichnamigen Tal bei Oberstdorf-Tiefenbach, 1070 m. Von Tiefenbach über die »Rohrmooser Straße« sechs Kilometer via Mautstraße bis zum Weiler Rohrmoos *(**Navi**: 87561 Oberstdorf-Tiefenbach, Rohrmoos 5).*

Fast steigungslose Wanderung auf asphaltierten, autofreien Alpstraßen.

Berggasthaus Rohrmoos ①; Aibelealpe ③; Schattwaldalpe (600 m vor Rohrmoos an der Mautstraße)

## Stilles Tal unterhalb der Gottesackerwände

*In der direkten Umgebung von Oberstdorf locken so viele schöne Täler, dass das etwas versteckt liegende Rohrmooser Tal, dem zudem die sonst allgegenwärtige Hintergrundkulisse des Allgäuer Hauptkamms fehlt, ein vergleichsweise ruhiges Dasein führt. Auf einer Mautstraße geht es von Tiefenbach hinauf zum kleinen Weiler Rohrmoos, von wo wir einen gemütlichen Spaziergang durch weite Wiesen tiefer ins Tal unternehmen können. Ziel ist die gemütliche Aibelealpe unterhalb hoher Felswände.*

Nach der Fahrt von Tiefenbach durch einen engen, bewaldeten Taleinschnitt öffnet sich schließlich weiter oben das Gelände: Die kleine Häuseransammlung von Rohrmoos liegt verschlafen inmitten einer ausgedehnten, ebenen Wiese, die auf beiden Talseiten von steilen Hängen eingerahmt wird. Vom **Parkplatz** ①, 1070 m, spazieren wir am Berggasthaus Rohrmoos vorbei, dahinter gleich links und kurz hinüber zu einer – autofreien – Straße. Auf dieser

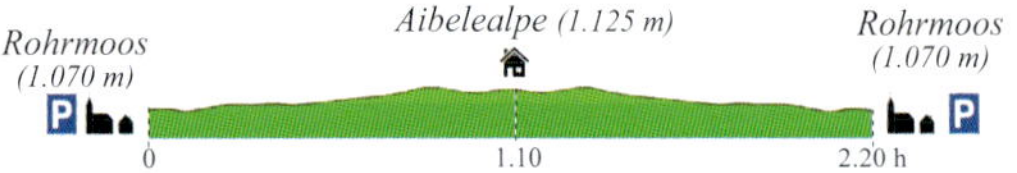


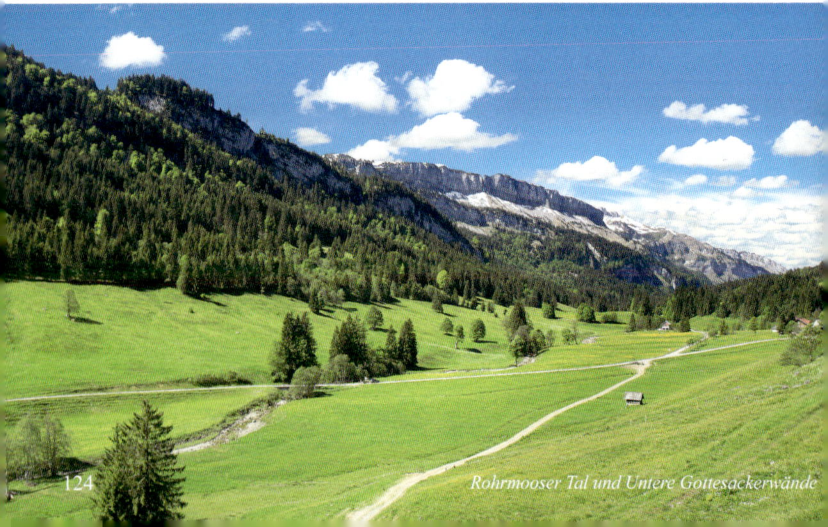



Rohrmooser Tal und Untere Gottesackerwände

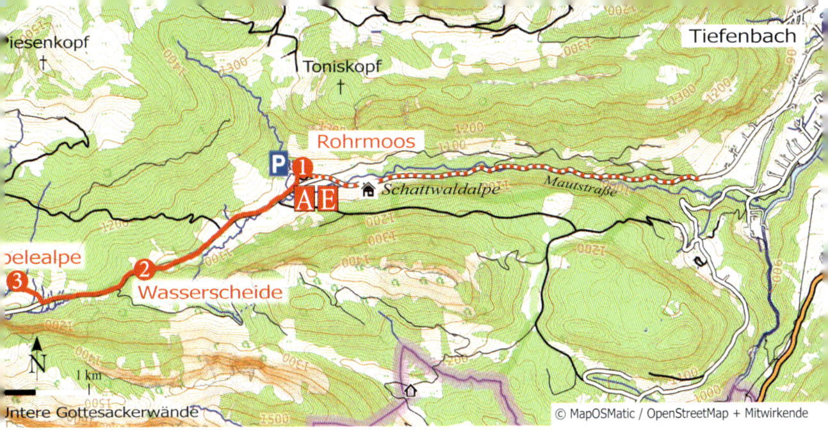


wenden wir uns nach rechts und wandern durch die offenen Wiesen weiter taleinwärts. Mit kaum merklichem Anstieg geht es auf dem flachen Talboden genüsslich zwischen den bewaldeten Hängen des Piesenkopfes (zur Rechten) und den hoch aufragenden, teils senkrechten Felsen der Unteren Gottesackerwände (zur Linken) »hinauf« zur **Wasserscheide** ②, 1120 m. Dahinter verliert das Gelände wieder ganz sacht an Höhe auf dem Weg Richtung Sibratsgfäll in Vorarlberg. Unser Ziel liegt allerdings etwas näher, denn schon bald steuern wir die rechts auf einer sanft ansteigenden Wiese gelegene, urige und von einigen Bäumen beschattete **Aibelealpe** ③, 1125 m, an. Markanter Blickfang auf der gegenüberliegenden Talseite sind die mächtigen Felswände der Unteren Gottesackerwände.
Retour geht es auf gleichem Weg.

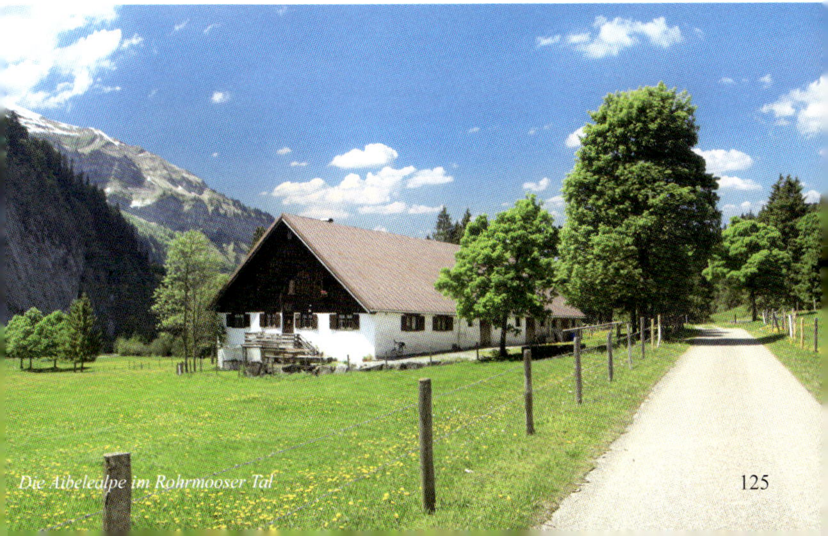

*Die Aibelealpe im Rohrmooser Tal*

# REGISTER